Heimat aus dem Koffer

Das Buch

14 Millionen Menschen sind in den letzten Monaten des Zweiten Weltkriegs vor der Roten Armee geflüchtet oder mussten nach dem Zusammenbruch des nationalsozialistischen Deutschland ihre Heimat im Osten verlassen. Zwei Millionen haben Flucht und Vertreibung nicht überlebt, die anderen bekamen oft die Rache der Sieger zu spüren: Demütigungen, Misshandlungen und Vergewaltigungen. Aber diese furchtbaren Erlebnisse fanden keinen Platz in der bundesrepublikanischen Erinnerung. Integration war die Devise. So übten sich viele Flüchtlinge und Vertriebene in Selbstverleugnung. Die Menschen, die sie vermissten, und die Orte, nach denen sie sich sehnten, erwähnten sie nicht. Hilke Lorenz, deren Eltern aus Schlesien vertrieben wurden, hat mit vielen Betroffenen aber auch mit deren Kindern über die schwierige Zeit des Neubeginns und über das neue Leben in der Bundesrepublik gesprochen. Ihre persönlichen Erfahrungen vermitteln ein breitgefächertes Panorama des deutschen Zusammenwachsens.

Die Autorin

Hilke Lorenz, Jahrgang 1962, hat Geschichte und Germanistik studiert und ist Redakteurin der *Stuttgarter Zeitung*. Ihr Buch *Kriegskinder – Das Schicksal einer Generation*, 2003 bei List erschienen, wurde ein Bestseller.

Von Hilke Lorenz ist in unserem Hause bisher erschienen:

Kriegskinder – Das Schicksal einer Generation

Hilke Lorenz

Heimat aus dem Koffer

Vom Leben nach Flucht und Vertreibung

List Taschenbuch

Besuchen Sie uns im Internet:
www.list-taschenbuch.de

Ungekürzte Ausgabe im List Taschenbuch
List ist ein Verlag der Ullstein Buchverlage GmbH, Berlin
1. Auflage Februar 2011
© 2009 Hilke Lorenz
© Ullstein Buchverlage GmbH, Berlin 2009/Ullstein Verlag
Konzeption: semper smile Werbeagentur GmbH
Umschlaggestaltung: bürosüd° (unter Verwendung einer
Vorlage von Sabine Wimmer, Berlin)
Titelabbildung: privat
Innenabbildung: privat
Satz: LVD GmbH, Berlin
Gesetzt aus der Sabon
Papier: Munken Print von Arctic Paper Munkedals AB, Schweden
Druck und Bindearbeiten: CPI – Clausen & Bosse, Leck
Printed in Germany
ISBN 978-3-548-61006-1

Meiner Familie

»Gib mir noch einmal den Strand meiner Kindheit
mit Muscheln und Bernstein auf trockenem Weiß.

Gib mir den Atem der Kindheit,
der lautlos entflieht.«

Aus: Ostseelied *von Hildegard Knef*

»… und du wirst es nie vergessen,
dass du bist ein Schlesier gewesen …«

Aus einem Gedicht, das die zehnjährige
Monika in den späten 1950er Jahren für einen
Jungen aus ihrem Kinderchor schrieb

Inhalt

Vorwort

Die Kindheit als Sperrzone

Wer sich Ärger einhandeln will, der muss nur das ehemals schlesische Breslau Wroclaw nennen. Von Kaliningrad als Königsberg sprechen. Oder jene Deutschen, die zwischen 1944 und 1946 Flucht und Vertreibung ausgesetzt waren, als späte Opfer des Zweiten Weltkriegs bezeichnen. Vielstimmiger Protest ist ihm sicher. Das Verhältnis der Deutschen zu der historischen Tatsache, dass 14 Millionen Bewohner der damaligen Ostgebiete ihre Heimat in Folge des Zweiten Weltkriegs verlassen mussten, dass zwei Millionen von ihnen die damit verbundenen Strapazen nicht überlebten, ist alles andere als geklärt, ist schwierig und widersprüchlich.

Dieses Land hört noch immer unangenehm berührt weg, es fehlt ihm die nötige Achtsamkeit, wenn diejenigen ihre Lebensgeschichte erzählen möchten, die ihre Kindheit oder gar Jugend in Ostpreußen, Schlesien, Böhmen und Mähren, Bessarabien oder im Baltikum erlebt haben. Und deren Erzählton nimmt wohl zwangsläufig eine andere Färbung an, wenn sie Mal um Mal merken, dass sie gegen das Weghören anreden müssen. Er wird schrill, reißt mitunter in Misstöne aus und rückt die Erzählungen in den Augen manchen Zuhörers in die Nähe revanchistischen Gedankenguts.

Dabei geht es den meisten derer, die Flucht und Vertreibung miterlebt haben, gar nicht darum, auf die Rückgabe einstiger Besitzungen zu pochen. Die meisten haben in der Bundesrepublik eine neue Heimat gefunden, sich integriert und zum Teil Bilderbuchkarrieren hingelegt. Aber irgendwann wollen auch die Angekommenen einmal über ihre Herkunft – ja: die eigentliche Heimat – reden.

Auf offene Ohren stoßen sie dabei selten. In der Öffentlichkeit nicht und auch nicht im Kreis der Familie. Dabei ist es doch leicht nachzuvollziehen, dass das abrupte, gewaltsame Ende eines Lebensabschnitts Menschen zeitlebens prägt. Diese Erfahrung legt man nicht ab wie ein Kleidungsstück, das irgendwann weder zum gewachsenen Körper noch zur gewandelten Mode passt. Genauso dürfte Einigkeit darüber bestehen, dass Heimatverlust als eine entscheidende biografische Wende gelten darf – auch wenn viele Einheimische ebenso wie die Vertriebenen und Flüchtlinge nach dem Krieg wieder von vorne anfangen mussten. Es gibt keinen Grund, die Belastungen der einen mit den Beschwernissen der anderen wegzuwischen und aus der Erinnerung zu bannen. Im Grunde könnte unser Land auf seine frühe Integrationsleistung stolz sein. Auch wenn das keine reibungslose, schmerzfreie, harmonische Integration war. Über die alltäglichen Verletzungen – beispielsweise am rollenden »r« des sudentendeutschen Dialekts erkannt und deshalb als »Polacke« beschimpft zu werden – schwiegen die Gesellschaft und die Betroffenen freilich lange sehr einvernehmlich.

Heute, im Zeitalter hoher, oft vom Arbeitsmarkt erzwungener Mobilität mag es nicht außergewöhnlich erscheinen, dass sich Lebenskoordinaten ändern, dass jemand statt in Königsberg in Stuttgart, statt in Breslau in Hanau wohnen und sich neu einfinden muss. Dieser nüchterne Blick, der Vertreibung lediglich als Adressänderung wertet, blendet Gewalt- und Ohnmachtserfahrungen aus.

Aber wie spricht man von dem, was hinter einem liegt? Sagt man: Ich komme aus einem Ort, Sie werden ihn nicht kennen, er liegt heute in Polen? Erzählt man von Breslau oder von Wrocław?

Sagt man: Ich bin ein Vertriebener? Redet man sich als Nachkomme diplomatisch heraus, indem man sagt: Meine Familie ist nicht von hier? Wie verortet man sich, wie erklärt man seine Identität? Gibt es für das, wofür es keine passende sprachliche Ausdrucksform gibt, auch kein Verständnis?

Für die Generation der Flüchtlinge und Vertriebenen waren die Orte der Kindheit bis weit in die 1980er Jahre hinein nicht nur räumliche, sondern auch sprachliche Tabuzonen. Ein Teil ihres Lebens wurde zur Sperrzone, weil es politisch nicht opportun war, um dieses Stück verlorenen Lebens zu trauern. Den Verlustschmerz milderten die Denkverbote freilich nicht. Dieser Schmerz ist in vielen Familien noch heute präsent. Manchmal sogar in der nächsten Generation.

Es gibt bei den ehemaligen Flüchtlingen und Vertriebenen tiefe Verwundungen, auch wenn man nicht pauschal die Traumatisierung aller konstatieren sollte. Dafür sollte man endlich anerkennen, dass der geglückte Neubeginn im Westen nichts über oft gut kaschierte biografische Brüche sagt. Viele psychologische Studien belegen, dass Gewalterfahrungen wie Flucht und Vertreibung die Betroffenen ein Leben lang beschäftigen – und manchmal sogar umtreiben. Je älter Menschen werden, desto lebendiger treten diese Erinnerungen in vielen Schattierungen wieder hervor. Als etwa beim Großbrand eines Altenheims die betagten Bewohner evakuiert wurden, waren Rufe wie »Hilfe, die Russen kommen!« zu hören. Der überstürzte Aufbruch versetzte die Alten zurück in eine Zeit, in der sie schon einmal Todesangst erfahren hatten. Kindheit und Alter, das zeigt diese Episode beispielhaft, liegen am Ende des Lebens ganz nah beieinander. Was die Menschen jahrzehntelang nur im Verborgenen bewegt hat oder ganz verdrängt wurde, kommt nun mit aller Macht an die Oberfläche. Den richtigen Umgang damit zu finden fällt Betroffenen, Angehörigen und Außenstehenden nicht leicht. Zu groß ist die gesellschaftliche und politische Scheu, dieselben Kriterien, die man für den Umgang mit ausländischen Flüchtlingen entwickelt hat, auch für die Gruppe der deutschen Vertriebenen gelten zu lassen. Denn das Land hat zu den existenziellen Erschütterungen der Nachkriegszeit noch immer kein tragfähiges Verhältnis entwickelt. Zu sehr war die Zeit danach geprägt von Vorwärtsschauen und der Teilhabe am Wirtschaftswunder. Für Aufarbeitung blieb da kaum Raum. Dabei geht es vielen Betroffenen nicht etwa darum, die Unrechtsgeschichte des Dritten Reiches umzudeuten. Im Gegenteil.

Längst fahren Heimwehtouristen in ihre alte Heimat und werden von den neuen Bewohnern ihrer einst zurückgelassenen Häuser gastfreundlich begrüßt. Da findet Versöhnung im Stillen statt. Niemand begreift in diesen Begegnungen die Weltgeschichte als große mathematische Aufgabe, in der Opferzahlen gegeneinander aufgerechnet werden müssen. Angesichts solcher Kontakte darf man das Thema Vertreibung nicht als politisches Tabu fürchten. Man sollte die Lebensgeschichten der Betroffenen als private Zeugnisse von Verlust verstehen. Wer sie anhört, lernt viel über ein Kapitel europäischer Geschichte, das unsere Gesellschaft bis in die Gegenwart hinein prägt. Und erst wenn man weiß, was geschehen, was Menschen widerfahren ist, schwindet die Gefahr, dass Flucht und Vertreibung tatsächlich noch einmal zu missbrauchbaren Zündsteinen in einer politischen Diskussion werden.

Hilke Lorenz   *Stuttgart im Juli 2009*

Unsere Wohnstraße war die Welt meiner Kindheit.

Wir hatten den sonntäglichen Zoobesuch, die anderen ihr ererbtes Wochenendgrundstück

Wie ich merkte, dass meine Familie nicht schon seit Generationen an dem Ort lebte, der mein Zuhause war

Woher unsere Eltern kamen, war kein Thema im Viertel. Wir haben uns über andere Dinge den Kopf zerbrochen. Wie wir zu Fasching an ein Lurchikostüm kommen könnten und wer den blauen Tretroller versteckt hatte. Aber nicht darüber, auf welchem Fleck der Landkarte sich die Kindheit unserer Eltern abgespielt hatte. Die Gegenwart war so groß, dass sie nach allen Seiten bis zum Horizont reichte. Vergangenheit war das, was vergangen war: fort, ungreifbar, unbedeutend. Wir spielten »Kaiser, wie viel Schritte gibst du mir?« und luden die Nachbarn zum improvisierten Zirkus hinter Bettlakenvorhängen ein. Besonders mochten wir jene, die statt eines Groschens freiwillig fünfzig Pfennig Eintritt zahlten. Die Gegenwart war aufregend und vielseitig, eine Zeit des unmittelbaren Austauschs. Wir waren dabei, einen Platz im Leben der Großen zu ergattern. Ziel folgte auf Ziel, und immer lag es irgendwo in der Zukunft: Kindergarten, Einschulung, Versetzung. Oder, besser noch: große Ferien, Weihnachtsferien, Osterferien.

Dass meine Freundin Cornelia mit ihren Eltern in den Sommerferien ins Hohenlohische fuhr, wo ihr Vater aufgewachsen war und ihre Großeltern lebten, war nicht weiter erwähnenswert. So wenig wie die Tatsache, dass andere eine fürchterlich saure Salatsauce aßen, während der Kopfsalat bei uns zu Hause mit einer süßen Essigsauce auf den Tisch kam. Ich fand das fein. Und sah das als Geschmacksvorsprung, nicht als Relikt der schlesischen Küche meiner Großmutter. Dass meine Schulfreundin Birgit in einem Bauernhaus mitten im Ortskern wohnte, der Bau um Bau so viele Jahre auf dem Buckel hatte, dass er schließlich den Baggern zum Fraß freigegeben wurde und Birgits Familie noch in unserer Tanzstundenzeit aufs freie Feld ausgesiedelt wurde, war einfach nur unheimlich spannend. Genauso wie die neuen Wörter, die ich von ihr lernte. Etwa Gselz und Krumbiera, mit denen ich bei Besuchen in Norddeutschland meine Großeltern verstörte, die nicht begriffen, dass ihre Enkelin von Marmelade und Kartoffeln redete. Ich sog die Sprache um mich herum auf, die eigentümlicherweise, das merkte ich allerdings damals schon, nicht die meiner Eltern war.

Das war in meiner schwäbischen Experimentierphase, in der ich gern jene Begriffe und Betonungen verwendete, die daheim am Esstisch nicht vorkamen. Sie ging vorüber, und ich gewöhnte mich daran, auf die Frage, warum ich denn keinen Dialekt spräche, immer nur zu antworten: »Meine Eltern sind nicht von hier.« Woher sie kamen, sagte ich nie. Da war keine Scham beteiligt, keine Angst vor Zurückweisung, keine bewusste jedenfalls. Ich nahm an, diesen seltsamen fernen Ort, von dem manchmal erzählt wurde, werde sowieso keiner kennen.

Doch auch wenn ich das Sondervokabular meiner süddeutschen Heimat beherrschte, wussten meine Eltern, dass mich das nicht nahtlos einfügte. Noch heute habe ich ihren Spruch im Ohr: »Ein richtiger Schwabe ist man erst in der vierten Generation.« Dieser Satz, den die selbst wiederum von den Alteingesessenen als »Rucksackdeutsche« Titulierten als Mahnung vor allzu großem Übermut beständig wiederholten, blieb uns Kindern unverständlich. Wir mussten dieses Etwas ja auch nicht begreifen, es wuchs uns selbstverständlich zu, und vielleicht würden wir es später leichtherzig, aus freien Stücken, in trotziger Auflehnung gegen vermeintliche Beengung aufgeben: Heimat. Meine Eltern haben mich, trotz der Wiederkehr der obigen

Ermahnung, auch nie ernster, bitterer auf die Erfahrung des Nichtdazugehörens aufmerksam gemacht. Dass sie in ihrer eigenen Jugend von den anderen »Polacken« genannt worden wären, haben mir weder mein Vater noch meine Mutter berichtet. Entweder behielten sie das für sich, oder sie gehörten zu den wenigen, die solche Beschimpfungen tatsächlich nicht erlebt haben. Heute, nach vielen Gesprächen und Interviews mit Vertriebenen, neige ich zur ersteren Annahme.

Die Schwabenkinder in der vierten Generation, die ich kannte, lebten ein wenig anders. Wenn Claudia mit ihrer Familie aufs ererbte Stückle fuhr, ging ich mit meinem Vater sonntagmorgens in den Zoo. Sie klaubten auf dem Familiengrundstück mit den alten Apfelbäumen das Fallobst zusammen und mussten die Wiese mähen. Wir bummelten durch die Wilhelma mit den Giraffen und Seelöwen. Ich fand, ich sei gar nicht so schlecht dran. Wir hatten unsere eigenen Geschichten. In denen gab es Giraffenbabys, die waren so neu, dass sie noch ein Preisschild um den Hals hatten. Jedenfalls glaubte ich das. Denn ein Giraffenhals ist lang, und ich war klein.

Freilich, auch in der Geschichte meiner Familie gab es Grund und Boden, einen Bauernhof, einen Wald, Felder und Äcker. Und einen kleinen neugierigen Jungen, meinen Vater. Dessen Erzählungen erweckten diesen Ort als Fiktion zum Leben, als Fantasiewelt, unbetretbar wie die Pirateninsel eines Kinderbuchs. In seinen Geschichten gab es sogar einen Schatz, eine vergrabene – aber, so hieß es immer, mittlerweile wohl längst von jemand anderem wieder ausgebuddelte – Kiste mit dem Familiensilber und einem Erste-Weltkriegs-Orden meines Großvaters. »Bevor die Russen kamen« habe man den Familienschatz vergraben. Womit die jugendbuchtypischen Schurken auch gleich ihren Bandennamen hatten. Die alte Heimat, das schien etwas zu sein, was sich eher in den Regalen der Stadtbücherei als auf der Landkarte finden ließ. Nicht allzu fern von

*Mein Vater (rechts) arbeitete nach der Ankunft im Westen
auch als Aushilfe auf dem Bahnhof.*

James Fenimore Coopers »Lederstrumpf«, den mein Vater, wie
er immer mal wieder erzählte, in seiner Kindheit gelesen hatte.
Die nicht fassbare Wirklichkeit wurde von kleinen Anekdoten
vertreten. Irgendwann aber, da war ich mir ganz sicher, würden
wir nachsehen gehen, ob der Schatz noch da war. Ich war zu
jung, auch nur darüber nachzugrübeln, warum bislang noch
niemand versucht hatte, die Silberkiste zu heben.

Mindestens so geheimnisvoll mutete die Geschichte von
der winzig kleinen Armbanduhr an, die sich im Besitz meiner
Großmutter befand. Nie trug sie eine andere Uhr am Arm, aber
es hatte eine Phase gegeben, da war dies anders gewesen. Ganz
unpraktisch eingewickelt in ein Wollknäuel, versteckt also,
hatte die Uhr etwas überstanden, das »die Flucht aus Schlesien«
hieß.

Ortsnamen, die keinen Ort benannten, den wir je besuchten, waren Teil meiner Kindheit. Wenn im Radio der Werbe-
spot für Reformhausnahrungsmittel lief und eine Stimme
»Schneeeeeeekoppe« sang, erzählte mein Vater manchmal da-

von, dass er als Junge einen Schulausflug dorthin verpasst hatte. Jetzt, lernte ich Anfang der 1970er Jahre im Grundschulalter, liege dieser Berg an der Grenze zwischen Polen und der Tschechoslowakei. Genau verstanden habe ich das nicht. Berge wandern doch nicht einfach irgendwo anders hin. Und mein Vater war ja auch kein Pole und auch kein Tscheche. Er sprach auch deren Sprachen nicht. Trotzdem, so entnahm ich dieser Anekdote und jener Bemerkung, kam er von dort. Das war verwirrend seltsam. Würden wir auch irgendwann irgendwohin gehen und alles, was ich kannte, zurücklassen?

Die Sonntage verbrachten wir auf der Schwäbischen Alb bei Krautsalat und Wurstbrot. Die Höhenzüge meiner Kindheit waren die Rhön und die Kasseler Berge, deutsche Mittelgebirge, durch die sich die Autobahn bohrte, über die wir zu den Verwandten nach Norddeutschland fuhren. Obwohl wir das häufig taten, fragte ich mich nie, warum meine Familie nicht auf einem Fleck zusammenwohnte. Ich fragte mich auch nicht, warum sich meine Mutter so sehr freute, als sie in der Kleinstadt, in der wir wohnten, eine Bäckerei fand, die Bosniaken im Angebot hatte. Das musste eben am Geschmack liegen, wie bei meinem Lieblingsbrausepulver. Ich wusste nicht, dass die Roggenbrötchen mit dem seltsamen Namen eine Leckerei ihrer Kindheit gewesen waren. Dass der besondere Geschmack der nach Sorglosigkeit und Frieden war. Wir nannten die Bäckersfrau übrigens nie mit ihrem richtigen Namen. Bei uns heißt sie bis heute »Frau Bittaschön«, nach dem Dank, mit dem sie jeden Einkauf in ihrem Laden quittierte. Sie sprach ihn im Dialekt ihrer sudetendeutschen Heimat.

Aber auch diese Kuriosität war offenbar nicht auffällig genug, als dass ich sie als Puzzleteil erkannt hätte, als Anlass, ein in Details zerstreutes anderes Bild vom Leben meiner Eltern probehalber zusammenzusetzen. Ich konnte mit all den kleinen Rätseln und Wunderlichkeiten, die nicht zum Alltag ringsum passten, bestens leben. Im Kleinen tat ich das, was die Erwachsenen im Großen praktizieren. Ich hielt mich an deren Leitsatz: »Es ist halt so!« Ich wollte dazugehören. Trennendes wollte ich nicht ergründen.

Heute weiß ich, dass von all den Familien in unserer kleinen Wohnstraße nur zwei aus dem Württembergischen stammten. Die Familie gleich gegenüber, bei der wir in der Sommerhitze Limonade kauften, bestand aus Ungarndeutschen. Die Familie ein Haus weiter kam aus Oberschlesien. Unser Vermieter stammte aus dem Altvatergebirge. Auch das lag in Schlesien. Das Eckhaus bewohnte eine Familie aus Sachsen. Und der Vater der zwei Kinder ganz vorne in der Straße hatte seine Wurzeln in Ostpreußen. Damals stellte ich allerdings noch keine kleinen Gedankenfähnchen mit seltsamen Orts- und Landeswappen in die Fenster und Vorgärten der Nachbarn.

Meine Heimat hieß Familie. Und meine Sommerferien führten ins Weserbergland. Dort lebten beide Großelternpaare, Onkel und Tanten, Cousins und Cousinen. Der Weg dorthin war für mich, falls mir so ein Gedanke überhaupt kam, der Weg zurück zu den Familienwurzeln. Später wurde mir zwar klar, dass dieser Pfad ganz woanders hinführte. Aber es schien eine Straße ins Nichts, eine, deren Brücken gesprengt waren und nun auf ewig in abweisenden Stummeln über dem Abgrund der Geschichte ihren Dienst versagten. Ich kannte die Strecken nach Italien und Schweden. Die Autobahn via Görlitz nach Breslau war mir nicht einmal als Möglichkeit bewusst.

Heute weiß ich, dass es von Haustür zu Haustür, von der Wohnung meiner Kindheit zu dem Haus, in dem mein Vater groß geworden war, exakt 673 Kilometer sind. So viel wie von Stuttgart nach Hamburg. Fährt man frühmorgens los, ist man bereits nachmittags am Ziel. An einem Ort, der früher unbetretbar war wie ein finsterer Märchenwald, Teil einer Weltgegend, die nicht nur vom Eisernen Vorhang des Kalten Krieges, sondern von Barrikaden geschichtspolitischer Korrektheit gegen alle Gedanken und Gefühle der mittelbaren Zugehörigkeit abgeschirmt wurde. In der früheren Heimat meiner Eltern, so legte es mir sogar die »Tagesschau« am Abend nahe, gab es nicht einmal ein Wetter. Azorenhochs und Biskayatiefs machten an der Elbe halt. Dann war Schluss auf der Wetterkarte. Die Kindheit meiner Eltern schien selbst von der Meteorologie in Abrede gestellt zu werden.

Papa und Mama waren gnädig mit mir und erzählten wenig vom Niemandsland jenseits der Wetterkarte. Aber dass dort mehr gewesen war, als die dezent abbrechenden Handbewegungen der offiziellen Regenorakel nahelegten, erfuhr ich doch. Dass dort strenge Winter geherrscht hatten, solche, die ihren Namen noch zu Recht trugen. Mit knirschendem Schnee und Nasen, die unter der Haftkraft vereisenden Rotzes zusammenpappten, wenn man sich die Nase putze. Mit Schnee, der noch bis in den März hinein meterhoch lag. Geschichten wie diese machten die Elternkindheit realer und irrealer zugleich. Es hatte sie gegeben, aber sie musste sich irgendwo kurz vor dem Nordpol oder tief in Sibirien abgespielt haben.

Wenn vor Kinderohren überhaupt einmal mehr als das Wetter von dort und damals zur Sprache kam, dann fügte sich die Erinnerung in formelhafte Sätze vom großen Elend. Die waren nicht dazu da, etwas zu erklären, sondern etwas zu bestärken: den Vorsatz, das Vergangene zu vergessen, um die Gegenwart genießen zu können. Diese Abdichtung des Heute gegen das Gestern wurde porös, als in den Nachrichtensendungen zu Beginn der 1990er Jahre immer wieder Bilder vom Krieg auf dem Balkan liefen, von »ethnischen Säuberungen« und Flüchtlingstrecks. Der Pakt mit dem Gestern – wir lassen dich ruhen, also bleib vergangen, wenigstens hier, wenigstens in Europa – erwies sich als Illusion. In vielen Deutschen wurden Erinnerungen wach. So wie die vielen Verängstigten im auseinandergebrochenen Jugoslawien, in dem Volks- und Religionszugehörigkeit zu Freibriefen für Verfolgung wurden, waren auch sie einst geflohen. Die neu sich Erinnernden waren oft überrascht von der Wucht, mit der die Bilder eines fernen Krieges sie trafen.

In meiner Familie wurde der innere Kurzschluss zwischen damals und heute von nun an nicht mehr versteckt. Er wurde preisgegeben: »So ist es uns damals auch gegangen. Mit fast nichts mussten wir von zu Hause weg.« Meine Mutter war voller Mitgefühl mit den Flüchtlingen auf dem Fernsehschirm. Im Mai 1946 waren sowohl ihre Familie wie die meines Vaters in einen Zug gesetzt worden. Sie hatten keine andere Wahl und noch Glück im Unglück gehabt. Ihr Zug fuhr nicht nach Sibirien. Er lud sie im Durchgangslager Marienborn bei Helmstedt aus, dann ging die Reise weiter in die niedersächsische Provinz.

Die Erinnerungen an jene Zeit sind selten sanft und nicht immer zu bändigen. In den Praxen der Psychologen und Psychotherapeuten tauchten nun zunehmend ältere Menschen auf, die von körperlichen und seelischen Problemen berichteten, für die sie in ihrem aktuellen Leben keine Ursache sahen. Altersforscher und Psychiater wie der Kasseler Emeritus Hartmut Radebold und die Nervenärztin und Therapeutin Marieluise Reddemann haben damals genau hingehört. Sie entdeckten Zusammenhänge zwischen fernen, im Inneren eingekapselten Kriegserlebnissen und späten seelischen Störungen wie Angstzuständen, Schlaflosigkeit oder Schmerzen ohne körperliche Ursache. Ermutigt von einer objektiven, fachwissenschaftlichen Anerkennung der Schwere ihres Schicksals, setzte vor anderthalb Jahrzehnten ein verhaltenes Erzählen auch bei der Gruppe der Flüchtlinge und Vertriebenen ein. Die meisten redeten sich ihre Erlebnisse von der Seele, ohne mit jener Geschichtsmathematik zu operieren, vor der die Bundesrepublik sich stets gefürchtet hat, ohne Aufrechnen von Leid und Opfern gegeneinander.

Meine Mutter als junge Frau

In meiner Familie – wie in vielen anderen – war von Vertriebenentreffen oder gar der Forderung nach Rückgabe des verlorenen Besitzes nie die Rede. Niemand in der Verwandtschaft wäre auf die Idee gekommen, in Dirndl oder Trachtenanzug gekleidet, gar fahnenschwenkend, auf einem Pfingsttreffen der Heimatvertriebenen zu erscheinen. Geschweige denn, den 1946 zurückgelassenen Bauernhof noch immer als rechtmäßiges Eigentum, als wieder auszuhändigenden Besitz zu betrachten. Die jetzt hervorbrechenden Geschichten vom alten Zuhause waren rein privater Natur, Besichtigungen des gelebten Lebens beim Generationentreff zum Weihnachtskaffee. Keine Verheißung eines doch noch erklagbaren Erbes, sondern Beschreibung eines Davor, das nicht gegen das Danach in Stellung gebracht werden sollte.

»Die Heimat und die ersten Menschen, mit denen man zu tun hat, die Landschaft, in der man aufwächst, das prägt einen – das kann man nicht einfach in den Papierkorb werfen«, hat Marion Gräfin Dönhoff einmal das menschliche Bedürfnis nach Erinnerung beschrieben. Lag die Heimat in den ehemals deutschen Ostgebieten, war das Schweifen der Gedanken dorthin allerdings eine Grenzübertretung. Die Erwähnung von Erlittenem ließ die Liberalen und Linken der Republik zusammenzucken: Ihnen schien das lange identisch mit Wiedergutmachungsansprüchen, obwohl 1969 das Vertriebenenministerium aufgelöst worden war und ein Jahr später mit den Ostverträgen die Grenzen im Osten festgeschrieben worden waren. Der Reflex, die Vertriebenen als Bedrohung der liberalen Nachkriegsgesellschaft zu sehen, als besser gar nicht zu erwähnende Minorität, funktioniert noch immer. Dabei ist der realpolitische Umgang mit den Vertriebenen doch eine der großen Leistungen der Bonner Republik und kein Zwischenlagerproblem gefährlicher Ressentiments.

Bis 1970 hat Westdeutschland zehn Millionen deutsche Flüchtlinge und Vertriebene aufgenommen und integriert. Etwa 4,5 Millionen Menschen aus Ostpreußen, Schlesien und dem Sudetenland wurden als sogenannte Umsiedler Bürger der DDR. Hunderttausende von ihnen zogen später weiter in den Westen. 100 Milliarden Mark Eingliederungshilfen sind in der Bundesrepublik gezahlt worden. Das war ein enormer Kraftakt, der eine Fehleinschätzung vielleicht verständlich macht: die Ansicht, ein Kapitel deutscher Nachkriegsgeschichte sei geschlossen, erledigt, abgehakt.

Nach vollbrachter Eingliederung, die auch Anpassung ans kollektive Nach-vorne-Schauen war, war das Schicksal der Vertriebenen kein Thema mehr. Nicht bei denen, die sie aufgenommen hatten, nicht bei den Davongekommenen, nicht bei deren Nachkommen. Der erste Schwarzweiß-Fernseher, ein VW-Käfer vielleicht und eventuell als Inbegriff des Heimischwerdens ein eigenes Häuschen – solche Errungenschaften waren Teil der Neuverwurzelung. »Das Flüchtlingswunder im Wirtschaftswunder gelang vor allem deshalb, weil Flüchtlinge und Vertriebene von Anbeginn an nicht nur passiv Betroffene, sondern im-

Auch wir hatten einen VW-Käfer. Unserer war rostrot.

mer auch handelnde Akteure waren, die mit ihrer Arbeitskraft und bald auch mit ihrer Kaufkraft dieses Wirtschaftswunder ganz entscheidend mittrugen«, sagt der Osnabrücker Migrationsforscher Klaus J. Bade. Die Neuankömmlinge, das lehren viele Lebensgeschichten, waren leistungsbereit, mobil und ungeheuer ehrgeizig. Ihre Motivation war groß, sich in der noch fremden zweiten Heimat ein neues Leben aufzubauen.

Erleichtert wurde das Nach-vorne-Schauen wohl auch dadurch, dass selbst die Kurzurlaubs-Umsetzung von Heimkehrwünschen, die Verwandlung von Kindheitserinnerungen und Heimweh in eine schlichte Reise, jenseits des Vorstellbaren lag. Dass landauf, landab Straßen nach Orten wie Breslau, Stettin und Königsberg benannt wurden, war mehr Akzeptanz des Verlusts als Wachhalten eines Anspruchs: Dass aus Breslau die Breslauer Straße geworden war, funktionierte als tägliche Erinnerung des großen Wandels. Die Straßen verbanden Punkte im Westen, sie führten nicht zurück in den Osten.

Rübezahl, der bärtige Alte, der über das Riesengebirge wacht, tauchte in meiner Familie hin und wieder in den Erzählungen der Erwachsenen auf. Nie aber als Quartiermacher für Rücksiedlungswünsche in den Kinderköpfen. Er erfüllte die gleiche Funktion wie alle Kindermärchenungeheuer. Er gab der Angst vor dem noch nicht Begreifbaren eine Gestalt. Solche Einsprengsel einer anderen Folklore in unser schwäbisches Leben hatten nichts mit dem zu tun, was im großen gesellschaftspolitischen Diskurs an Geschichtsrevanchismus beschworen und gebannt wurde. Wenn überhaupt, war da eine stille, private, hin und wieder kurz aufblitzende Traurigkeit bei den Erwachsenen in meiner Familie. Keine lähmende Trauer und schon gar keine unversöhnliche Wut auf das, was als Resultat und neuer Ausgangspunkt deutscher Geschichte anders nicht mehr denkbar war.

Dennoch ist die misstrauische Besorgnis, die zumindest links von der Mitte den Vertriebenen auch ohne markige Funktionärsreden entgegenschlug, nachvollziehbar. Jeder sechste Deutsche war ein sogenannter Heimatvertriebener, diese Gruppe also eine nicht zu unterschätzende politische Größe. Der Bund der Vertriebenen, der zu seiner Hochzeit 4,5 Millionen Mitglieder zählte, war kein Ort der Seelsorge und Vergangenheitsversöhnung. Für die politischen Parteien der jungen Bundesrepublik ging es darum, sich diese Wählerschicht zu erschließen: in einigen Fällen auch um den Preis, ihren Funktionären gegenüber zumindest Lippenbekenntnisse abzulegen. Mit der Bewältigung von Traumata und Trauer hatte das Rangeln um Wählerstimmen und Positionen am wenigsten zu tun.

Dass 14 Millionen Menschen kurz vor dem Kollaps des Dritten Reiches im Winter 1944/45 und nach der deutschen Kapitulation in den Jahren 1945 und 1946 ihre Heimat verlassen mussten, stellt das letzte Kapitel des nationalsozialistischen Schreckens dar. Die »erzwungene Wanderschaft«, wie sie der damalige Bundespräsident Richard von Weizsäcker 1985 in seiner Rede zum 8. Mai nannte, war die logische Folge eines beispiellosen Eroberungskrieges, der am 1. September 1939 mit dem Angriff auf Polen begonnen hatte. Insgesamt 55 Millionen Menschen starben in dem sechs Jahre währenden Krieg, der den Deutschen »Lebensraum im Osten« verschaffen sollte und dessen weiteres erklärtes Ziel die systematische Ermordung der europäischen Juden war. Mit dem deutschen Angriff auf die Sowjetunion hatte dort eine von Stalin angeordnete Umsiedlung in Richtung Osten eingesetzt. Einerseits zum Schutz der Bevölkerung, andererseits um die Infrastruktur der Feindbeute werdenden Gebiete zu schwächen. Etwa zehn Millionen Menschen wurden auf Befehl Moskaus halbwegs planmäßig ihrer Heimat beraubt, weitere 6,5 Millionen flohen. Das gigantische Verrücken von Zivilistenmassen auf Planungspapier wurde fester Bestandteil der Kriegsstrategie.

Als sich die Alliierten erstmals Ende 1943 in Teheran zusammensetzten, einigten sie sich auf die Westverschiebung Polens. Deutschlands Ostgebiete sollten unter Polen und der Sowjetunion aufgeteilt werden. Darüber hinaus hatten sich die Exilregierungen Polens und der Tschechoslowakei mit verschiedenen Untergrundorganisationen sowie den Alliierten darauf verständigt, die deutsche Bevölkerung müsse aus den zum Teil in stark veränderten Grenzen wiedererstehenden Staaten Osteuropas verschwinden. Auf der Konferenz von Potsdam vom 17. Juli bis 2. August 1945 besiegelten Russen, Amerikaner und Briten diesen Plan. Zu diesem Zeitpunkt hatte das Vordringen der Roten Armee während der letzten Phase des Krieges längst aus der Theorie der Richtungspfeile eine Praxis des Schreckens gemacht. Die Furcht vor den russischen Soldaten war, geschürt durch die deutsche Propaganda, enorm bei den Zivilisten. Folglich setzte im Winter 1944 die erste große Fluchtbewegung gen Westen ein.

Was packt man ein, wenn man nur so viel mitnehmen kann, wie man selbst zu tragen vermag? Den Teddybär der Kinder, den Familienschmuck, Erinnerungsfotos, Bettzeug oder lieber Brot, Käse und ein Stückchen Speck? Stellt man heute die Frage, die sich die Menschen damals manchmal binnen weniger Stunden beantworten mussten, trifft man auf Ratlosigkeit, oft auch auf Schweigen. Was würde ich mitnehmen? Die Antwort fällt denen, die schon einmal zur Auswahl gezwungen waren, heute kein bisschen leichter. Für ihre Nachkommen ist sie jenseits jeder Vorstellung.

In jedem Leben ist etwas anderes von materieller oder ideeller Bedeutung. Was denkt ein Bauer, der sein Vieh unversorgt zurücklassen muss? Was macht ein Kind durch, wenn es den Familienhund nicht mitnehmen darf beim Abschied für immer? Was geht in einem Menschen vor, wenn er die Gräber der Familie an einem Ort zurücklässt, an dem er nun selbst um sein Leben fürchtet? Solche Fragen mögen angesichts der von Deutschen verantworteten Grausamkeiten nebensächlich klingen. Aber das individuelle Leben ist keine Waage statistisch ausbalancierter Ungeheuerlichkeiten. Gerade in Nebensächlichkeiten wie diesen wird die Zäsur im Leben der Flüchtlinge vorstellbar. Kaum einem war im Moment des Aufbruchs bewusst, dass es keine Rückkehr mehr geben würde. Manch einer bewahrt bis heute Haus- oder Wohnungsschlüssel des einstigen Heims auf. Auch wenn das Haus dazu längst nicht mehr steht. Aber der gehütete Schlüssel ist ein Symbol dafür, dass etwas noch nicht abgeschlossen ist, keines dafür, dass etwas wieder aufgeschlossen werden soll.

Lange nach Ende des Kalten Krieges war ich bereit und neugierig genug, dorthin zurückzukehren, wo mein Vater ein kleiner Junge gewesen war. Dorthin, wo er den Schatz seiner Kindheit vergraben hatte. In Kamienna Góra, dem einstigen Landeshut, standen wir an einem sonnigen Märztag an den zugewucherten Gleisen des stillgelegten Bahnhofs. Das Gebäude gibt sich keine Mühe, eine Kulisse für Erinnerungen abzugeben. Ein Großteil seiner Fensterscheiben ist eingeschlagen. Kein Zug fährt mehr ein. Weder Durchsagen am Bahnsteig noch das Quietschen bremsender Züge können als akustische Lotsen in die Vergangenheit dienen. Kein Bahnhofsgeruch aus heißgelaufenen Bremsen und flüchtig zu Ende gerauchten Zigaretten lag an diesem Tag in der Luft. Überlandbusse, die vom Bahnhofsvorplatz nach Breslau, Krakau oder Warschau fahren, haben den Schienenverkehr abgelöst.

In diesem Bahnhof, der heute nüchtern allen Sentimentalitäten trotzt, hat im Frühjahr 1946 für meinen 15-jährigen Vater ein Jahr der Fremdheit in der eigenen sich verändernden Heimat sein Ende gefunden. Und hier hat die Reise meiner Großeltern mit ihren Eltern, Geschwistern und Kindern in eine ungewisse Zukunft ihren Anfang genommen. Das ganze Dorf war damals zu Fuß aufgebrochen, um über die Hügel von Michelsdorf in die Kreisstadt zu laufen. Auf ihrem Weg sind sie hineingeraten in eine kollektive Grauenserfahrung, die in der Nachkriegswelt am liebsten als gesichtsloses Phänomen behandelt wurde: Die Vertreibung war so umfangreich, dass die individuelle Erfahrung nicht zählte. Vom Nichtindividuellen, vom Kollektiven, vom abstrakt Werdenden konnte man dagegen verlangen, dass es wegpackbar, beiseiteschiebbar, vergessbar wurde.

Wie groß die Angst der Flüchtlinge um das nackte Leben gewesen war, wie stark das Gefühl des Entkommens, zeigen die vielen Geschichten, in denen die Rede vom »letzten Zug«, »letzten Transport« oder »dem letzten Schiff« ist. So viele letzte Transportmittel kann es gar nicht gegeben haben. Aber aus dieser Zuspitzung spricht die subjektive Wahrnehmung, dass es nach dem eigenen Weggehen kein Leben mehr am Ausgangspunkt der Flucht geben konnte. Solch ein panischer Abschied, solch eine Schock der Entwurzelung prägt sich ein – und will irgendwann erzählt werden.

Darum machten wir uns auf, die Kindheit meines Vaters zu besichtigen, der 77 Jahre alte Mann und ich. Wir fuhren nach Polen, das einmal Schlesien gewesen war. »Heimwehtouristen«, wie sie dort sagen, sind heute eher die Regel denn die Ausnahme. Das Gästebuch in unserem Hotel erzählt von ihnen. Diese Reisenden schreiben sich ihre Ergriffenheit vom Herzen. »Die Grenzen sind offen, wir haben das Glück, als Touristen zu kommen in die Heimat zurück. Trotz aller Freude von Seele und Herz, an den Stätten unserer Wurzel wartet oft Schmerz«, hat eine Besuchergruppe aus dem Ruhrgebiet dem Buch anvertraut.

Für meinen Vater war es die sechste oder siebte Reise ins Riesengebirge. Er weiß es nicht mehr ganz genau. Er hat die Gegend mit meiner Mutter, seiner Schwester, seinem Cousin besucht. Meine Eltern haben dort mit Freunden gemeinsam nach Spuren ihres Lebens gesucht. Und als begeisterter Wanderer hatte mein Vater natürlich den Ehrgeiz, eine Wandergruppe seines Vereins durch die Gegend zu führen. Das war noch lange vor Öffnung der Grenzen. Entsprechend kompliziert war es gewesen, sich im Grenzgebiet zwischen Polen und der Tschechoslowakei zu bewegen.

Als wir nach vier Tagen wieder abreisten, sagte er: »Jetzt ist aber auch gut. Ich glaube, ich bin jetzt das letzte Mal hier gewesen.« Zwischen Ankunft und Abreise lag eine Exkursion in eine Gegend, die so auf keiner Landkarte verzeichnet ist. Keine Höhenmeterangabe sagt etwas über die Tiefe der Landschaft aus. Es gibt dort weder Norden noch Süden. Der Kompass folgt anderen Gesetzen. Hier gelten nur die Erinnerungen, das, was sich aus der Kindheit in die Gegenwart hinüberretten konnte.

Vordergründig liefen wir an einem grauen Märzvormittag im Jahr 2008 durch ein Dorf in der polnischen Woiwodschaft Śląskie. Der verwöhnte deutsche Blick teilte die Häuser entlang der Durchgangsstraße ein in längst sanierungsreife Exemplare, solche, die ganz leidlich über die Zeit gekommen waren, und jene in bestem Zustand. Aber unsichtbar für Außenstehende liefen wir durch einen anderen Ort, der noch durch die Realität durchschimmern konnte, weil der Blick eines alten Mannes ihn aufrief. Jedem Haus wurden seine ehemaligen Bewohner oder Funktionen zugeordnet. Da waren das Schulhaus und das Kinderheim. Gleich dahinter am Waldrand, erinnerte sich mein Vater unvermittelt, »hat sich eine Fremdarbeiterin aufgehängt«. Er hat die Tote damals selbst gesehen und kann noch genau den Anblick der mehr sitzenden als hängenden Frau beschreiben. Sie hatte mit einer unbändigen, selbstzerstörerischen Kraft fortgewollt von diesem Ort, der ihr alles andere als Heimat war. Und drüben am Hügel ist ein Zeitungsbote in einem der kalten Winter erfroren. Er hatte sich auf einer Bank niedergelassen, um sich auszuruhen, war eingeschlafen und nicht mehr aufgewacht.

In einem der winzigen grauen Häuschen, an denen wir vorübergehen, so erzählt mein Vater, hat ein altes kinderloses Ehepaar gewohnt. Sie wollten nicht von ihrem Zuhause lassen, als sie sich 1946 wie alle anderen zum Abmarsch einfinden sollten. Die polnische Miliz war entschlossen, ein Exempel zu statuieren. Sie erschoss die beiden. Auch das gehört zu den Kindheitserinnerungen an den Ort, der jetzt Miszkovice heißt. Solches Grauen ist nun in einem Sediment vermengt mit den Erinnerungen an das Karussell, das regelmäßig im Ort haltmachte. Es war eine jener Jahrmarktattraktionen gewesen, die man mit viel Muskelkraft ankurbeln musste. Für ein paar Runden Anstrengung im Innern der Maschine verdienten sich die Dorfjungen eine Freifahrt auf der Festwiese.

Alles steigt gleichberechtigt wieder auf aus der Vergangenheit und fügt sich zu einem seltsamen Mosaik aus Freude, Schmerz und Schrecken. Und für Momente kommt dann jene – Hoffnung wäre zu viel gesagt –, jenes Vorgefühl einer Hoffnung auf, es könnte mehr aus jener Zeit bewahrbar und vermittelbar sein, als damals für die Flucht in den Rucksack gesteckt wurde. Das Materielle, das ironisch »Familienschatz« genannte Bündel Habseligkeiten, ist nicht Ziel dieser Hoffnung, sondern behelfsweise Symbol für Ungreifbareres. Als wir auf der Anhöhe stehen, von der aus man die Felder und den Wald sehen kann, die einmal meinem Großvater gehört haben, sind wir dem Schatz ganz nah. Mein Vater, der stets Stein und Bein geschworen hat, er könne ihn wiederfinden, ist sich ganz sicher, dass wir direkt über der Kiste mit dem Familiensilber stehen. Hier unter diesem Felsvorsprung, zu dessen Füßen nun Sträucher ihre Äste ausstrecken, hat er die Wertsachen in den letzten Kriegstagen vergraben. Wir können den Schatzplatz bequem in Augenschein nehmen. Wir sitzen auf einem Bänkchen, das lange nach Kriegsende an dieser Aussichtsstelle aufgestellt wurde. Eine tiefe Ruhe bestimmt diesen Moment der Wünschelrutengewissheit. Wir lassen die Kiste, wo sie vielleicht noch ist. Manche Schätze muss man bergen. Andere sollten begraben bleiben, damit wir weiter von ihnen träumen können.

Während wir dasitzen und im Reden über anderes unausgesprochen das Nichtgraben beschließen, taucht Onkel Kallinich, der im sieben Kilometer entfernten Liebau einen Kolonialwarenladen betrieben hat, in den Erzählungen und Gedanken auf. Das herrschaftliche Haus, das Onkel und Tante Kallinich zurückgelassen haben, ist heute dreckig grau. Die Farbe ist in über sechzig Jahren abgeblättert. Aber die Frakturschrift an der Hausfront ist noch schemenhaft lesbar. In großen, ehemals schwarzen Buchstaben kündet sie von der untergegangenen Existenz eines einst quirligen Treffpunks. Onkel Kallinich habe ich nie kennengelernt, aber die Geschichten und mein Bild von ihm bekommen nun einen neuen Rahmen. Ein Haus, in dem er beinahe ein ganzes Arbeitsleben lang der Chef war. In dem er seine Kunden bediente und sich ihre Kümmernisse, Maulereien und Freuden anhörte. Die Börse für Klatsch, das war Onkel

Kallinichs Laden ebenso sehr wie eine Drehscheibe für Waren. Für mich hatte sein Name trotz der schlesischen Herkunft immer geklungen, als sei er den masurischen Erzählungen von Siegfried Lenz entsprungen. Mit einer großen weißen Schürze majestätisch hinter der Theke seines Ladens stehend, so hatte ich ihn mir immer vorgestellt. Ein Laden, in dem er gegen Ende des Krieges eher den Mangel als die Waren verwaltete. Er hat den Abschied trotzdem lange nicht, wer weiß, ob je, verwunden. Viel später hat er meinem Vater erzählt, dass er 1946, in dem, was er als Fremde sah, den Plan mit sich herumtrug, auf einen Starkstrommast zu klettern, um seinem Leben ein Ende zu setzen. Er hat es nie getan. Vielleicht hat ihn der Mut verlassen. Vielleicht hat er ihn aber auch im richtigen Moment wiedergefunden.

Auf dem Friedhof in der Ortsmitte Miszkovices gibt es schon lange kein deutsches Grab mehr. Mein Vater deutet auf das linke Gräberfeld. Hier irgendwo waren die Ruhestätten unserer Familie. Er sagt es ohne Bitterkeit, wohl wissend, dass auch im Schwabenland die Ruhezeit für ein Grab nur 25 Jahre beträgt. Er sucht nicht nach Sentimentalitäten, nach der vorsätzlichen Verzerrung des Blicks. Manche Dinge muss man einfach realistisch sehen, sagt sein Tonfall.

Ganz am Ende des Spaziergangs kommen wir zu einem gelben Gehöft. Das Dach leuchtet rot, es ist neu. Das Elternhaus meines Vaters wirkt gut in Schuss. Wir sind angemeldet. Der Hausherr und seine Frau winken uns von der Einfahrt aus herbei. Sie sind aufgeregt, obwohl es nicht die erste Begegnung mit meinem Vater ist. Als wir in der guten Stube sitzen, kommt noch der älteste Sohn, der jetzt den Hof führt, aus seiner Wohnung im ersten Stock. Er setzt sich zu uns an den großen Wohnzimmertisch, der sich in Windeseile mit selbstgebackenem Kuchen, Kaffee, Wein und Obst füllt. Alle sind aufgekratzt verlegen und suchen nach einem Gesprächsanfang. Ein Verwand-

ter beginnt zu dolmetschen. Aber was kann ich ihm zum Über-
setzen antragen, die ich zum ersten Mal in jenem Haus stehe, das
meine Familie vor über 200 Jahren erbaut hat? Dass ich nur einmal neugierig schauen und den Erzählungen aus der Kindheit
die passende Kulisse zuordnen möchte? Dass mein Blick keine
Immobilienschätzungen vornehmen will?

Oleg bricht das Schweigen und bereitet der beidseitigen Verlegenheit ein Ende. Der elfjährige Enkel des Hausherrn hat sich
gut vorbereitet auf diese Begegnung. In holprigem Deutsch liest
er uns seine Fragen vor. Er will wissen, was das für ein Gebäude
ist, das vis-à-vis auf der anderen Seite der Straße steht. Ganz verfallen ist es. Wer es nicht von früher kennt, kann unmöglich er-
raten, welchem Zweck es diente. Eine Gastwirtschaft sei das gewesen, erklärt mein Vater. Eben noch hat er sie fotografiert und
sie vor seinem geistigen Auge mit dem Haus seiner Kindheit ab-
geglichen. Im Nu finden Oleg und mein Vater zueinander. Der
Junge fragt, der Alte nimmt ihn mit auf die Reise ins Gestern, als
gäbe es kein Morgen. »Wie alt ist dieses Haus? Wer hat es gebaut? Wer hat vor Ihnen in diesem Haus gewohnt? Wissen Sie,
was in der Inschrift auf dem Kriegerdenkmal stand? Was wissen Sie über den Stausee am Ortseingang? Gab es den schon immer? Wie sah Michelsdorf nach dem Krieg aus? Wie viele Häuser gab es damals im Ort? Wie lange haben Sie hier gewohnt?
Wollen Sie wieder hierherziehen?« Oleg will gar nicht mehr
aufhören. Penibel achtet er darauf, dass kein Punkt aus seinem
Fragenkatalog unbeantwortet bleibt. War es ihm wirklich eine
Sorge, dass der zuvor Fremde, der damals jeden Winkel hier
kannte, wie Oleg heute jeden Winkel kennt, zurückkehren
könnte? Hat er sich das zusammengereimt oder aus den Gesprächen der Erwachsenen aufgeschnappt? Im Grunde spielt
das keine Rolle, denn hier versuchen zwei, die sich hier zum ersten Mal begegnen, die beiden losen Enden einer gemeinsamen
Geschichte zu verknoten. Dem alten Mann fehlt der Fortgang

der Ereignisse nach dem 18. Mai 1946, dem Tag des Abschieds. Und Oleg und seine Familie kennen den Anfang der Geschichte ihres Wohnortes nicht.

Olegs Großvater war damals selbst noch ein Kind, dessen Eltern im September 1945 von Sibirien nach Michelsdorf umgesiedelt wurden. Infolge der Aufteilung Polens durch den Hitler-Stalin-Pakt 1939 waren sie vom ostgalizischen Tarnopol dem vergrößerten Russland zugeschlagen worden. Schlesien bedeutete für Olegs Großeltern und Urgroßeltern den hoffnungsvollen Neuanfang in einem dramatisch bewegten Leben. Für die einen war Glück, was auf die anderen als Unglück niederkam, bot doch die Entwurzelung der Vorgänger die Chance, eigene Wurzeln auszutreiben. Mit dem Begriff Heimat tut sich auch Olegs Familie schwer: Er hat so oft den Bezug gewechselt. Wenn der Enkel nun in der Vergangenheit bohrt, versucht er nicht nur für sich, sondern auch für seine Familie ein Vakuum mit Wissen zu füllen.

Oben in Olegs Zimmer steht ein Computer. Da surft er manchmal auch auf einer deutschen Website, die von ehemaligen Bewohnern der Gegend, Vertriebenen also, gepflegt wird. Er schaut nach, wie es hier aussah, als er noch nicht auf der Welt war. Historische Postkarten und allerlei Heimwehschweres gibt es dort zu sehen. Dass auch ein neugieriger polnischer Junge diese Seiten nutzen könnte, mag keinem der Betreiber jemals in den Sinn gekommen sein. Aber so arbeiten nun zwei Gruppen und Generationen, die man sich einst entweder nur in Hader oder in gegenseitigem Unverständnis voreinander stehend denken mochte, an der Bewahrung der Geschichte eines Ortes, der es verträgt, dass ihn beide Seiten Heimat nennen.

Mit staunenden Augen stellt Oleg seine letzte Frage an den Besucher: »War der Schieber an der Haustür schon immer?« Mein Vater nickt. Ja, den gab es, seit er denken kann. Ein Holzbalken, der sich rechts und links ins Mauerwerk schieben lässt, schützt das Haus vor unerwünschten Besuchern. Geholfen hat das nicht immer. Oleg kennt die Geschichte, die mir schon erzählt worden war, als ich das Haus nur aus Erzählungen kannte. Jene vom russischen Soldaten, der in die Luft schoss. Die Kugel zerschlug die Decke und ging um Haaresbreite am Kopf meines Vaters vorbei, der einen Stock höher in seinem Bett lag. Das Einschussloch ist noch immer zu sehen. Oleg zeigt mir die schon mehrmals überstrichene Kerbe im Holz. Er deutet mit dem Zeigefinger darauf. Er lebt ganz selbstverständlich mit den Episoden aus der Geschichte dieses Hauses, das nun sein Zuhause ist und das er hoffentlich noch lange bewahren wird, nicht nur in seiner Erinnerung.

Als die ältere Schwester meines Vaters 2004 starb, gab ihre Tochter ihr eine Handvoll Heimaterde mit ins Grab. Das war kein politisches Manifest, kein Erdwurf gegen Grenzen. Es war vielmehr ein stilles Eingeständnis, dass die Kindheit einen ein Leben lang begleitet, dass sie bis ganz am Ende bei uns bleibt, intensiver als vieles dazwischen. Dass man sie nicht ausblenden muss in der Bilanz eines Lebens. Auch dann nicht, wenn sie in einer politisch noch immer brisanten, erinnerungspolitisch umstrittenen Gegend stattgefunden hat. Immer wieder ist meine Tante an die Stätte ihrer Kindheit gefahren. Gründe und Reiseanlässe fand sie immer. Die Lektion, die die Geschichte sie gelehrt hat, hatte sie verinnerlicht. An ihrem Grab stand auch eine Familie ehemaliger persischer Flüchtlinge, entwurzelt von einer Revolution. Mehrere Jahrzehnte nachdem es meine Familie in das kleine niedersächsische Dorf verschlagen hatte, waren diese neuen Suchenden dort angekommen. Bei meiner Tante fanden sie Unterstützung und Wärme. Ohne viel Worte half sie ihnen beim Neuanfang. Als knapp Zwanzigjährige hatte sie erlebt, wie schwierig der sein kann. Um das zu begreifen, brauchte sie keine politischen Seminare.

Manchmal muss man sich auf die Reise durch die Familiengeschichte begeben, um zu begreifen. Aber wer es tut, der kann dort Schätze finden. Und die sind mindestens so wertvoll wie der Schatz, den mein Vater und ich ruhen ließen. Wir wissen jetzt, wo er liegt.

Ulrike Winkler beim Kühemelken mit Tante Paula (links)

Die Flucht als Erfolgsgeschichte

Wie Eva Bentjen so viel von ihrer ostpreußischen Heimat erzählte, dass sie nie heimatlos werden konnte

Ein Leben wie ein Roman – das sagt sich leicht, und wird viel zu oft Biografien attestiert. Die Wendung verliert so ihre Kraft. Im Fall von Eva Bentjen aber sollte man sie tatsächlich wörtlich nehmen. Wobei diese Frau nicht etwa nur Dinge erlebt hat, die anderen opulent, bunt, dramatisch wie ein Schmöker vorgekommen wären. Sie hat selbst vielmehr im fortdauernden Erzählen die Macht und Deutungshoheit über das Geschehen zurückerobert. Was klingt wie ein Roman, das ist nicht nur für die Erzählerin selbst kontrollierbar, lenkbar, zensierbar. Das macht auch den Zuhörern weniger Angst. Aus nacktem, abstoßendem Grauen wird anziehender Grusel. Aus dem Erschreckenden des Leidens das Erhebende des erfolgreichen Überstehens. Den Zuhörern von Eva Bentjen mag es in der frühen Nachkriegszeit manchmal vorgekommen sein, als sei diese Frau aus Worten gemacht, einem Buch entstiegen, ein Knäuel von Anekdoten, Prosagedichten und Abenteuern.

Sie kam aus einem Land, in dem Alltagsgebräuche leicht verschoben schienen, wie das Leben hinter dem Glas eines Märchenspiegels. Die Holzdielen in den Häusern wurden in diesem Land dunkler Wälder und kristallklarer Seen angeblich mit Buttermilch behandelt. Was die Zuhörer nicht mehr nachprüfen konnten. Denn dieses Land hatte sich 1945 der unmittelbaren Erfahrung und Beobachtung entzogen: Es war einmal. Dreißig Jahre lang hatte Eva Bentjen hier gelebt. Um dann den

Rest ihrer Tage Erzählung um Erzählung hierher zurückzukehren, wie in ein unter Zwang verkauftes Haus, in das sich die Bewohner Nacht um Nacht zurückschleichen, um auf dem Sofa zu schlafen.

Ende 1944 träumten die Volksempfänger noch immer rauschend und geifernd vom deutschen Endsieg, während am Horizont Ostpreußens bereits die russische Artillerie ihre grollende Absage an diesen Traum wummerte. Seit langem wurden Fähnchen auf den Karten, die in vielen deutschen Wohnungen hingen, verschoben nach Westen, nach Westen, nach Westen. Die Front, dieser entrückte Ort dauernden Sterbens und angeblichen Heldentums, lauthals verkündeter Siege und angeblich planmäßiger Abwehrlinienverkürzung, verlor ihre Qualität des Anderswoseins. Die Front und Orte, die man kannte, diese beiden zuvor wie elektrische Pole vermeintlich einander entgegengesetzten Weltpunkte, standen vor der Einswerdung.

Der Abschied stand bevor. Jeder spürte es und wollte es doch nicht wahrhaben. Gauleiter Koch erzwang die Wirklichkeitsverleugnung. Bis zuletzt verhinderte er eine einigermaßen geordnete Evakuierung der Zivilbevölkerung, der dann mit dem Fall Danzigs am 30. März 1945 endgültig der Landweg abgeschnitten war. Hie und da versuchte einer an den Ersten Weltkrieg zu erinnern, als russische Truppen gekommen und wieder gegangen waren. Aber das mochte kaum einer glauben. Die große Zeitenwende stand an. Denn dieses Ostpreußen hatte seine Unschuld verloren, es hatte sich positioniert in einem bösen Spiel der Gewalt, Unduldsamkeit und Menschenverachtung. In keiner anderen Provinz hatte die NSDAP so leichtes Spiel gehabt wie hier. Bei den Reichstagswahlen im Juli und im November 1932 lagen die Stimmengewinne der Nationalsozialisten weit über denen im Reich.

Um diese politischen Dimensionen ging es Eva Bentjen in ihren bewahrenden Erzählungen nicht, die Fragen nach Schuld und Verantwortung traten zurück hinter das Problem des instabil gewordenen Kerns der eigenen Identität. Bentjen redete von der Landschaft und deren prägender Kraft, als müsse sie sich so der geologischen Stabilität der eigenen Werte, Bräuche und Erinnerungen versichern. Sie erdete sich im Erinnern. Die Frau aus dem Memelland, aus dem Städtchen Uschpirden, krempelte nach ihrer Flucht zwar in einem anderen Leben im holsteinischen Tackersdorf die Ärmel hoch. Aber sie verstand und beschrieb sich selbst nicht als eine, die hier und jetzt dies und das tat, sondern als eine, die dort und damals dieses und jenes getan hatte.

Es ist ein Märchenmuster, das in den Erzählungen aufscheint: das wundersame schöne Land, dessen Ein- und Ausgänge sich als abweisende Strecken der Ödnis, Gefahr und Peinigung darstellen. Der Weg aus Bentjens Märchenland führte über die Ostsee, über das zugefrorene Haff. Vielleicht, das lässt sich nach all den Jahren nicht mehr genau rekonstruieren, vom heutigen Gdingen, dem damaligen Gotenhafen, mit einem Schiff nach Kiel. Die härteren und milderen Stationen, die schaurigeren und melancholischeren Szenen setzten sich für die Zuhörer zu einer Abenteuergeschichte zusammen. Und jemand, der leidenschaftlich erzählen konnte wie Eva Bentjen, fand immer Zuhörer. Aber ihr ging es nicht um die Bindung der Hörer durch Betonung des Schrecklichen. Ihr ging es um die Rückführung der Erzählenden selbst in die Gefilde vor dem Schrecken, um die Wiederbelebung von Heimat. Die war in einen anderen Aggregatzustand übergegangen, hatte sich aus Ziegel und Stein, Holz und Blatt, Erde und Wasser in Wort, Klang, Bild und Nachbild verwandelt. Der tägliche Aufruf der Heimat im Erzählen war keine Klage über den Verlust, sondern die Abwehr des Drängens, Verlustklagen anzustimmen. Eva Bentjen erzählte, um so viel wie möglich zu behalten.

Unverdrossen wiederholte sie, wie kräftezehrend es gewe-

sen war, die Familie im letzten Januar des Krieges beisammen-
zuhalten. Die Familie war Teil jenes Strudels von Menschen geworden, der ein paar Trümmer alter Habe aufnahm und dann,
von innerer Furcht und äußeren Attacken gescheucht, gen Westen drängte. Die von jeder Regierung abgekoppelte Währung,
die Eva Bentjens für alle Eventualitäten eingepackt hatte, war
ein Stück Speck. Fettiges, scheibchenweise portionierbares
Gold in Zeiten, in denen viele Menschen mit wenig Proviant
große Strapazen durchlebten. Eva Bentjen war überlebenstüch-
tig, eine Eigenschaft, die im Wortsinn zum Tragen kam. Es ging
nicht ums bessere oder schlechtere Durchkommen, sondern
ums Durchkommen überhaupt. Und sie war nach dem abrup-
ten Abschied vom Vertrauten nicht nur für sich, sondern für
drei weitere Menschen verantwortlich: ihre Mutter, ihre Großmutter und ihre gerade neun Monate alte Tochter. Die Angst
fatalen Scheiterns hat Eva Bentjen immer wieder in ihren Erzählungen aufleben lassen: So gewann sie die ständige Bestätigung
des Überstandenhabens, der eigenen Belastbarkeit. Alles, was
noch kommen konnte, war gewiss milder als das, was hinter
einem lag.

Die Fluchtwege waren beinahe unpassierbar durch die
schiere Masse jener, die sie passieren wollten. Mitfahrgelegen-
heiten auf Fuhrwerken oder Lastwagen waren rar und begehrt.
Aber Bentjen schaffte es, Plätze auf einem Lkw zu ergattern.
Sie war energisch, kompromisslos, loyal. Als der Fahrer des
Kraftwagens ihr aber zu verstehen gab, sie und ihre kleine
Tochter könnten mitfahren, die beiden älteren Frauen jedoch
nicht, stieg auch sie mit ihrer Tochter vom Wagen. Alle oder
keiner, hieß ihre Maxime in einer Ausnahmesituation, die
nur die Regel ›Rette deine eigene Haut‹ gelten lassen wollte.
Die anfangs noch motorisierte Flucht wurde zum Gewalt-
marsch. Je langsamer das eigene Vorankommen, desto schneller breitete sich das Grauen in einem aus. Eva Bentjen und die

anderen Flüchtenden rechneten mit dem Schlimmsten, und die historischen Statistiken machen klar, dass hier nicht die Hysterie der Verstörten Panikbilder malte, sondern dass die Angst ein korrektes Bild der eigenen Chancen zeichnete. Von den rund 2 490 000 Einwohnern Ostpreußens überlebten 5 1 1 000 Menschen Kampf, Flucht, Verschleppung, Lagerinternierung, Hunger und Kälte nicht. 3 1 1 000 von ihnen waren Zivilisten.

In den Erzählungen von Eva Bentjen tauchten immer wieder jene auf, denen widerfahren war, was die Flüchtenden für sich selbst Schritt um Schritt, Stunde um Stunde, Tag um Tag für möglich gehalten hatten, das Wegsacken ins Verderben: die Entkräfteten, die Sterbenden, die Toten am Wegesrand. Die Leichenallee machte klar, dass das Schicksal nicht bloß drohte, dass keine himmlischen Mächte den Bedrängten in letzter Sekunde lindernd beistehen würden. Die Flucht war ein Parcours des schrecklichsten Darwinismus. Wessen Kräfte nicht reichten – oder wessen Glück –, der krepierte wie verlassenes Vieh. Manchmal erzählte Eva Bentjen auch von toten Kindern, die von ihren Müttern am Wegrand zurückgelassen worden waren. Weil die Familien weder die Kraft zum Schleppen kleiner Leichen besessen hatten noch Zeit, Werkzeug und Energie zum Ausheben von Gräbern in hartgefrorener Erde.

Aber meistens konzentrierten sich ihre Geschichten wie tröstliche Spielfilme auf jene, die Gefahr und Not entkamen. Das Schreckliche passierte immer den anderen, denen am Rande der Erzählung. Die stiegen auf ein vermeintlich rettendes Schiff, das dem Untergang entgegenfuhr, auf die »Wilhelm Gustloff«. Die Bentjens erreichten das schmucke Paradeschiff der Nazis nicht und nahmen das nächste Boot. Das vermeintliche Unglück wurde zur Lebensversicherung, denn die »Wilhelm Gustloff« wurde von einem russischen U-Boot versenkt. Schrecken und Erleichterung, Entsetzen und Lachen lagen in den Berichten Eva Bentjens nahe beieinander. Das Davonkommen war das Generalmotiv, die Umdrehung des Nachteils ins Glück. Und auch vom Speck hat Eva Bentjen kein Stück abbekommen – ein Vorteil, denn das lange bewahrte Nahrungsmittel war mittlerweile schlecht geworden. Die anderen verdarben sich daran den Magen.

Eva Bentjen erzählte das Dramatische und Lebensgefährliche stets als große oder kleine Errettung, als Triumph über das Schicksal. Ihr gelang das Kunststück, erinnert sich ihre Tochter, nie jenen Klageton anzuschlagen, den viele Leidensgenossen in ihre Erzählungen legten. Eva Bentjens Tonart war der Stolz. Wieder und wieder repetierte sie die gelungene Flucht, mit dem Säugling auf dem Arm, die Kindstaufe irgendwo unterwegs auf der Strecke von Ost nach West, die sechs Wochen Strapazen. Sie überlieferte sich als Beschützerin, als starke Frau, die ihre Familie durch den Untergang eines ganzen Landes in die Zukunft geführt hatte und nicht von den Weltläufen gedemütigt zu Boden geworfen worden war. In der Familie bürgerte sich eine stehende Formel für dieses Selbstverständnis der Mutter, für diese private Mythologie der Hinüberrettung zum Neuanfang ein, eine saloppe und zugleich alttestamentarisch anmutende Dankesformel: »Sie hat uns rübergebracht.«

Eva Bentjen blieb auch im neuen, friedlichen Alltag die Verantwortliche. Sie hatte keinen Beruf erlernt, aber sie kam aus einer Kultur, die das kräftige Zupacken pries, das Arbeiten ohne wählerische Suche nach Besserem. »Man hatte ja nix«, beschreibt Ulrike Winkler, Evas einzige Tochter, kurz und bündig in jenem Satz, mit dem viele Familien ihren Neuanfang beschrieben, die Lage. Flüchtling zu sein, das war für sie von Kind an gleichbedeutend mit Armut, damit, »dass man nichts hatte«.

Manche schilderten diesen neuen ökonomischen Status als ungeheuerlichen Absturz. Die Bentjens aber hatten keine großen Besitztümer in Ostpreußen zurückgelassen. Die in Erzählungen geborgene Heimat war keine der Grundbucheintragungen. Trotzdem spürte die Tochter das Trennende, merkte, dass sie anders waren als jene, die im Lauf der Jahre mehr und mehr und mehr um sich angesammelt hatten. Erst viel später lernte sie auseinanderzuhalten, dass es nicht nur arme Flüchtlinge und wohlhabende Alteingesessene gab. Zuvor war ihr Besitzlosigkeit als der prägende, alleinige Makel der Flüchtlinge erschienen.

Dort und hier: Für die Bauernfamilie, bei der die Bentjens nach ihrer geglückten Flucht untergekommen waren, bildeten die Erzählungen einen unerwarteten Einbruch des Exotischen, ein buntes Panoptikum der Hinweise, wie verschieden Deutschland von Landstrich zu Landstrich gewesen war. Die Buttermilch, mit der die Ostpreußen Fußböden gepflegt hatten, wurde hier – welch ironische Wendung – zu Suppe verarbeitet und zusammen mit Bratkartoffeln in einem abendlichen Ritual verspeist. In den Bauersleuten fand Eva Bentjen geduldige Zuhörer – in einer Zeit ohne Fernseher in den Wohnstuben wurden die Erzählstunden zu einem ähnlich festen Ritual wie die abendliche Milchsuppe. Nach einiger Zeit kannten die schleswig-holsteinischen Quartiergeber jeden Neffen und alle Großonkel und Tanten der Bentjen'schen Sippe aus den Geschichten so gut, dass es ein großes Hallo gab, wenn einer von ihnen tatsächlich leibhaftig in Tackersdorf auftauchte. Nur ein Familienmitglied ließ auf sich warten.

Der Vater und Ehemann kehrte als Versehrter zurück aus dem Krieg. Seine Frau soll, als sie ihn am Bahnhof abholte und erstmals seinen Zustand sah, voll Abscheu ausgerufen haben: »Einen Mann mit nur einem Bein, den will ich nicht!« Auch das wurde später zur Anekdote. Das immer neue Wiederaufführen der Szenen im Reden aus sicherer Distanz nahm jedem Schmerz die Schärfe. Konsequent baute Eva Bentjen auch den Schock des Wiedersehens in ihren Reigen des Bewältigens ein.

Dem kleinen Mädchen, das bei den abendlichen Runden zwischen den Erwachsenen saß, waren die sich wiederholenden Erzählungen in der mundartlichen Färbung Ostpreußens quälend peinlich. Denn seine Mutter wurde nicht nur gelegentlich rührselig, sie traf auch mit dem Packenden, Spannenden und Fantastischen jedes Mal den wunden Punkt. Das Mädchen wollte dazugehören. Die Mutter aber erzählte vom Trennenden und kultivierte unfreiwillig das Anderssein der Neuankömmlinge.

»Ich wollte das damals nicht hören«, sagt Ulrike Winkler. Sie sitzt in ihrem umgebauten Bauernhaus in der Peripherie Bremens. Der Blick aus dem Fenster geht hinaus über eine weite Moorlandschaft. Im großen Wohnzimmer verweist das Mobiliar, der große Tisch in der Mitte, die Sessel am Rand und das gemütliche Sofa, auf das Gewesene im Leben und auf seine Zugehörigkeit zur Biografie der Bewohnerin. Hier kommt nicht jedes Jahr der Innenarchitekt, um die Vergangenheit mit neuestem Design auszulöschen, um die Unkenntlichkeit des Schicks über die Herkunft der Bewohner zu breiten. Hier bergen die Dinge Geschichten, hier dürfen sie so sein, wie sie sind.

Die Lebensgefährtin hat ihr einen Sessel aus dem Besitz ihrer eigenen Großmutter geschenkt. Die Zugereiste hatte, mal eher im Scherz, mal mehr im Ernst, immer wieder gesagt: »Ich als Flüchtlingskind habe ja keine solchen Möbel.« Im Vergleich zu den Möbelstücken, die sich in traditionsbewussten hanseatischen Familiengeschichten ansammeln, mag das ganz besonders aufgefallen sein. Von Generation zu Generation weitergereichte Möbel sind ein Sinnbild für Kontinuität, für eine gleichbleibend solide Ummantelung der Existenz. Was den Großeltern und Eltern gedient hat, dient nun den Kindern und

Ulrike Winklers Vater (Bildmitte) beim Hausbau

Enkeln. »Ich hatte das nie als Sicherheit. Aber ich hatte auch nicht den Wunsch, dass es so sein müsse«, beschreibt Ulrike Winkler ihre Umfunktionierung der Not zur Tugend. »Ich habe mich immer frei gefühlt.« Besitz kann auch belasten, sagt sie damit. Sie hat einen kleinen Tisch, den ihr Vater gezimmert hat, nach dessen Tod vor dem Sperrmüll gerettet. Er ist wertlos und doch unbezahlbar. In ihm steckt nicht einfach nur die Arbeit und Tüftelei des Vaters, er dokumentiert ein Konzept des Ankommens im Unvertrauten. Der kriegsversehrte Vater, gelernter Elektriker, der aus einem Land kam, das in den Augen der Geflüchteten nun ganz und gar kaputt war, machte sich daran, die kleinen Dinge in der neuen Umgebung zu reparieren: Heimat ist das, was man geflickt hat. Heinrich Bentjen fing an, wenn andere aufgaben, er wurde zum Geheimtipp in der Gegend. Vielleicht kann man seinen Reparatureifer auch so beschreiben: Man lässt nichts zurück, was sich – und Zeit hat man, wenn keine Panzer rollen – mit ein wenig Findigkeit und Mühe mit in die Zukunft retten lässt. Der Kriegsinvalide besserte so seine Rente auf und verhalf seiner Familie zu Anschaffungen, die das Dazugehören leichter machten. Vor allem aber verschaffte er sich Anerkennung und Respekt.

Seine Tochter sah das früher freilich nicht. Schon mit fünf Jahren litt sie an den Besonderheiten zu Hause. Sie wollte sich herauswinden aus einer Ostpreußenseligkeit, die zugleich mit dem Versprechen der besonderen Herkunft – die Vertreibung wurde da zur Schreck- und Verlustvariante des Prinzessinnentraums – immer wieder auch die Trotzende in Bann zog. »Ich bin kein Flüchtlingskind, ich bin eine norddeutsche Deern«, hat die heute 64-Jährige ihre Mutter damals aufgeklärt. Den Großen hat dieses altkluge Bekenntnis des Kindes gefallen, es wurde noch oft zitiert. Vor allem beim Sprechen wollte das Kind sich von den Eltern absetzen – und an die Welt ringsum angleichen. Ulrike wollte, so erinnert sie sich heute noch an die frühen Jahre, unbedingt korrektes Hochdeutsch sprechen – oder wenigstens ausrutscherfreies Norddeutsch. Den Klang und die Sprachmelodie der ostpreußischen Herkunft wollte sie sich um nichts in der Welt aneignen. Ihre Mutter muss diese Verweigerung tief getroffen haben.

Gleichzeitig war die Geflüchtete aber auch stolz, wie ihre Tochter die Zukunft in Angriff nahm und die Menschen mit ihrem kindlichen Charme um den Finger wickelte. Ulrike Winkler war wohl, was man heute mit einer englischen Leihwendung »everybody's darling« nennt, jedermanns Liebling. Nur war dieses Beliebtwerden vermutlich eine noch bewusstere Leistung als das übliche kindlich-kokette Buhlen um Aufmerksamkeit. Die kleine Ulrike fürchtete hinter der Herzlichkeit der anderen stets ein Defizit, einen Mangel an Akzeptanz. Dem jungen Verstand war nicht entgangen, dass man nicht überall den Flüchtlingen so bereitwillig sein Haus öffnete und dass die Harmonie, die die Bentjens in Tackersdorf erlebt hatten, nicht unbedingt die Regel war. Auf dem Hof war man einfach ein wenig enger zusammengerückt, wenn ein weiteres Familienmitglied aus der Kriegsgefangenschaft heimgekehrt war. Erst als das erste Quartier wirklich aus allen Nähten platzte, war die Familie einen Hof weitergezogen. Auch dort waren sie so freundschaftlich aufgenommen worden, dass die Bentjens noch lange nach dem Umzug ins eigene Haus freundschaftlichen Kontakt zu beiden Bauernfamilien hielten. »Wir mussten da nicht weg, weil wir uns gut vertragen haben«, beschreibt sie noch heute in der Diktion des Kindes das Geheimnis des Akzeptiertwerdens. Schon damals aber hatte sie anderes, Beunruhigendes beobachtet, das sie um das provisorische Zuhause bangen ließ. Hatte gesehen, wie schlecht man etwa manche Kriegerwitwe behandelte, wie man sie drangsalierte und bei erster Gelegenheit des Hofes verwies. Wenn der Bauer etwa glaubte, eine einquartierte Flüchtlingsfrau sei Freiwild, die sich aber gegen seine Übergriffe wehrte, dann war es bald vorbei mit dem Obdach.

»Ich habe uns immer unter einer Glückshaut gesehen«, beschreibt Ulrike Winkler ihre kindliche Wahrnehmung. Dieser Begriff benennt zwar eine Nachkriegserfahrung von Harmonie und Aufgenommenwerden. Aber er lässt auch noch die Furcht und Ahnung anklingen, dieser Zustand könnte zu Ende gehen, kaum dass man sich an ihn gewöhnt hatte. Denn eine Glückshaut kann platzen. Ein Stich genügt, und die Idylle ist dahin. Darum verfiel das Kind Ulrike auf die Doppelstrategie, sich das Ostpreußentum vom Hals zu halten und die Nähe zum neuen Leben zu suchen.

Für Letzteres war Tante Paula zuständig. Zwischen ihr und Ulrike herrschte eine innige Zuneigung, die Ulrikes Mutter geschmerzt haben mag. Tante Paula, das war die Oma im neuen Zuhause in Tackersdorf, eine der abendlichen Zuhörerinnen von Ulrikes Mutter. Die alte Frau hatte keine Enkel und erwählte das kleine Flüchtlingsmädchen deshalb kurzerhand als Ersatzenkeltochter. Im Gegenzug bot Tante Paula der Kleinen den raschen, separaten Anschluss ans neue Leben. Dass sie hier die Sicherheit des Nicht-mehr-weggeschickt-werden-Könnens erlebte, nach der sie sich so sehnte, wirkt in Ulrike bis heute nach. In Träumen pflückt sie mit Tante Paula noch immer Maiglöckchen.

Das erinnerbare Leben fängt für die in Memel geborene Ulrike tatsächlich erst mit dem Moment an, in dem Tante Paula auftaucht. Ulrike war auf der Flucht noch ein Säugling gewesen: Die große Strapaze hatte sie zwar am eigenen Leib erlebt, aber das hatte sich dem Bewusstsein noch nicht eingeprägt. Zu den ersten klaren Erinnerungen gehört deshalb nicht der bitterkalte Winter 1945, sondern der gemütlich vor sich hin bollernde Herd in der Wohnküche in Tackersdorf, der noch mit Torf beheizt wurde. Obenauf stand stets ein großer Wasserkessel. Wenn Ulrike Winkler Jahrzehnte später ein Geborgenheitsgefühl spüren möchte, denkt sie an den Mittagsschlaf im Bett von Tante Paula, die ihr fürsorglich eine warme Kachel unters Laken legte. Tante Paula, gütig, sorgend, streng, gerecht, geradeaus und dabei sehr herzlich, wurde für sie zum Inbegriff der Norddeutschen.

»Ich habe meine wichtigsten Kindheitserlebnisse mit ihr gehabt«, erzählt Ulrike Winkler. Das erste Hühnerei im Stall, das sie später gemeinsam kochten, entdeckte sie mit Tante Paula. Solches Miteinander vermittelte jene Sicherheit, jenes Gefühl des Dazugehörens, die das Mädchen vermisste, auch wenn es kein Gefühl des Gleichwerdens war – das Gefühl, an ihm selbst sei etwas anders, blieb dem Vorschulkind. Obwohl die Mutter Ulrike herausputzte, ihr die blonden Haare zu anständigen norddeutschen Zöpfen band und »ich ein niedliches Mädel war«.

Obwohl sich die Mutter alle Mühe gab, aus der Tochter eine echte »norddeutsche Deern« zu machen, und ihr Kleider nähte,

*Die anderen Vertriebenen halfen beim Hausbau
von Familie Bentjen.*

die über das Zweckmäßige hinausgingen: Die Tochter wurde
regelrecht ausstaffiert; und obwohl die Bauernfamilie, bei der
die Bentjens untergekommen waren, stets herzlich war: Da
pikte trotzdem ein Stachel. Vielleicht auch, weil Ulrike manches Mal eine jener Bemerkungen aufschnappte, die damals
gang und gäbe waren. Etwa die neidische Klage, Flüchtlinge
nähmen anderen die Arbeit weg und würden dann auch noch
mit dem Lastenausgleich belohnt. In den Augen vieler unange-
fochten Sesshafter hatten die Flüchtlinge nicht etwas verloren,
sondern etwas dazugewonnen. Dieser missgünstige Blick wird
auch in Bentjens kleinem Dorf in Stammtisch- und Kaufladen-
geschwätz bezeugt worden sein.

Auch Eva Bentjen lebte jenen Aufstiegswillen in der neuen
Umgebung aus, der allen Flüchtlingen zu eigen wird. Dazu
gehörte auch der beherzte Blick in die Zukunft, Pflicht für alle,
die sich der eigenen Errettung gegenüber nicht undankbar
zeigen wollten. Die Bentjens nahmen einen Kredit auf und
bauten ein Haus. Geld war knapp und die Gewährung eines

Darlehens noch längst keine Formalität. Die Gesellschaft war noch eine der Sparer, keine der Schuldenmacher. Ulrike Winkler erinnert sich, wie sie ihren Vater in die Stadt begleiten durfte, um bei der Bank vorzusprechen. Das Kind wird nicht zufällig mitgenommen worden sein. Es saß dabei als fleischgewordener Beleg, dass der Vater Verantwortung trägt, gebunden ist und daher auch keine wilden Risiken eingehen werde. Darüber hinaus hatten die Bentjens noch etwas zu bieten, was mangelndes Eigenkapital ausglich: die Nachbarschaftshilfe der vom gleichen Schicksal Betroffenen. Viele Flüchtlinge, die es in die Gegend verschlagen hatte, halfen einander beim Bau ihrer Eigenheime.

Während sich die Eltern dem neuen Heim widmeten, wuchs Ulrike Schritt für Schritt in die Dorfgemeinschaft hinein. Mit zehn Jahren wurde sie zum Klavierunterricht beim Dorforganisten geschickt. Sie war Mitglied einer Theatergruppe und spielte den Engel im Weihnachtsoratorium. Sie gehörte dazu, sie schloss bis heute haltende Freundschaften mit einheimischen Mädchen – und hatte doch »lange Zeit als junges Mädchen ein soziales Unterlegenheitsgefühl«. Dabei – oder vielleicht gerade deswegen – war sie in manchem sogar ein bisschen kecker als die anderen. »Ich hatte die ersten schwarzen Strümpfe im Dorf«, erinnert sie sich. Den ehrenwerten Herrn Dorfapotheker irritierte das so sehr, dass er dem Mädchen erklärte, von nun an sei der Umgang mit seiner Tochter für sie tabu. Er sprach ein Kontaktverbot aus. Vielleicht hatte er auch davon gehört, dass Ulrike und ihre Freundin am helllichten Tag zur Musik von Elvis Presley getanzt hatten. Die beiden hatten die Musikbox im Dorfgasthof mit extra für diese Sause gehorteten Groschen gefüttert, um auf »Blue Suede Shoes« oder »Jailhouse Rock« ausgelassen loszuhüpfen, während sich die herbeigelaufene Dorfjugend die Nasen an den Fenstern platt drückte. Das sprach sich im Ort herum, bevor sich der Tonarm wieder von den Vinylsingles in der Jukebox gehoben hatte. Es war Ulrikes Mutter, die schließlich den Schankraum stürmte und der Rock-’n’-Roll-Rebellion der Backfische ein Ende bereitete.

Nicht im Traum wäre es Ulrike in den Sinn gekommen, sie könnte auf ihre Freundinnen einen schlechten Einfluss aus-üben. »Ich war so naiv und richtig beschämt, dass man mir so etwas überhaupt unterstellte«, sagt sie. Damals verbuchte sie den Hausbesuch des Dorfapothekers nicht als Votum gegen schwarze Strümpfe oder Elvis, sondern als Beleg dafür, dass nicht alle so offenherzig mit ehemaligen Flüchtlingen umgin-gen wie Tante Paula. Wer Gründe sucht, jemanden auszugren-zen, dachte sie, der findet welche. Und wenn gar nichts mehr half, klebten die Menschen den Flüchtlingen schlicht das Eti-kett Habenichtse an. Die Erfahrung, von der eine Freundin ihr erst in jüngster Zeit erzählte, hat so oder ähnlich wohl jeder Neuankömmling im Westen gemacht: Diese Frieda Zenker war irgendwann in den 1950er Jahren traurig vom Besuch bei einer Freundin aus alteingesessener Familie nach Hause gekommen. Deren Jugendzimmer hatte sie tief beeindruckt: So etwas Schi-ckes mit Schleiflack und Glasvitrinchen hätte sie auch gern ge-habt. Die Mutter nahm sie tröstend, aber auch trotzig zur Seite und gab die Generalerklärung für alle Lücken in Besitzstand und Lebensplänen: »Wenn wir von zu Hause nicht hätten weg-müssen, hättest du jetzt auch genau so ein Zimmer.«

Eva Bentjen, die ebenfalls nicht mit Glasvitrinen aufgewach-sen war, setzte sich das Erziehungsziel, den eigenen Stolz an ihre Tochter weiterzugeben. Erfolgreich, wie es scheint: »Sie hat immer versucht, mich zu beschützen und mir als Kind Selbstbewusstsein zu vermitteln.« Weder Eva Bentjen noch ihr Mann ließen je ein Gefühl von Geduldetendemut, von Zweit-klassigkeit, von Vorläufigkeit aufkommen. »Sie haben Großes geleistet, ohne sich anzubiedern«, lobt die Tochter, schiebt aber die Einschränkung nach: »Und doch hatte ich als Kind stets die

Neigung, zu allen nett zu sein.« Als habe sie trotz aller Erziehung zum Stolz etwas Trennendes gespürt, das es durch vorbeugende Freundlichkeit kleinzuhalten galt.

Aber auch der dichteste Höflichkeitspanzer, der raffinierteste Gesellschaftskokon hält nicht alle Verletzungen ab. Gemeinheiten suchen sich kleinste Ritzen, um durchzuschlüpfen. Besonders, wenn unter jenen, die eigentlich solidarisch zueinanderstehen sollten, die Summe der ererbten und früh geknüpften Verbindungen mehr gilt als der Mensch selbst. Zwar hatten die Bentjens unter großen Mühen ein Einfamilienhaus und einen Schweinestall gebaut und sich obendrein noch einen Selbstversorgergarten angelegt und sich damit eine bürgerliche Existenz ländlicher Prägung geschaffen. Das hieß aber noch lange nicht, dass sie jedem als gesellschaftsfähig galten. Als Ulrike ihren ersten Freund hatte, hätte ihr Leben eigentlich auf die ganz normalen Friedensbahnen einschwenken können: Liebe ist das sprichwörtlich Neue, das sich um Herkunft und Geschichte nicht scheren sollte. Zumal auch der Freund aus dem Osten kam. Nur war er Offizierssohn, kein Spross der Arbeiterklasse, kein Sohn eines kleinen Handwerkers. Die Tochter eines beinamputierten Elektrikers, entschied der Herr Vater, sei kein Umgang für ein Kind, über dessen Wiege sich Epauletten gebeugt hatten. Wieder wurde einem Menschen der Umgang mit Ulrike Winkler untersagt, wieder wurde sie deutlich auf einen Platz in den hinteren Reihen der Gemeinschaft verwiesen. Nicht der Flüchtlingsstatus selbst war es diesmal, der als Makel empfunden wurde, sondern ein immaterielles Gut, das die Flucht unbeschadet überstanden hatte, obwohl niemand es bewusst eingepackt, behütet und geborgen hatte: der soziale Status. Zumindest der niedere blieb einem erhalten. Ulrike Winkler zog daraus eine Lehre, die einen Kern des Misstrauens enthält: Alles Vergangene holt dich wieder ein, die Zukunft kommt belastet mit Hypotheken zur Welt.

Statt völligem Vergessen gibt es in Ulrike Winklers Welt also nur ein vorübergehendes Wegpacken. Selbst die Erlebnisse ihrer ersten Monate suchten sich Jahrzehnte später mit Macht einen Weg in ihr Bewusstsein. Ulrike war mit ihrer Mutter 1995 nach Litauen auf die Kurische Nehrung gefahren. Das Land, samt Kurischer Nehrung nach dem Krieg dem Sowjetreich einverleibt, ist seit 1991 wieder ein eigenständiger Staat. Durch die Kurische Nehrung verläuft nun die Grenze zu Russland. Im Vorfeld der Reise hatte Ulrike Winkler zur Freude der Mutter, die als Kind neben Deutsch auch Litauisch gesprochen hatte, diese Sprache gelernt. Rückblickend weiß Ulrike, dass die beiden diese Reise, die auch eine halbe Zeitreise war, eine Exkursion in Eva Bentjens Jugend, gerade noch rechtzeitig unternommen haben. Die Mutter kehrte beglückt zurück, starb aber zwei Jahre später. Ihren Ehemann hatte sie schon Anfang der 1980er Jahre begraben, ohne dass der noch einmal die Gelegenheit gehabt hätte, an den unter Pein verlassenen Ort früher Geborgenheit zurückzukehren.

Die Fahrt war die Idee der Tochter gewesen. Eva Bentjen hatte nie den Wunsch nach besuchsweiser Rückkehr formuliert. Ihr war der endgültige Verlust, die Trennmauer zwischen damals und heute eine Gewissheit geworden, die auch vom großen Lösen europäischer Erstarrungen zunächst nicht angegriffen wurde. In Ulrike Winkler allerdings begann die neue Durchlässigkeit der Grenze eine Sehnsucht und Neugier aufzurühren, das Verlustgefühl, noch nie mit begreifendem Blick ihren Geburtsort gesehen zu haben. Jahrzehntelang hätte es Ulrike nicht für möglich gehalten, zu solchen Regungen fähig zu sein: Man kam eben an irgendeinem Ort auf die Welt und zog später mehrmals um, fertig. Die Neuerung nennt sie einen »plötzlichen, ganz heißen Wunsch«.

Sie waren durch Nidden gelaufen, wo Ulrikes Eltern einmal gewohnt hatten. Es war Mai, die Luft voll Fliederduft. Die Schönheit der Landschaft, so kam es ihr vor, ließ sich einatmen wie das Aroma der Blüten und die Ostseeluft draußen in den Dünen. Ulrike Winkler weiß, dass das nach Übertreibung klingt, und zeigt darum ungefragt zur Bestätigung die Fotos dieser Reise. Die Mutter hat einst mit ihren Schwärmereien nicht übertrieben, die Tochter tut es heute nicht. Die Fotos zeigen eine rührend schöne Gegend. Auch ein Haus, in dem Ulrikes Eltern lange vor ihrer Geburt einmal gewohnt haben, konnte noch Fotomotiv werden. Ihr eigenes Geburtshaus jedoch fand Eva Bentjen nicht mehr vor, nicht einmal das Dorf. Kein Haus stand mehr. Kein einziger Stein verwies mehr auf das Leben, das hier vor einem halben Jahrhundert noch pulsiert hatte. Stein für Stein hatten die russischen Bewohner der Gegend die Gebäude abgetragen, um an anderer Stelle aus dem Material neue zu bauen. Es war wohl ein schlimmer Moment für die alte Dame, der Schreck, ins Nichts zurückgekehrt zu sein. Ulrike Winkler erinnert sich, dass ihre Mutter nahe daran war, die Beherrschung zu verlieren. Eva Bentjens Geburtshaus war in die von ihr so wehmütig besungene Landschaft eingegangen, war nun wirklich verschwunden und einzig als Gedächtnisbild erhalten. Da, wo einmal ein Zuhause gewesen war, graste jetzt eine Pferdeherde: Diese Art Spurlosigkeit hatte Eva Bentjen nicht erwartet.

In dieser emotionalen Bedrängnis griff Eva auf ihr altes Vademekum des Erzählens zurück. Sie berichtete den Litauern, die sie traf, egal, ob die ihre Sprache verstanden oder nicht, von sich, von ihren Erinnerungen, von einem Ort, dessen Zukunftslosigkeit sich keiner seiner einstigen Bewohner hätte vorstellen können. Und wieder hörten ihr die Menschen zu. Ulrike Winkler erlebte ihre Mutter im Aufschwung aus dem Schock so selig wie schon lange nicht mehr. »Da kam sie her«, sagt sie. »Es war ein Erlebnis, meine Mutter da zu sehen. Ich kannte sie ja nicht in ihrer Heimat. Das fand ich ein schönes Erlebnis. Auch wenn es traurig war. Da kam sie her.«

Eva Bentjen hatte stets von einem Anderswo erzählt, das für ihre Zuhörer unerreichbar war. Nun erzählte sie exakt an jenem Flecken, von dem ein Landvermesser nach Befragung seiner Instrumente versichert hätte: Dies ist der Schauplatz Geschichte. Und doch tat sich zwischen der Erzählung und dem Ort des Erzählens wieder die tiefe Kluft des Anderswo auf. All die Geschichten, die sich trotz aller Gegenwehr und allem Überdruss ob ihrer ewigen Wiederholung tief im Inneren von Ulrike Winkler festgesetzt hatten, klangen nun anders. Dass auch hier, wo kein Dorf mehr stand, sichtlich ein Anderswo war, machte die Geschichten nicht belanglos, sondern gab ihnen die Sicherheit des Abgeschlossenen und die Zerbrechlichkeit des nirgends Festgeschriebenen. Die Geschichten mussten erzählt werden, weil die Welt in ihnen nur so noch existierte. Wie jene von der Großtante, die als Postangestellte bei einem Überfall ums Leben gekommen war. Ulrike Winkler begriff, was im Grunde keine große Erkenntnis ist, den Einzelnen jedoch in seiner banalen Unheimlichkeit überwältigen kann. Es gab da Hunderte von Kilometern entfernt und immer weiter versinkend im Meer der Zeit einen Ort, an dem sie nicht zu leben vorhatte und nie bewusst gelebt hatte, der aber doch fest zu ihrem Leben gehörte. »Kein Ort, an dem ich leben muss«, sagt sie. Vielleicht aber »eine Art Rückgrat«, etwas, das Halt gibt. Der stetige Heimattransfer durch die Geschichten von Eva Bentjen war ganz offensichtlich doch wirksam geworden.

Aber wer solch einen Prozess eruptiver Aneignung erlebt, wer sich einem Ort so unmittelbar öffnet, der kann nicht dosieren. Der muss wie jemand, der ein Erbe annimmt, alles akzeptieren, nicht nur die feinen im Testament aufgeführten Wertsachen. Nachts plagten Ulrike Winkler nun die Furcht vor Bomben und Tieffliegern, die Angst vor Vergewaltigung, Mord und Totschlag. Ihr Körper schien sich an Dinge zu erinnern, worauf ihr Bewusstsein ein halbes Jahrhundert lang keinen Zugriff gehabt hatte. Etwas, wovon sie nicht einmal hätte erzählen können, erlebte sie nun wie ein frisches Trauma nach. »Ich dachte, ich komme hier nicht mehr lebend raus«, erinnert sie sich an diese Stunden der späten Beklemmung, die sie in einem Hotel im ehemaligen Ostpreußen durchlebte.

Ihre patente, zupackende Mutter hatte die eigene Angst und Sorge 1945 beim Abschied und in den Wochen der Flucht wohl doch nicht vollständig verbergen können. An die Mutterbrust gedrückt, hatte die Kleine diese Angst förmlich eingesogen. Hatte das Pochen des Herzens gedeutet. Hatte genau registriert, wie der Mutter der Atem in Gefahrensituationen stockte. In Situationen, von denen die Mutter in ihren romanhaften Berichten später nie erzählt hatte. Erinnern bedeutet auch Vergessen und Aussortieren von dem, was in der Gegenwart keine Bedeutung mehr haben soll.

Der Tochter aber bleiben Zweifel. Hat die Mutter wirklich so viel aussortiert aus ihren Erinnerungen und Erzählungen, wie sie an skeptischen Tagen vermutet? Oder hat sie selbst, die Zuhörerin, die Lücken im Erzählten zu verantworten, durch eine lange Lebensphase des deutlichen Desinteresses, in der sie sich erfolgreich gegen das Zuhören gesperrt hat? Sie kann sich an keine Widersprüche erinnern, an keine klaffenden Lücken. Und deshalb auch an kein eigenes Nachfragen. Sie hat sich nie ernsthaft darangemacht, das mütterliche Konstrukt Vergangenheit prüfend zu zerlegen. Ulrike Winkler geht es wie vielen Nachkommen: Die wirkliche Neugierde packt sie erst, wenn sie niemanden mehr fragen können. Nun bleiben ihnen Rätsel, Ungewissheiten und das flaue Gefühl, der Lebensleistung und Bewältigungskraft der Elterngeneration nicht gerecht geworden zu sein.

Nicht mehr beantwortbare Fragen tauchen auf, erst nur als Gedankenblitz, dann als durchaus drängendes Bohren. Wie war es der Frau, die für so viele entschieden Verantwortung übernommen hatte, tief im Innern ergangen? Welche Bilder traten wie oft – und wie quälend – aus der Erinnerung hervor? Wie war das Unerzählte verlaufen und das, was bei erwachsenem Rekapitulieren der frühen Familienlegenden allzu glatt klang? Wie war der Morgen des Aufbruchs von zu Hause verlaufen? Hatte die Mutter geweint? Was hatte sie empfunden, als sie die Kühe, das Pferd, den Hund, die ganze Landwirtschaft ihrer Eltern zurücklassen musste? Wie haben sich die drei Frauen Mut gemacht in einer Mutlosigkeit und Verzweiflung provozierenden Lage? Was haben sie in ihre Koffer gepackt? Welche Kraft, welche Idee, welche Angst, welche Vision hat sie eine Untergangsgeschichte zu einer Erfolgsgeschichte fortspinnen lassen?

Hat Eva Bentjen auf eine oder alle diese Fragen einmal Antworten gegeben, vielleicht gelegentlich Ansätze von Antworten in Varianten der alten Geschichten versteckt? »Ich weiß das alles nicht. Ich habe mir das nicht gemerkt«, kann Ulrike Winkler da nur sagen. Dieses Eingeständnis ist ihr sichtlich unangenehm. Es folgt als skeptisches Schwänzlein zur Schilderung, wie sehr ihre Mutter sich von den eigenen Erzählungen forttragen lassen konnte. Wie die Nachbarn die spannende Fluchtgeschichte immer wieder hören wollten, ja, Wiederholungen einforderten. Und die Tochter? »Ich habe das nie zu einer Wirklichkeit in mir werden lassen«, sagt sie mit einem bitteren Unterton der Selbstanklage.

Als Kind war sie genervt und fasziniert zugleich von ihrer Mutter und deren Geschichten. Als junge Frau wehrte sie sich gegen das Überbehütetsein. Sie wollte nicht mehr das Kind sein, das auf der Flucht Frostbeulen bekommen hatte und später häufig krank gewesen war, Objekt dauernder, durchaus gängelnder Fürsorge der Mutter. Später erst ging der Tochter auf, warum die Mutter so handelte: Bevor Ulrike Winkler zur Welt gekommen war, hatte Eva Bentjen schon einmal ein Kind im Säuglingsalter verloren.

Als erwachsener Frau »schwant mir, was die Menschen alles erlebt haben«, sagt Ulrike Winkler mit dem Abstand eines Lebens. »Ich hab' mir das nie aufgeschrieben.« Die Freunde und Bekannten hatten sie dazu durchaus gedrängt, auch vorgeschlagen, die Erzählungen der Mutter auf Tonband aufzuzeichnen. Aber zu Aufnahmesitzungen oder Gedächtnisprotokollen war es nie gekommen. »Unser Verhältnis war nicht immer das beste«, beschreibt die Tochter den langen Kampf um Selbständigkeit und Ablösung, in dem die Abwehr der mütterlichen Geschichten ein Instrument der Selbstbestärkung wurde. Dieses lange Gerangel um die Hoheit über das eigene Leben ging so weit, dass Ulrike Winkler mit ihrer Heirat nicht nur den alten Nachnamen ablegte, sondern sich gleich noch einen neuen Vornamen wählte: Aus Christina wurde Ulrike. Die Mutter muss das geschmerzt haben, war die Taufe ihrer Tochter für sie doch mehr gewesen als eine Formalität und ein wenig Brauchtum in einem gestohlenen Augenblick auf der Flucht aus Ostpreußen.

Es wird keine kleine Anstrengung gewesen sein, in Städten, die man nicht kannte, einen zur eiligen Zeremonie bereiten Pfarrer aufzutreiben. Aber Eva Bentjen hat den christlichen Sinn der Taufe – Aufnahme in die Gemeinschaft der über den Tod hinaus Behüteten – wohl sehr ernst genommen. Für sie mag die Zeremonie ein konkreter Schutz und eine buchstäblich überirdische Vorsorge gewesen sein, die sie ihrem Kind zukommen lassen wollte. Der Akt des Namenswechsels muss ihr wie ein besonders schmerzliches Heraustreten aus dem mütterlichen Schutz vorgekommen sein. Denn er beinhaltet ja sowohl »Ich bin eine andere als die, die du formen wolltest und zu haben glaubtest« als auch »deine Gaben waren überflüssig«. Für Ulrike Winkler war der Namenswechsel wichtig, um zu sich selbst zu finden. Und um heute wieder so weit auf die Welt der Mutter zuzutreten, dass sie bemerkt, dass sie da vielleicht manches übersehen hat. Was für Eva Bentjen gewirkt haben muss, als gebe die Tochter mit dem Namen die Herkunft weg, öffnet dieser erst heute die Tür dazu.

Dass der neugewählte Vorname auch der zweite Vorname von Tante Paula war, hatten damals weder Ulrike noch ihre Mutter gewusst. Erst auf Tante Paulas Beerdigung Ende der 1970er Jahre hörten sie, als der Pfarrer den Segen sprach, den vollen Namen: Paula Ulrike. »Das hat mich bis ins Mark getroffen«, sagt Ulrike Winkler. Verwunderung und Rührung über diese vom Zufall ins Werk gesetzte symbolische Verknüpfung in einem Moment symbolischer Loslösung sind ihr noch Jahrzehnte später anzumerken.

Zum Zeitpunkt des Todes von Tante Paula hatte deren Wahlenkelin der dörflichen Idylle lange schon den Rücken gekehrt. Mit Beginn des Germanistikstudiums war sie nach Kiel gegangen und kam dabei den doch so gern vergessenen ostpreußischen Wurzeln näher als zuvor: Die Zwanzigjährige arbeitete an der Erstellung eines Ostpreußischen Wörterbuches mit. Theorie und Wissenschaft schützen vor Trauma und Rührung, Grammatik und Syntax sind unsentimentale Bereiche.

Das war für lange Zeit die letzte Auseinandersetzung mit ihrer Herkunft. Ulrike Winkler heiratete, lernte dann aber einen anderen Mann kennen, von dem sie, ohne geschieden zu sein, in den folgenden Jahren zwei Kinder bekam. Für ihre Eltern waren das verwirrend unbürgerliche Verhältnisse, die sich auch im Berufsweg der Tochter niederschlugen: Aus dem der Germanistik folgenden Theologiestudium der Einser-Abiturientin wurde eines der Soziologie. Religion allein konnte ihr die Welt nicht mehr erklären. Es war eine Zeit des Umbruchs, die Studentenrevolte und ihre Ausläufer bewegten das Land. Ulrike Winkler wollte das nicht nur vom Rand her mitbekommen. Sie war neugierig auf die Vordenker des 68er-Aufbruchs und zog wegen der Vorlesungen von Ernst Bloch in Tübingen in den

Süden der Republik. Mit einen Mal sah Ulrike Winkler die Dinge sehr radikal, löste sich von aller Akzeptanz des Status quo. Ihre Welt wurde größer. Sie ließ nicht einfach nur das Dorf, das sie geprägt hatte, hinter sich. Sie führte eine gegenläufige Bewegung zum Ankommen der Mutter durch: Eva Bentjen hatte das Überschaubare des Dorfes geschätzt, weil ihr im neuen Leben Stabilität wichtig war. Und sie hatte das Vorgefundene nicht kritisiert, als sei Zurückhaltung Pflicht der Aufgenommenen.

Ulrike Winkler war genau so alt wie ihre Mutter bei der Flucht, als sie mit dreißig selbst Mutter wurde. Für beide Frauen änderte sich in diesem Alter ihr Leben drastisch. Nur, dass Ulrike Winkler ihr Leben aus eigenem Antrieb und nach eigenem Willen umkrempelte. Dass es ihr darum gegangen sein könnte, sich möglichst weit von der ostpreußischen Erinnerung, um nicht zu sagen, Erinnerungspflicht zu entfernen, kam ihr als Verdacht erst später. Nostalgische Schwänke aus der ständisch organisierten ostpreußischen Gesellschaft und der solidarische Kampf für Vietnam und die anderen »geknechteten Länder dieser Welt« passten damals für sie jedenfalls nicht zusammen. Dass Ostpreußen ausgeblendet wurde, mochte auch mit der Zurücksetzungserfahrung aus Teenagerjahren zu tun haben. Damals war sie als Tochter eines einfachen Handwerkers nicht gut genug gewesen, um mit dem Sohn eines ehemaligen Offiziers auszugehen. Nun entschied sie sich für eine Revolution, die mit solchem Standesdenken, Herkunftsdünkel und Stallgeruchmief aufzuräumen versprach. Wenn eine von anderen nicht auf ihre Herkunft festgelegt werden will, hat sie es am leichtesten, wenn sie sich selbst von ihr losmacht. Rücksicht nehmen auf die Gefühle der Mutter wollte Ulrike Winkler jetzt nicht mehr um jeden Preis. Das Nett-und-artig-Sein sollte der Selbstverwirklichung nicht im Wege stehen.

Sie wollte Lehrerin werden und absolvierte ein Referendariat in Frankfurt. Vorher aber versuchte sie noch, ganz dem Zeitgeist und ihrer neuen politischen Überzeugung entsprechend, der Arbeiterklasse ganz nahzukommen. Sie arbeitete ein Jahr lang bei Hoechst am Band, verteilte Flugblätter, diskutierte mit den Kolleginnen, die keine Perspektive auf baldiges Beamtinnendasein hatten. Sie war zu klug, um zu erwarten, die Arbeiterinnen würden aussprechen, was Studenten sich in Uniseminaren als passendes Bewusstsein der Werktätigen ausgedacht hatten. Aber sie glaubte an die Chance und die Notwendigkeit radikaler Veränderungen. Ulrike Winkler stürzte sich mit aller Energie in die Frauenbewegung, lebte in Wohngemeinschaften und erlebte Hausdurchsuchungen, weil sie im Komitee gegen Folter mitarbeitete – das nicht zu Unrecht im Verdacht stand, die Rote-Armee-Fraktion zu unterstützen. Ihr Leben entwickelte sich zur Gratwanderung zwischen braver Bürgerlichkeit und Amokrebellion. Mit dem Vater ihrer Kinder kehrte sie erst zurück in den Norden und folgte dem Lebensgefährten dann für ein Jahr nach Bologna, wo der Mann ein Forschungssemester ergattert hatte. Heute verzieht sie das Gesicht zu einer Grimasse, wenn sie an den vermeintlich besseren Lebensentwurf von damals zurückdenkt. Es war die Ära, in der alles von unverklemmter Zärtlichkeit bis sexuellem Beutegreifertum unter dem grandiosen Etikett der freien Liebe firmieren durfte.

Ihre Mutter war keineswegs einverstanden mit dem Lebensentwurf und den Entscheidungen ihrer Tochter. Aber sowohl sie als auch der Vater ließen sie ohne große Tiraden, Vorhaltungen und Drohszenarien gewähren. Sie haben ausgehalten, was sie nicht ändern konnten, und darauf vertraut, dass ihr einziges Kind stark genug sein würde, nicht unterzugehen. Wobei die angehende Lehrerin mit dem Prädikatsexamen sich schwertat, als sie von Italien nach Bremen zurückkehrte. Die junge Mutter musste sich neu orientieren, denn sie bekam als sogenannte

Radikale, als angeblich nicht mehr auf dem Boden des Grundgesetzes Stehende, Berufsverbot.

Nicht nur für Ulrike Winklers Eltern, auch für ihre beiden Kinder war das Leben mit einer politisch sehr exponierten – und extrovertierten – Mutter nicht immer leicht. Das klingt an, wenn ihre Tochter Jenni, seit einem Jahr selbst Ehefrau und Mutter, auf die Zeit des Radikalenerlasses, der Terroristenfahndungen und der Konfrontationsstellung enttäuschter Utopisten gegenüber einem sich vermeintlich dauernd mit Polizeigesicht präsentierenden System zurückschaut. Sie habe, sagt die 34-Jährige, in einem Haus mit Eltern, die »immer sehr politisch waren« – »immer« klingt hier wie »ganztags« –, den Druck gespürt, »selbst ein politisches Bewusstsein zu entwickeln«. Was die Eltern sich selbst als Freiheit gegen Zwänge ertrotzt haben, geben sie gut meinend als Zwang zur selben Freiheit an die eigenen Kinder weiter. Jenni Winkler nimmt ihren Sohn auf den Schoß und sagt: »Was ich im Moment mach', das ist mein Traumberuf. Muttersein, das ist wirklich gut.« Ihre Mutter wollte immer alles, was sie selbst als richtig erkannt hatte, schnellstmöglich auf die Kinder übertragen. Da fühlt man sich schnell mal überfordert und mit Ansprüchen überhäuft. »Seit ich selbst ein Kind habe, sehe ich vieles anders«, sagt die zierliche, sehr bedacht sprechende Frau. Sie meint damit das ständige Plänemachen für die eigenen Kinder, dem Eltern nur allzu gern erliegen.

Ulrike Winkler hat ihre Pläne für sich selbst immer wieder korrigieren müssen. Als der Staat ihr die Aufnahme in den Schuldienst verweigerte, besann sie sich auf ihre musischen Talente. Eines davon ist das Klavierspielen. Sie ließ sich zur Klavierlehrerin ausbilden – was im Album der Klischees das gesetzte Gegenstück zu einer eifrig agitierenden, Gemeinschaftskunde Unterrichtenden darstellt. Die vermeintliche Bürgerlichkeit bröckelte, als Ulrike sich mit vierzig Jahren vom Vater ihrer Kinder trennte und mit einem Mann zusammenzog, der 13 Jahre jünger war als sie. Für die Kinder wurde das zur emotionalen Achterbahnfahrt. »Ich war, wie man auf Ostpreußisch sagen würde, mit einem Lachodder zusammen, einem Nichtsnutz«, erzählt Ulrike Winkler.

Dass sie bei der Schilderung dieser mittleren Lebensphase auf ein Dialektwort aus der Heimat ihrer Mutter zurückgreift, verrät mehr als eine lange Selbstbeschreibung über die langsame innere Wiederannäherung ans einst entschieden Abgetane. Die beiden Kinder der 64-Jährigen sagen ihr jetzt sogar manchmal, sie spreche schon wie Oma Bentjen. »Wenn ich jetzt richtig ostpreußisch sprechen würde, das fände ich albern«, wehrt sie den Verdacht ab, sie pflege die Dialektfärbung bewusst. Nein, sie nimmt sich nicht vor, als Farbtupfer »Jungchen« und andere gut erinnerte Vokabeln und Floskeln zu nutzen. Aber dass ihr manchmal solche Wendungen unterlaufen, sieht sie auch selbst als nachträgliche Versöhnung. Sie hat wieder Zugang zur Tradition gefunden, hat die Angst hinter sich gelassen, in dieser Tradition eingesperrt zu werden.

Drei oder vier Jahre nachdem sie mit ihrer Mutter nach Ostpreußen gefahren war, beschloss Ulrike Winkler, noch einmal mit ihrer Tochter Jenni dorthin zu reisen. »Sie hat so von der Landschaft geschwärmt und Bilder gezeigt«, sagt Jenni in einem Tonfall, der nicht von Ergriffenheit kündet, sondern vielmehr die eigene damalige Distanz vermitteln will. »Ich dachte, dann schauen wir uns das halt einmal an.« Ihr Interesse an der Gegend war zunächst touristischer, allenfalls geographischer Natur: Geographie hat sie eine Zeitlang studiert. Eher empfand sie es als wunderlich denn als erhebend, in eine Gegend zu fahren, in der die Großmutter einst gelebt hatte. Ihr waren die Geschichten aus Ostpreußen stets fremd geblieben. Sie musste sich nicht losmachen von ihnen, sie hat sich geweigert, eine Bindung an sie zu entwickeln. »Es waren die Geschichten meiner Oma. In einem größeren Zusammenhang wollte ich die nicht sehen.« Unangenehm berührt war sie vom ständigen Hinweis auf Krieg und Leiden. Noch in den Erfolgs- und Überlebens- anekdoten hörte sie, anders als ihre Mutter, den Verweis aufs Gegenteil, auf jene, die scheiterten, und das, was die Großmut- ter an Verlust und Verletzung wegzuerzählen versuchte. Das war zu viel Düsternis für eine junge Frau, die erst einmal ihr ei- genes, nicht ganz unkompliziertes Leben begreifen musste. Wie ihre Mutter hatte auch sie Sorge, vom Sog der Vergangenheit, von den traumatischen Lücken anderer Lebensentwürfe ver- schluckt zu werden. Hätte sie 1998 nicht bereits die Sicherheit gehabt, sich in einem eigenen Leben verankert zu haben, sie hätte das Revier der definierenden Erzählungen ihrer Vorfah- ren wohl kaum betreten können.

Was ist der bleibende Eindruck von der Exkursion in die Ver- gangenheit? Eine politische Erkenntnis, eine historische Ein- sicht, eine kulturelle Entdeckung? Die bleibende Erinnerung ist ein eigentlich flüchtiger, unmittelbarer, sinnlicher Moment, eine stille und eher nebensächliche Erfahrung. Jenni erinnert sich im- mer zuerst daran, wie der Sand auf der Kurischen Nehrung un- ter ihren bloßen Füßen gequietscht hat.»Bis jetzt hab ich das nur dort so gehört«, erklärt sie auf Nachfrage in ganz und gar unpa- thetischem Ton. Sie will das Phänomen nicht als griffiges Sym- bol einer mysteriösen Einzigartigkeit des Ortes präsentieren. Spricht aus diesem kleinen Andenken an den Ort möglicher exis- tentieller Erschütterung Provokationswille oder Naivität? Oder ist die Enkelin ihrer Großmutter mit dieser unbefangenen Ur- laubserinnerung eben doch sehr nah gekommen?

Als Eva Bentjen in jungen Jahren in Nidden auf der Kuri- schen Nehrung gelebt hat, wird sie, so darf man sich vorstellen, wohl auch barfuß am Strand entlangspaziert sein, in die Sonne geblinzelt und hinaus aufs Meer geschaut haben. Großmutter und Enkelin haben, getrennt durch Jahrzehnte, prägende Er- lebnisse und Filter der Weltwahrnehmung, die gleiche Natur genossen und in sich aufgesogen. Der Sand unter den Füßen hat den einschüchternden Familienmythos, den Kanon der Hör-zu-und-fühl-dich-schlecht-Geschichten in etwas Lebendiges, Unbedrohliches, Bereicherndes verwandelt. Jetzt, da ist sie sich sicher, wäre ein entspanntes Gespräch mit ihrer Großmutter möglich. Und das, obwohl sie, seit sie selbst Mutter ist, Beiträge im Fernsehen und Artikel in der Zeitung über Flucht und Ver-treibung – »wenn Kinder sterben oder Mütter ihre Kinder ver-lieren und Familien auseinandergerissen werden« – noch we-niger erträgt als früher die Familienerzählungen.

Sie möchte das weiter denn je von sich fernhalten und spürt zugleich einen Verlust, die vertane Chance, mit der Großmut-ter über deren Erlebnisse gesprochen zu haben. »Weil ich ein Kind habe, geht die Familie in die nächste Generation. Mein Sohn wird später eine eigene Identität haben, aber die hat mit meiner Identität zu tun und mit dem, was vorher war.« Jenni hebt den Kopf und schaut durch das Wohnzimmerfenster aufs Nachbarhaus. Dort drüben in der Dachgeschosswohnung hat ihre Oma lange gewohnt. »Sie könnte uns hier auf der Terrasse sehen«, sagt sie. »Jetzt würde ich gerne noch mal mit ihr spre-chen und sie einfach erzählen lassen.« Sie hätte jetzt nicht mehr das Gefühl, sie würde durchs Zuhören eine Art Gespenst, eine Ostpreußin, die Ostpreußen weder je erlebt noch je vermisst hat, die aber durch diese Etikettierung für immer daran gehin-dert werden könnte, sich in der eigenen Welt fest zu verwur-zeln. Jenni hat jetzt keine Angst mehr, in einer Niemandszone zwischen ihrem Norddeutschland und dem Reich der Groß-muttererzählungen zu landen.

Ihre Mutter sagt auf die Frage, woher sie stamme: »Ich komme aus Ostpreußen. Aber ich bin in Schleswig-Holstein aufgewachsen. Ich mag die Norddeutschen. Wenn ich jetzt hier wegmüsste, das fände ich furchtbar.« Zum Anfassen – wenn man nicht bis zum Sandstrand der Kurischen Nehrung fahren will – ist nicht viel geblieben von Ostpreußen. Eine Tischdecke aus der litauischen Familie des Vaters. Ein silbernes Zigarettenetui, das dem Bruder des Vaters gehörte. Und eine Holzkiste auf dem Dielenboden, Besitz des Onkels. Sie ist randvoll mit Papieren. Die warten darauf, gesichtet zu werden. Die Zeit scheint reif dafür.

Die halbe Wahrheit ist noch keine Lüge*

Wie Charlotte Iden sich selbst neu erfand, um kein Flüchtling mehr sein zu müssen

Sie wollte nicht lügen. Die volle Wahrheit wollte sie allerdings von nun an für sich behalten. Ein Zipfel Wahrheit, den die anderen für die ganze Wahrheit hielten, als sei sie als Person in die Wahrheit vielfach eingewickelt wie in ein Tuch, von dem die anderen nur die äußerste Lage zu sehen bekamen: Das schien Charlotte Iden eine erstrebenswerte Art des Ausgleichs zwischen ausuferndem Lügen und sich selbst durch Offenheit Benachteiligen. Als sie vom bayrischen Kelheim ins hessische Kostheim umzog, schien ihr der Zeitpunkt für die Reduktion der Wahrheit gekommen. Das Gefühl des Gedemütigtwerdens, das sie permanent belastete, sollte aus ihrem Leben verschwinden. Sie wollte nicht länger als »noch ein Flüchtlingsmädchen« abgehakt werden, als summiere dieses Wort kurz und bündig alle möglichen Schwächen, Defizite und Mängel.

In der Tanzstunde etwa hatte das so ausgesehen: Das Flüchtlingsmädchen Charlotte hatte den Abschlussballpartner abbekommen, mit dem keine andere tanzen wollte, weil er nicht einmal einen Anflug von Charme besaß. Das Flüchtlingsmädchen war kein vollwertiges Mitglied der kleinen Tanzrunde, sondern die walzernde Notlösung, Füllmaterial für die Lücke, die die einheimischen Mädchen nicht füllen wollten. So eine wie sie

---

* Charlotte hat die Bilder, die sie an die Zeit ihrer Flucht und der Ankunft im Bayrischen erinnern könnten, nicht aufbewahrt.

hatte es ohnehin nur um drei Ecken aufs Parkett geschafft. Eine Freundin hatte einen Tanzstundenpartner, der Partner hatte einen Bruder und der Bruder abstoßende Manieren und Mundgeruch: So war man darauf gekommen, Charlotte Iden zu fragen, ob sie nicht mitmachen wolle. »Kein Kelheimer Mädchen war bereit, mit diesem Blödmann die Tanzstunde zu machen«, sagt sie heute mit einer Mischung aus Flapsigkeit und noch immer nicht ganz abgeheilter Verletztheit.

Denn Charlotte Iden konnte im Gegensatz zu ihrem Tanzpartner andere von sich einnehmen. Aber sie konnte in Kelheim nicht vergessen machen, wer sie war – will heißen, wo sie herkam. Eine schmerzliche Erfahrung, die ihr vor allem in Herzensdingen immer wieder zusetzte. Ein Sohn aus gutem Haus – man führte ein alteingesessenes Pelzgeschäft – hatte damals unübersehbar Interesse an ihr entwickelt. Er beobachtete, wann sie das Haus verließ, lief ihr dann jedes Mal ganz zufällig über den Weg und versuchte schüchtern, Gespräche anzufangen. Solche Verliebtheit kann Liebe wecken, und Charlotte hätte gerne mehr mit dem netten Kerl zu tun gehabt. Was genau das war, was die Familie des Knaben befürchtete. »Wenn wir redeten, kam sofort die älteste seiner Schwestern, eine sehr böse Schwester, und aus war's.« Diese Schwester wurde der bissige Anstandswauwau und ließ keinen Zweifel daran, dass sie im Auftrag der verwitweten Mutter handelte. Die wollte für den Sohn, den künftigen Geschäftsmann, das Beste, zumindest etwas Passendes, also gewiss keine Vertriebene. Die Botschaft kam an.

In Charlotte Idens mit viel Sinn für Ästhetik eingerichteter Wohnung dominieren historische Möbelstücke. Nicht etwa, weil die Bewohnerin sich die Vergangenheit oder Verlorengegangenes ins Leben holen will. Dieser Interpretation setzt sie ein klares »Nein!« entgegen. Aber der schöne alte Schrank und der Sekretär sind Symbole der Wohlanständigkeit, Kultiviertheit und des Erfolgs jener Bürger, die sie einst abgewiesen haben. Charlotte Iden beweist sich damit selbst, dass ihr der Anschluss gelungen ist, dass sie gleichrangig ist mit jenen, die ihr auf Dauer einen Platz im Niemandsland zwischen dem Verlorenen und dem nicht Erreichbaren zuweisen wollten.

Begonnen hat diese Eroberung der freiwillig nicht gewährten Anerkennung damals, als Charlotte Iden zwischen der Wahrheit und einem Zipfel der Wahrheit zu unterscheiden begann. So eine Häutung war gar nicht so schwer. Charlotte Iden ging 1947 beim Umzug nach Kostheim einfach nicht aufs Bürgermeisteramt, um sich einen Flüchtlingsausweis ausstellen zu lassen. Sie vermied es, Gespräche auf das Thema Heimat, Herkunft, Geburtsort kommen zu lassen. Wenn es sich nicht umgehen ließ, wenn die Frage »Wo kommen Sie denn her?« schon im Raum stand, antwortete sie mit einem zurückhaltenden »Ich bin schon überall in Deutschland gewesen«. Das war ja nicht einmal gelogen. Sie hatte in Sachsen gelebt, im bayrischen Kelheim und nun im hessischen Kostheim. Manchmal sprach sie zwar von Johannesmühle und von der großen Zellstofffabrik, die ihr Vater dort geleitet hatte. Aber sie sagte dann immer nur »das war nördlich von Berlin«. Das sei nicht gelogen gewesen, weist die 75-Jährige noch heute auf ihre stets achtsame Unterscheidung zwischen Lügen und Portionieren der Wahrheit hin. »Ich habe nur nicht präzisiert.« Nicht präzisiert, das heißt im Fall des Ortes, an dem sie sieben Jahre ihrer Kindheit und Jugend verbracht hatte: Schweigen darüber, dass Johannesmühle auf der östlichen, seit Kriegsende polnischen Seite der Oder liegt. Die Zellstofffabrik wurde von einer kleinen Schleife der Oder umgeben. Ans andere Ufer, das noch immer zu Deutschland gehört und dessen Bewohner nicht hatten aufbrechen und fliehen müssen, war es vom Büro aus nicht so weit wie in die gute Stube der Idens. Eine kleine sprachliche Vagheit – »nördlich von Berlin« –, und schon war das prägendste Kapitel im

Leben der damals 18-Jährigen einfach ausgeblendet. Sie schloss es, sagt sie, auf viele Jahre »ganz bewusst und mit Vorsatz« in ihrem Inneren ein. Dort, wo sich niemand zu suchen traute. Ihr späterer Mann fragte nicht viel, ihren beiden Kindern erzählte sie nicht davon. Mit einem großen blinden Fleck, stellte sie fest, ließ sich gut leben. Zumindest einige Zeit lang.

Der getilgte Lebensabschnitt begann am 16. April 1945 und endete über zwei Jahre später. Um nicht für sich zugänglich zu halten, was sie anderen verschloss, um so viel Spuren wie möglich zu löschen, warf Charlotte Iden sogar ihr kleines Tagebuch weg. Minutiös hatte sie darin die Etappen jener Flucht aufgeschrieben, die sie sich heute mittels Landkarte und historischer Quellen rekonstruiert. Der 16. April ist allerdings auch ohne Tagebucheintrag der sichere Rand der Gedächtnislücke, weil die Iden'sche Familiengeschichte mit einem nachprüfbaren äußeren Ereignis verknüpft ist. »Am Tag des Angriffs auf Berlin sind wir los«, erklärt sie energisch, als gelte es noch einmal Kraft zu schöpfen für den Marsch durch die verdrängte Geschichte. Nur nicht hängenbleiben, sich bloß nicht abhängen lassen, immer schön weiter, sagt dieser resolute Ton.

Es war damals höchste Zeit aufzubrechen. Die Kleinfamilie aus Vater, Mutter und der pubertierenden Tochter war ohnehin schon länger geblieben als alle anderen. Denn Charlotte Idens Vater war ein Firmenleiter alter Schule. So einer kehrte dem Ort seines Wirkens erst dann den Rücken, wenn die Lage hoffnungslos war und das Ruder sich gewiss nicht mehr herumreißen ließ, weil eigentlich kein Ruder mehr da war. Lange hatte der Vater gegen alle Widrigkeiten die Zellstoffproduktion im Brandenburgischen aufrechterhalten. Gewiss, auch diese Firma war ein kleines Rädchen in der großen Kriegsmaschine der Nazis. Aber die Welt am Boden war eben nie so einfach, wie sie durch die Zieloptik alliierter Bomber aussehen musste. Die Fabrik am Rand von Johannesmühle war ein seltsamer Ort mit ebenso ungewöhnlichem Personal. »Wir lebten auf einer Insel«, sagt Charlotte Iden noch heute. Eine Insel, die vor der ganz großen Brandung keinen Schutz mehr bieten konnte, aber zuvor wohl tatsächlich den Charakter eines kleinen Eilands hatte, auf dem man sich für eine Weile geborgen fühlen konnte, sicher vor den Fluten und den Regeln des Festlands. Die Fabrik, ein Unternehmen des Konzerns Waldhof, war von 1936 bis 1938 im Rahmen eines Vierjahresplanes des nationalsozialistischen Staates errichtet worden. Ein Vorzeigebetrieb, der mit einer eigenen Siedlung für die Arbeiter aufwartete. Zellstoff, daran lassen die Unterlagen, die Charlotte Iden zur Verfügung stehen, keinen Zweifel, war ein Grundstoff zur Gewinnung von Schießbaumwolle. Auch weiß die studierte Chemikerin, dass die Produktion in Johannesmühle als kriegsnotwendig eingestuft war. Allerdings nicht nur wegen der Baumwolle. Denn mit dem in Johannesmühle praktizierten Verfahren wurde, auch das geht aus ihren Unterlagen hervor, seit 1942 auch Zigarettenpapier hergestellt. Einer der dort arbeitenden Chemiker bekam seine uk-Stellung, seine Befreiung vom Militärdienst, nur deshalb. Unabkömmlich war der Mann, weil eine Militärmaschine nicht nur mit Kanonen und Granaten befeuert wird, weil den Krieg nicht nur nährt, was einzig nach Krieg und kein bisschen nach Frieden aussieht. Die Nazis hatten erkannt: »Ohne Zigaretten bricht die Front zusammen.«

Doch bei aller Kriegswichtigkeit rätselt Charlotte Iden heute noch darüber, warum ihre Familie so lange ausharrte. Ein Brief eines der in Johannesmühle arbeitenden Forschungstechniker könnte eine Antwort geben. Im Zellstoffwerk an der Oder vis-à-vis von Bad Freienwalde waren mit Wissen ihres Vaters Chemiker untergekommen, die nach dem NS-Rassenwahn als »Halbjuden« galten. Lenel und Weinstein hießen die unter dem Schutz des Werksleiters in Johannesmühle den Krieg und Nazi-Deutschland Überlebenden. Später, während

der sogenannten Entnazifizierung, sagten sie für den Werkslei-
ter Berger aus – der in der Vergangenheit offensichtlich auf
pragmatisches Wegschauen der zuständigen Dienststellen in
der Reichshauptstadt hatte zählen können. Einer der in Johannesmühle Untergekommenen hatte schon mit der roten Jacke
der Todeskandidaten in Moabit eingesessen und war vorläufig
entlassen worden – »bis zur Erlangung des Endsieges«. Ließ
man einen nicht Systemkonformen unter wachsamer Registrie-
rung seiner Abweichung gewähren, weil dessen Subversion
momentan der Kriegsmaschine zuträglicher war als linien-
treuer Rassenhass? Oder wurde lediglich erwartet, dass Werks-
leiter Berger einem Wink blind gehorchte, der aus Berlin erfolgte, Endlösung erst nach dem Endsieg? Und: War es
Verantwortungsgefühl diesen Menschen gegenüber, das den
Vater riskant agieren ließ? Oder trieb ihn ein verbohrtes,
zwanghaftes Verantwortungsgefühl seiner Firma gegenüber
dazu, sogar die Sicherheit der eigenen Familie hintanzustellen?

An den vielbeschworenen Endsieg konnte man auch irgendwann im Chefbüro der Zellstofffabrik kaum noch glauben. Die
Trecks aus Ostpreußen zogen seit Weihnachten 1944 an Johannesmühle vorbei, um hier eine der wenigen Oderbrücken zu
passieren. Der Zug der Flüchtlinge sprach eine andere Sprache
als der tägliche Wehrmachtsbericht im Volksempfänger. Die
Lage an der beständig näher kommenden Ostfront war ver-
zweifelt. Um den vorrückenden russischen Truppen keine über
weite Entfernungen sichtbare Markierung für die Zielsucher
der Artillerie und die Jagdbomberpiloten zu bieten, ließ Richard Berger im März 1945 den Schornstein seiner Firma sprengen. Er verfiel darüber in schwere Depressionen. Sowohl ganz
praktisch wie höchst symbolisch führte ihm dieser Akt der Zerstörung, der Produktionslahmlegung, das Ende seines Lebens-
traums vor Augen. Aber noch immer harrte er aus. Er ließ die
entscheidenden Teile der Turbinen zur Stromgewinnung de-

montieren und fortschaffen und organisierte den rettenden Abtransport seiner Beschäftigten. Die Verantwortlichen aus der Hauptverwaltung, die einst aus dem zerbombten Berlin an die Oder gekommen waren, hatten sich längst in Sicherheit gebracht. Richard Berger aber blieb. Er saß mit seiner Familie im Luftschutzkeller, als am 13. Februar 1945 der Himmel über Dresden brannte. Er mag sich überlegt haben, was ein zielgenauer Angriff auch nur einer kleinen Abspaltung eines der großen Bomberverbände in Johannesmühle anrichten würde. Aber er blieb. Lediglich zum Übernachten schickte er seine Familie von nun an weiter weg vom Werk, nach Bad Freienwalde. Dort schliefen sie in einer verlassenen Wohnung mit anderen Frauen, die noch nicht ganz aus der Gegend fliehen wollten.

»Wieso er dieses Risiko einging, ich habe es nie begriffen«, sagt Charlotte Iden. Sie kann das Szenario noch so oft vor sich ausbreiten, sie findet zu keiner Erklärung. »Ich habe nie gefragt, warum«, sagt sie. Aber die Mutter erzählte ihr nach dem Tod des Vaters, dass er lange Zeit von Alpträumen geplagt aus dem Nachtschlaf hochfuhr. »Sie werden uns holen. Sie werden uns verhaften«, stammelte er dann. Nacht um Nacht entlud sich ein Druck, der Jahre auf ihm gelastet hatte. Meinte er die russischen Soldaten, die mit einer kleinen Stützstrebe des Regimes kurzen Prozess machen würden? Oder die Gestapo, die ihn, den Judensympathisanten, auf Nimmerwiedersehen verschleppen würde? Charlotte Iden hat es nie erfahren.

Der Vater, der auf dem Firmengelände bei vielem das letzte Wort hatte – und bei allem, was Berlin nicht wissen musste –, sah, dass da etwas im Anzug war, das sich völlig seiner Kontrolle entziehen würde, bei dem er überhaupt nichts zu sagen haben würde. Und blieb doch auf seinem Posten, während das Donnergrollen einer nahenden Katastrophe täglich zunahm. Man konnte über die Vorzeichen im Wortsinn stolpern: Das Militär, oder jener zusammengewürfelte Reserve- und Verwundetenhaufen, der jetzt als Stolz der arischen Welteroberer durchging, hatte zur Verteidigung der Fabrik bereits Schützengräben ausgehoben. Zur Abwehr welchen Feindes, das konnte Charlotte im Radio hören. Dort wurde der von den Nazi-Propagandisten gefälschte Aufruf des russischen Journalisten Ilja Ehrenburg verbreitet. Er kündete eine furchtbare Rache der Roten Armee auf deutschem Boden an – und den deutschen Frauen Vergewaltigungen, wie sie auch die russischen Frauen erfahren hatten. »Ich habe das ausgeblendet und beschlossen, dass mir nichts passiert«, erinnert sie sich heute. Das Verdrängen würde noch lange eine nützliche Technik in ihrem Leben bleiben.

Auch die Nazi-Kampagne »Rache für Nemmersdorf« musste die knapp 16-jährige Charlotte irgendwie verarbeiten. Das ostpreußische Städtchen Nemmersdorf, eine der ersten von der Roten Armee eingenommenen deutschen Ortschaften, war für die Zivilbevölkerung überall in Deutschland zu einem Symbol der Angst geworden. Am 23. Oktober 1944 hatten deutsche Truppen den Ort nach wenigen Stunden von den Einheiten der 11. russischen Gardearmee zurückerobert. Sie fanden vermutlich zwei Dutzend tote Zivilisten – die genaue Zahl und die Frage, wie viele von ihnen bei Kampfhandlungen gestorben, wie viele aus purer Rache erschossen worden waren und ob es vorher zu Misshandlungen gekommen war, wird sich nie mehr eindeutig klären lassen. Die nationalsozialistische Propaganda nämlich entschloss sich sofort, Nemmersdorf zur großen Grauensgeschichte zu stilisieren, die Deutsche scharenweise dem Volkssturm zutreiben und mit der von Hitler gewünschten Verbissenheit bis in den Tod kämpfen lassen sollte. Zusätzliche Leichen wurden herangekarrt, die Toten in Posen von Folter und Vergewaltigung zurechtgerückt, die manipulierten Zahlen und Geschehnisse in der Berichterstattung noch einmal aufgebauscht. Unter anderem der Historiker Andreas Kossert weist darauf hin, dass es Deutsche waren, die Leichen in Szene setzten, um Angst und die Kampagne »Rache für Nemmersdorf« zu schüren. Der »Völkische Beobachter« titelte am 27. Oktober 1944: »Das Wüten der sowjetischen Bestien – Furchtbare Verbrechen in Nemmersdorf – Auf den Spuren der Mordbrenner in den wiederbefreiten ostpreußischen Orten«. Einen Tag später hieß es dann: »Lebend an die Wand genagelt – Bisher 61 Opfer des bolschewistischen Mordterrors.« »Obwohl ich ihnen nie in die Hände gefallen bin, hat mich diese Angst vor den Russen noch jahrelang im Traum verfolgt«, sagt Charlotte Iden heute. »Diese panische Angst« schlich sich als Grundmotiv in ihre Träume.

Charlotte Iden mag als noch relativ unbedarfte Jugendliche vielleicht keine so präzisen Bilder des drohenden Grauens im Kopf gehabt haben wie manche Erwachsenen. An der Allgegenwart der Angst änderte das nichts. Es gab keine Pausen mehr in Johannesmühle, keine eingeschobenen »schönen Tage« friedlicher Normalität. Im Gegenteil, die Bedrohung kam von allen Seiten, rückte beständig näher. Im Frühling war ihre Mutter gerade noch der Inhaftierung entgangen. Sie hatte völlig unbeherrscht einige Soldaten beschimpft, als sie entdeckte, dass die Männer ihre Schützengräben mit den Teppichen aus ihrer Wohnung ausgekleidet hatten. In ihrem Wutausbruch darüber hatte sich die ganze Angst und Anspannung der vergangenen Monate entladen. Charlottes Mutter hatte den Krieg verflucht, abfällige Bemerkungen über dieses letzte Aufbäumen der Geschlagenen gemacht und sich damit den Zorn ebenfalls anwesender SS-Angehöriger zugezogen. Nur die Geistesgegenwart der schon länger in Johannesmühle stationierten Wehrmachtssoldaten bewahrte sie vor Schlimmerem. Während die SS-Leute noch berieten, wie mit der Defätistin zu verfahren sei, drängten die Soldaten Charlottes Mutter, durch den Kreis der zusammengelaufenen Schaulustigen hindurch, bugsierten sie in einen Panzer und fuhren sie hinüber nach Bad Freienwalde. Es gab auch mitten im Krieg kein Raster, mit dem sich das Verhalten von Menschen vorhersagen ließ. Die einen folgten mörderischen Befehlen, wo sie hätten weghören können, und riskierten keinen Blick zur Seite, der sie vor allzu deutlichem Mitwissen an und Mitverantwortung für eine der vielen Unmenschlichkeiten hätte bewahren können. Die anderen waren couragiert ungehorsam.

Eine Rettung wie die von Charlottes Mutter mag einem die Zuversicht geben, das Schicksal würfle nicht nur Schaden und Böses aus, es lasse auch unwahrscheinliche Fügungen zum Guten zu. Solch einen Rettung kann einem aber auch das Gefühl geben, alles Glück sei nun mehr als aufgebraucht, man stehe beim Schicksal tief in der Kreide und werde aus der nächsten Bedrängnis gewiss nicht heil herauskommen. In Johannesmühle lagen die Nerven bloß. Die Tochter des Werksleiters, die vermutlich behüteter als all die anderen Kinder ringsum aufgewachsen war, begriff den wahren Grund für die Anspannung der Erwachsenen jedoch erst, als wirklich geschossen wurde. Bis dahin war sie eine höhere Tochter, mit der die Arbeiterkinder nicht hatten spielen wollen, weil sich das auch aus deren anerzogener Sicht nicht gehörte. Mit der Tochter des Chefs herumzuglucken verstieß – egal, wie wenig hochnäsig dieser Chef sein mochte – gegen die Proletarierehre. Wer Kontakt von unten nach oben zuließ, konnte nie sicher sein, ob ihm das nicht als Anbiederei in der Hoffnung auf Almosen, Vorteilsgewährungen, Gnadenakte ausgelegt würde. Charlotte entging dadurch jenes Erträglichmachen des schwierigen Alltags, durch das Hin-und-her-Debattieren, das Bejammern, das Einander-Bestätigen, das Ausmalen des Gewesenen, des gerade Aktuellen, des Kommenden mit Gleichaltrigen. Ihr fehlten jene Zwischentöne, die im Tratschen und Quatschen aufkommen und einem neue Zugänge zum Erlebten vermitteln können.

Die großen Änderungen, die nun bevorstanden, brauchten keine Zwischentöne mehr. Sie kündigten sich kräftiger, eindeutiger, gröber an. Mit Schüssen, die man bis in die Wohnung der Idens hörte. Eher neugierig als verschreckt rannte das Mädchen aus der Küche, wo es gerade in Vertretung der Mutter das Mittagessen kochte, ins oberste Stockwerk, um von dort auf die gegenüberliegende Hügelkette zu schauen. Dort fuhren die ersten russischen Panzer auf. Die Schüsse donnerten aus ihren Geschützen, und Charlotte konnte zu jedem Knall das Mündungsfeuer aus den Rohren stechen sehen. Das Zellstoffwerk und das Wohnhaus in unmittelbarer Nähe der Fabrik waren ein leichtes Ziel. Charlotte blieb am Fenster stehen und schaute dem Schauspiel fasziniert zu. Es war vielleicht der letzte Moment, in dem sie sich nur als Zuschauerin dieses Krieges begriff, als Außenstehende des mörderischen Treibens, nicht als Betroffene, als mögliches Opfer. Einer der letzten im Werk gebliebenen Mitarbeiter ihres Vaters entdeckte das Mädchen und riss es brüllend aus seiner Erstarrung: »Bist du verrückt? Komm sofort runter in den Luftschutzkeller!« Bald darauf saß Charlotte mit dem kleinen Häufchen im Werk Ausharrender im Luftschutzkeller, geschützt von einer dicken Betondecke und einer stabilen Eisentür. »Wir hörten, wie unser Haus getroffen wurde, wie es herunterrieselte. Und wir wussten nicht, ob wir wieder herauskommen würden. Wir wussten ebenso wenig, ob die Russen dastehen würden, wenn wir rauskommen.« Wer die schwere Tür des Bunkers schließlich entriegelte, weiß Charlotte Iden nicht mehr. Genau gemerkt hat sie sich jedoch, dass exakt an der Stelle, von der aus sie vor einer Weile noch auf die Hügel und die Panzer geschaut hatte, das Dach des Hauses völlig zerstört war. Der Dachstuhl war dort geradezu weggefegt worden. Der Werksmeister, der ihr das Leben gerettet hatte, war von einer Granate zerfetzt worden.

Der Weckruf hätte nicht dramatischer ausfallen können: Endlich begriffen auch die, die für diesmal gerade noch davongekommen waren, dass es an der Zeit war, aufzubrechen, wollten sie überleben. Die späten Fluchtvorbereitungen bestanden trotzdem aus mehr als Proviantsackstopfen. Charlottes Mutter packte zwei Kisten Bettwäsche und Porzellan. Eine Kristallschale aus der böhmischen Heimat ihrer Mutter, die ihr besonders ans Herz gewachsen war, wanderte ebenfalls mit in die Kiste. Ihre Tochter füllte den Tornister ihrer Jungmädeluniform mit Kleidung und legte ein Buch von Rudyard Kipling obenauf.

Die Tage des Aufbruchs verschwimmen in der Erinnerung. Um alles genau rekonstruieren zu können, bräuchte Charlotte Iden jenes Tagebuch, das sie 1947 weggeworfen hat. Aus der Literatur weiß sie, dass der Brückenkopf Zehden Ende März 1945 fiel. Vor ihrem geistigen Auge lodert ein Flammeninferno, wenn sie an dieses Datum denkt. Die Zellstofffabrik, Richard Bergers Lebenswerk, ging an diesem Tag vor den Augen ihres Vaters in Flammen auf. Ein Funke, ein Schuss hatten genügt, und die Holzvorräte brannten lichterloh. Die Umrisse der Fabrik standen wie ein Scherenschnitt vor dem Horizont. Eiserne Maschinen zeichneten sich vor den Flammen ab. Es sind Bilder, die das Kino im Krieg sucht und die das Individuum noch lange heimsuchen. Das flammende Abschiedsbild von Johannesmühle besiegelte die Ahnung, es werde keine Rückkehr mehr geben. Die Menschen standen im Kurpark, auf einer Anhöhe Bad Freienwaldes, und schauten sprachlos zu, wie das Feuer sich weiterfraß. Es kam ihnen vor wie ein drohendes Symbol der unaufhaltsam näher rückenden Roten Armee. Allenfalls der Fluss konnte beiden noch Einhalt gebieten – der Roten Armee aber nur kurze Zeit. »Es herrschte ein Endzeitgefühl«, sagt Charlotte Iden.

Das noch verbliebene kleine Firmenhäuflein machte sich mit einem Holzvergaser-Traktor, der mit ihrem Hab und Gut bepackt war, auf den Weg gen Westen. Offiziell war das mecklenburgische Templin ihr Aufnahmegebiet. Aber wieder war es die

Firma, die das Handeln formte und bestimmte. Denn insgeheim hatten sie sich das fernere bayrische Kelheim als Ziel gesetzt. Dort stand ein weiteres Werk des Konzerns. Wer bis zum letzten Tag für den Erhalt der Firma gekämpft hatte, der konnte doch sicher in Krisenzeiten auf die Unterstützung durch das Firmennetzwerk zählen.

Als Stationen auf dem Weg dorthin wollten sie Holzlieferanten oder Geschäftspartner des Werks in Johanneswalde anfahren. Sie hofften, dort Holz zu erhalten, von dem ihr Traktor täglich große Mengen als wenig effizienten Brennstoff verschlang. Erster Halt war das ungefähr 15 Kilometer entfernt liegende brandenburgische Eberswalde. Wieder muss Charlotte Iden die Daten rekonstruieren. Sie erinnert sich, die traditionelle Rede von Joseph Goebbels, die er immer am Vortag von Hitlers Geburtstag hielt, in der Nachmittagssonne stehend in Eberswalde gehört zu haben. »Dann muss das der 19. April gewesen sein«, sagt sie nachdenklich. Sie erinnert sich auch, wie sie an diesem Tag vorlaut einen jungen Soldaten fragte, der sich trotz Sirenenalarms nicht in Bewegung setzte: »Auf was warten Sie? Auf den Endsieg oder die Russen?« Eine solche Bemerkung hätte tödlich enden können. Der junge Mann jedoch schaute die 16-Jährige nur teilnahmslos an. Ein ganzes Volk war damit beschäftigt, sich in Sicherheit zu bringen – oder, wie der als Kanonenfutter für die letzten Gefechte in eine Uniform gesteckte Hilfssoldat – gegen den Schock des Zusammenbruchs mehr oder weniger erfolgreich anzukämpfen.

Charlotte Idens Instrument, aus dem Alten herauszufinden, war ein Fahrrad. Auf ihm fuhr sie neben dem schwerfälligen Traktor her, der sich mühsam einen Weg suchte. Die Straßen waren für Zivilisten gesperrt. Sie waren für den Rückzug des Militärs reserviert, das nach dem wahnwitzigen Willen der Führung nicht fliehen, sondern sich neu sammeln und in vernichtenden Abwehrschlachten um die Reichshauptstadt den

Krieg doch noch für die Nazis entscheiden sollte. Den Millionen Menschen, die auf der Flucht waren, blieben nur Feldwege und Nebenstraßen. An Flüssen aber funktionierte diese Aufteilung nicht mehr. Es gab nur wenige Brücken und viel Militär, das sie passieren wollte.

Die Idens und ihre Leidensgenossen standen vor einem Nadelöhr. Sie mussten eine Möglichkeit finden, die Elbe zu passieren, um sich irgendwo westlich des Flusses in Sicherheit zu bringen. Dabei durften sie aber kein Hin und Her zwischen gesperrten Brücken riskieren, um dann doch noch der russischen Armee vor Ketten und Kanonen der Panzer zu laufen. Sie mussten Winkel finden, in die der Feind zuletzt vorstoßen würde. Aber sie wussten nichts über die Pläne dieses Feindes – woher auch? Sie konnten allenfalls vermuten, dass die russischen Kommandeure die Flüsse Elbe und Oder, die Deutschland teilten, als natürliche Hindernisse für die Massenbewegung der Flüchtenden in ihr strategisches Kalkül einbezogen – als natürliche Verbündete der herannahenden Eroberer. Immer wieder hat Charlotte Iden im Alter darüber nachgegrübelt, was einst im Kopf von Marschall Georgi K. Schukow, dem Befehlshaber der russischen Truppen, vorgegangen sein mag. Wie auf einem Schachbrett sieht sie die Flüchtenden vor sich, hin- und hergeschoben zwischen den Rückzugs- und Angriffswellen der Truppen. Doch von Spiel und Abenteuer hatte die Flucht auch für die naivsten Kinder nichts. In ihren besten Momenten war sie erschöpfend, unbequem und schmerzhaft.

Das Häuflein der Idens bekam in Eberswalde als erstes Obdach ein ungeheiztes Zimmer, wo alle gemeinsam auf dem nackten Boden schliefen. Charlotte Idens Blick wendet sich beim Erzählen nach innen. »Da fing es an, das Gefühl, entrechtet zu sein und nichts zu haben«, sagt sie. Aber niemand fasste damals Traurigkeit und Verzweiflung in Worte. Man wusste, dass man die anderen nicht trösten, sondern ihnen nur Mut rauben würde. Charlotte Iden kam es vor, als habe ihr jemand den Boden ihrer jungen Existenz unter den Füßen weggezogen. Den Blick immer nach vorne auf den Weg gerichtet, versuchte sie, das Vergangene zu vergessen und sich von der Gegenwart nicht erdrücken zu lassen. Es galt, an die Zukunft zu denken. Ihr Trupp hatte sich für Ratzeburg als Ausweg in den Westen entschieden. Dort wollten sie beim Elbe-Trave-Kanal die Grenze aus Wasser überqueren.

Wieder sind es nur Bildfetzen des Geschehens, Bruchstücke des Erlebten, Einzelansichten von Gefühlen, die sich aus dem Gedächtnis aufrufen lassen. Das Schweriner Schloss sieht Charlotte Iden vor sich, wenn sie versucht, diese Wochen Revue passieren zu lassen. Die Bäume tragen noch kein Laub, durch die kahlen Äste kann sie die Umrisse des Gebäudes erkennen. In der Nähe des brandenburgischen Städtchens Fürstenberg kreuzen Gefangene des Frauenkonzentrationslagers Ravensbrück ihren Weg. Charlotte ist mit ihrer Mutter gerade unterwegs zum Einkaufen, als die Frauen vor ihren Augen durch die Stadt getrieben werden. Völlig entkräftet, schleppen sich die Ausgehungerten dahin. Der Anblick bleibt auch jenen, die selbst unter Druck stehen, als extrem erbärmlich im Gedächtnis haften. Was können sie da tun? »Schau nicht hin«, mahnt Mutter Iden ihre Tochter.

Wegschauen half nichts gegen die Bilder, die sich schon festgesetzt hatten. Wegschauen half, dass es nicht noch mehr wurden. Wegschauen versagte völlig, wo es um einen selbst ging, wo man Hinschauen und Hilfe der anderen nötig hatte und etwas ganz anderes bekam. Zwar flohen die jäh Entwurzelten vor der Roten Armee. Aber wo deren Tiefflieger und schnell vorrückende Panzerspitzen die Trecks nicht erwischen konnten, waren es die eigenen Landsleute, Angehörige der so vielbeschworenen Volksgemeinschaft, die in diesen letzten Tagen des Krieges den Weg schwermachten. Die Flüchtlinge rund um

Firmenchef Berger erleben auf einem der vielen Mecklenbur-
gischen Gutshöfe, wie herzlos Menschen agieren können,
wenn sie die existentielle Not der anderen spüren: Charlotte
Idens Gruppe ist auf der Suche nach einer Übernachtungsmög-
lichkeit. Es ist spät und dunkel. Sie sind hungrig und durchge-
froren. Die Nachtkälte beginnt zu beißen, kaum dass die Sonne
hinter den Horizont sackt. Entsprechend erschöpft, bringen sie
ihre Bitte um Quartier vor. Eine Bedienstete führt sie in ein
überaus vornehmes, aber genauso kaltes Speisezimmer. Die
Raumtemperatur scheint darauf ausgelegt, soziale Distanz
nicht anzudeuten, sondern den Knochen einzuprägen. Ein rie-
sengroßer Tisch steht dort, um ihn herum artig aufgereiht
Stühle mit hohen Lehnen, hart und unbequem und ein Finger-
zeig auf die Haltung des Hausherrn. Der Herr des Anwesens
betritt wenig später den Raum. In der Hand hält er eine Peitsche, mit sich führt er seine Hunde. Die lässt er unmissverständ-
lich aufrücken gegen die schon Niedergehockten, die seinen
Worten nicht glauben wollen. Er will keine Fremden zwischen
seiner feinen Anrichte, dem guten Leinen, dem polierten Porzellan. Er jagt die Verstörten, Ausgelaugten und nun auch noch
Gedemütigten hinaus in den Stall. Er schwingt die Peitsche wie
über Vieh. »Es war fürchterlich«, erinnert sich Charlotte Iden
an diese Begegnung, die so ähnlich viele Flüchtlinge erlebt haben. Den Menschen, die ihre Heimat verloren hatten, begeg-
nete ein Großteil der Einheimischen ohne jeglichen Respekt.
Verlieren sollten den Krieg nur immer die anderen. Und die
sollten auch Puffer bleiben zwischen der Rache der Sieger und
dem eigenen Leib, Besitz und Umfeld. Jeder Fliehende hinter-
ließ einen Leerraum, durch den »der Russe« schneller auf die
noch Sesshaften zurücken konnte. Darum vor allem wurden
die Flüchtlinge gehasst – weil sie nicht ihre Leiber hinhalten,
ihre Leben opfern wollten, damit die Rachewut der Sieger sich
an ihnen erschöpfen konnte.

In Charlotte Idens Erinnerung ist das Bild der Verzweiflung ihrer Mutter an jenem Abend besonders klar. Die Mutter ist völlig aufgelöst, sie bricht in Schluchzen aus. »Das überlebe ich nicht«, jammert sie. Iden sieht eine Mutter vor sich, die kein Schutz und Schirm mehr sein kann. Die drauf und dran ist, sich aufzugeben. Sie erinnert sich an diesen Moment so klar, weil sie nun im Hinauswachsen über sich selbst wieder ein wenig Kindheit zurücklassen musste. Sie sieht sich vor sich: wie sie trotz ihrer eigenen Bedrücktheit und Verängstigung die Mutter tröstet. Viel äußeren Trost gibt es nicht. Sie müssen dankbar sein, dass noch Heu im Stall liegt. Dass sie nicht auf dem bloßen Stallboden zwischen dem Vieh schlafen. Mit solchen hypothetischen Rechenspielen – wie viel schlimmer könnte alles sein, um wie viel härter könnte der Boden drücken, um wie viel kälter könnte die Luft durch die Ritzen ziehen – soll das kaum Erträgliche auf die Seite des Bewältigbaren umgebucht werden. Auch Charlotte Iden hat dieses Spielchen getrieben und sich doch durch und durch erniedrigt gefühlt. Hätte sie der herrische Gutsbesitzer mit Füßen getreten, sie hätte es nicht schmerzlicher empfinden können. »Das war der Moment, wo ich beschlossen habe, ich bin kein Flüchtling. Wenn ich das überlebe, bin ich kein Flüchtling.«

Der Schwur, das eigene Leben in zwei Teile zu teilen, die Gegenwart jetzt schon, im Moment des Erlebens, als ein bedeutungsloses Vorher zu begreifen, als etwas ohne Einfluss auf die Zukunft, war ernst gemeint. Aber zugleich war er nicht mehr als ein schwacher Vorsatz, der beständig auf eine Realität prallte, die sich nicht so leicht beiseitewünschen ließ. Die Gegenwart hielt dauernd die Drohung bereit, es werde überhaupt keine Zukunft mehr geben. Egal, welche Ansprüche ans Leben ein junges Mädchen formulieren mochte. Gegen Ende der wüsten Reise hätte sich dies beinah bestätigt. Bei Gadebusch, auf halbem Weg zwischen Schwerin und Ratzeburg, geriet ihr

Flüchtlingstrupp unter Tieffliegerbeschuss. Man konnte die anfliegenden Maschinen gut hören, und zu diesem Zeitpunkt des Krieges war längst jedes Motorengeräusch in der Luft ein Todesbote. Unbehelligt von der kaum noch existenten deutschen Luftwaffe, machten amerikanische und russische Flugzeuge nach Belieben Jagd auf alles, was ihre Piloten für einen Teil der »Kriegsmaschine Drittes Reich« halten wollten. Solch ein Kriegsmaschinenteil musste keine Kanone, keine Panzerung, keine Drehbank und keine Ladekräne haben. Atmung und Herzschlag genügten für die Definition von Feind. Die Menschen um Charlotte Iden warfen sich in den Straßengraben. Die lange Ziellinie, die Treck und Weg bildeten, brachte dies allerdings nicht zum Verschwinden. Mensch und Tier blieben eine gut sichtbare Einladung zum links und rechts aus den Tragflächen der Maschinen feuernden, eine breite Schneise des Todes schlagenden Anflug. »Die Straße war ja rammelvoll«, beschreibt Iden die sofort wieder gegenwärtigen Szenen panischer Hoffnungslosigkeit. Sie selbst kommt in ihren Erinnerungsbildern hinter einem toten Pferd zu liegen. Der Kadaver fängt auf, was an Geschossen in ihre Richtung fetzt. Vorne und hinten liegen umgekippte Wagen, krepierende Tiere, in Stücke gerissene Leiber oder einfach nur mit einem rot umrandeten Loch in der Brust von den Lebenden zu den Toten umgestempelte Menschen. »Wer hat die wohl weggeräumt«, fragt sich Charlotte Iden heute. Die Frage, wer sie unter welchen Umständen bestattet hat, kann ihr wohl nie mehr jemand beantworten. Vielleicht haben die Toten ihren Frieden gefunden, wie man so sagt, aber die Überlebende trägt, auch wenn sie ihn eine Weile in den Hintergrund drängen konnte, ihr Leben lang den Unfrieden der Erinnerungsbilder mit sich herum.

Das vorherrschende Gefühl in dieser Erinnerung ist nicht Grausen, nicht Furcht, kein Körper und Seele erfassender Brechreiz. Es ist das Gefühl, inmitten eines neuerstandenen

Morasts aus Blut und Leichen und Verzweifelten, einer die feste Wirklichkeit ersetzenden Alptraumvision, völlig allein zu sein. Denn nun, nachdem die Flugzeuge weitergedröhnt waren, die Magazine leer, war von Charlottes kleinem Flüchtlingstrupp niemand mehr zu sehen. Als sie hinter dem toten Pferd, in dessen massigem Körper sie Schutz vor dem Beschuss gesucht hatte, wieder auftauchte, sah sie keinen der vertrauten Menschen. Waren sie in der Sicherheit, die Tochter werde sich in den Strom der Überlebenden wieder einreihen, schon aufgebrochen? Es lässt sich nicht rekonstruieren. Sicher ist nur: Das Mädchen war nun auf sich alleine gestellt, keiner ringsum hatte Nerven und Kraft, für sie mitzudenken und Verantwortung zu übernehmen. Das einzig Vernünftige in dieser Zone des Mord gewordenen menschlichen Wahnsinns erschien dem jungen Mädchen, weiter in den nächsten Ort zu fahren – also so zu handeln, als sei letztlich nichts geschehen. Als sei nur Ballast abgeworfen worden. So hielten es auch die anderen, die mit dem Leben davongekommen waren. Voran, weiter, weg – wenn ihre Eltern überlebt haben sollten, was anders als das würden sie getan haben? »Die Strecke in den nächsten Ort kam mir endlos vor«, sagt sie. Charlotte Iden radelte die längsten fünf Kilometer ihres Lebens. Sie wusste nicht, ob ihre Eltern und die anderen noch lebten. Aber sie hatte beständig vor Augen, was sie befürchtete. An immer weiteren umgestürzten Pferdegespannen kam sie vorbei, und zwischen ramponierten Bauernwagen und verängstigten, verwundeten, leidenden Tieren lagen jene, die kein Glück gehabt hatten, keinen Schutzengel, keinen schirmenden Pferdekadaver, der im richtigen Winkel lag. Charlotte Iden nahm alle Kraft zusammen, um das Entsetzliche als Form des Trosts zu sehen, um die Kraft zum Weiterradeln nicht zu verlieren: Das waren die Eltern nicht, das nicht, das auch nicht. Es waren immer nur Fremde. Am Ende dieser Abzählfahrt der Vernichteten und Verschonten wartete ein Gefühl, das Charlotte Iden nicht in Worte fassen kann. Das Abzählen »du lebst, du bist tot« ging glücklich aus: Im nächsten Ort wartete ihre kleine Reisegesellschaft schon auf sie. Die Gedanken der Eltern in diesen bangen Stunden: Liegt Charlotte irgendwo, oder ist sie auf dem Weg?

Glück ist das, was Flüchtlinge immer wieder als entscheidendes Element ihrer kleinen und großen Entkommensmomente nennen: Umsicht, Planung oder Geschick spielten kaum noch eine Rolle im Massenschicksal. Zu viele Fliehende, zu wenige Wege, eine Armee auf dem Rückzug, von hinten die Russen, die Flüchtlinge vor allem als abgesprengte Teile einer verhassten Aggressionsmaschine sahen. Das Glück blieb den Idens auch im weiteren Verlauf ihrer Flucht treu. Der Übergang über die Elbe gelang. Ort und genauer Hergang jedoch gehören nicht mehr zu den aufrufbaren – oder heraufdrängenden – Erinnerungen.

Über Hamburg ging es durch den Harz via Thüringen in den Süden nach Bayern. Wieder wählte die Schicksalsgemeinschaft Niederlassungen ihres Konzerns als Anlaufstellen aus. Manchmal stießen sie auch dort auf Ablehnung. Kollegen und deren Gattinnen wollten den früheren Vorgesetzten nicht mehr erkennen, als er in abgerissener Montur und persönlich angeschlagen vor ihnen stand. »Das waren Menschen, die bei uns zum Kaffeeplausch gesessen waren«, erinnert sich Charlotte Iden. »Um es mal krass zu sagen, das waren die Untergebenen meines Vaters, und sie erkannten uns nicht mehr, wie wir in unserem Räuberzivil vor ihnen standen. Nicht einmal zum Essen oder auf einen Kaffee wurden wir eingeladen.« Mit ihren dunkelblauen Trainingshosen, dem weiten Kittel, den Stiefeln und dem Tuch auf dem Kopf hatte sich Charlotte Iden in jemanden verwandelt, dem nun ein Draußen zugewiesen wurde, in einen Menschen, der für das Drinnen, das er gekannt hatte, nicht mehr gut genug war. Ihre Eltern wurden sehr wortkarg in dieser Zeit. Was man nicht ausspricht, das ist nicht wahr, mag das Motto gewesen sein, das ihnen die Zähne aufeinanderpresste. Aber Wut, Enttäuschung und Scham werden sie genauso gespürt haben wie ihre Tochter. Die kann sich noch heute die Bemerkung nicht verkneifen, die Abweisenden seien jene Familien gewesen, die sich sehr frühzeitig in Sicherheit gebracht hätten. Jede Zurückweisung bestärkte Charlottes Vorsatz, diese Zeit so bald als möglich komplett aus ihrem Leben zu streichen. Dem Druck der anderen »Du bist nun nicht mehr gut genug« setzte sie ihre Utopie des »Ich bin's ja gar nicht, ich bin jemand, der sich gleich erfinden wird« entgegen.

Trotzdem hatte sie sich kindliche Naivität genug bewahrt, um zu glauben, an ihrem Endziel Kelheim würden die Menschen sich über ihre Ankunft freuen. Mittlerweile war der Krieg vorbei, und für Iden schien das Ende der Angst, Zielscheibe feindlicher Flieger zu werden, Teil einer notwendigen allgemeinen Entspannung. Befreit von der Angst, glaubte sie, könnten die Menschen einander jetzt beistehen. Eine Weile hielt diese Illusion, auch wenn die Familie sich mühsam bis ins Bayrische durchkämpfen musste. Selbst nach der deutschen Kapitulation blieben die Straßen militärischen Truppenbewegungen vorbehalten. Vorwärts durch die vielen Kontrollen kam am leichtesten, wer noch etwas abzugeben hatte: So kam Charlottes Mutter um ihre wertvolle Kette mit dem Smaragdanhänger. Am 27. Mai – das ist wieder ein gesichertes Datum, der Hochzeitstag der Eltern nämlich – kam die Familie in Kelheim an. Und niemand freute sich.

Was Charlotte als Willkommensgruß hörte, waren Sätze wie: »Um Gottes willen. Jetzt kommen die auch noch.« Überbelegung und Enge machten die schon angekommenen Flüchtlinge reizbar und weckten in den Alteingesessenen die Angst, hier werde bald eine Art Damm brechen und eine Flut der Not Obdachlose in jedes Zuhause spülen. Kelheim als Sammelpunkt für die vielen Beschäftigen des verzweigten Konzerns war tatsächlich übervoll. Jetzt rächte sich, dass die Johannesmühler so lange ausgeharrt hatten. Alle Notquartiere waren belegt. Nur eine kleine einstöckige Behelfsbaracke mit hauchdünnen Plattenwänden, Teil einer ganzen Zeile solcher Notbauten, in die selbst unter den damaligen Umständen noch niemand hatte ziehen wollen, war noch zu ergattern. Warum andere Suchende diesen Ort gemieden hatten, merkten die Neuankömmlinge schnell. Der Fußboden war zerstört, man trat auf blanken Schlackeboden. Das »braune, zusammengebackene Zeugs« diente eigentlich zur Isolation. Alte, dünne Bodenplatten markierten die »begehbaren Wege« in der Behausung. Die ehemalige Fabrikdirektorenfamilie zog ein, bevor andere sich entschlossen, den Rest der Reste zu akzeptieren.

Ihr neues Leben begann in zwei Zimmern. Im einen standen Stockbetten, das andere diente als Küche – mit einer der beiden ausgepackten Kisten als Küchentisch. Wasser gab es keins, das holte man in den Gärten oder von den Nachbarn. Die Toilette befand sich draußen und war Allgemeingut. Zwei Plumpsklos mussten für eine ganze Reihe von Behelfshäusern reichen. Intimsphäre gab es in diesen hellhörigen Baracken keine. Jedes Wort, das man sprach, war nebenan zu hören. Das neue Leben fing in dem Bewusstsein an, »ein Underdog« zu sein, wie Charlotte Iden es nennt, ein vom Leben Abgehängter.

Geschichte geschieht, aber das ist nur die Hälfte des Ereignisses. Danach wird Geschichte zurechtgelegt. Diesen Prozess erlebte Charlotte jetzt hautnah. Die schon vor Monaten Angekommenen rechneten es sich als Verdienst an, rechtzeitig in den Westen gegangen zu sein, und hielten es für einen Makel, zu lange gewartet zu haben. Ihr Fortgehen war ein Umzug gewesen, eine achtbare Sache, das andere, die Flucht, die Not, galt ihnen als eine Form der Schande. Die Direktorinnengattinnen, die 1942 und 1943 in Johannesmühle noch zu den Mitgliedern der Kaffeerunde von Charlottes Mutter gehört hatten, mieden nun jene Frau, die als Adresse stets die Behelfsbaracke angeben musste. Zum Verlust von Besitz und Heimat kam nun die vorsätzliche Wegnahme der Achtbarkeit durch jene, denen Verachtung als Ventil für vieles dienen mochte. Dass auf den Krieg nicht sofort satte Friedenstage folgten, sondern eine Phase von Unsicherheit, Mangel, Beengung, dafür ließ sich bequem den Flüchtlingen die Schuld zuschieben. Als hätte man das gerade Geschehene schon vergessen dürfen, wären da nicht die entwurzelten Habenichtse, die an die tiefgreifenden Änderungen der Vorkriegswelt durch Krieg und Nationalsozialismus erinnerten, daran, dass es kein »Alles zurück auf die Ausgangsplätze« geben konnte.

Das Flüchtlingsgefühl durchdrang den Alltag der Idens. Zwar konnte der Vater an bestehende Geschäftsbeziehungen anknüpfen, bekam rasch seine Entnazifizierungspapiere, wurde wegen seiner Spezialkenntnisse in der Papierherstellung – sogar von Russen und Amerikanern – umworben. Für Letztere reiste er später abwechselnd nach Kostheim und in die USA. Seine beiden Frauen jedoch blieben für ein weiteres Jahr in Kelheim und damit in der Behelfsbaracke wohnen.

Wenn Charlotte Iden sagt »wir blieben unten«, meint sie damit nur halb die Lage Kelheims auf der Landkarte. Diese Formulierung beschreibt auch das Lebensgefühl der frühen bundesrepublikanischen Jahre. Jahre, in denen sie einzig deswegen aufgefordert wurde, mit in die Tanzstunde zu kommen, damit »der Blödmann« auch eine Partnerin abbekam. Auch bei den Sonntagsausflügen an die Altmühl oder nach Weltenburg, die sie mit der Tanzstundenclique unternahm, hatte sie nie das Gefühl, richtig dazuzugehören. »Man ging spazieren und redete ein bisschen. Ein bisschen gehörte ich dazu.« Aber eben nur ein bisschen. Sie blieb das Anhängsel »des Blödmanns«. Es gab jene, deren Eltern in der bayrischen Kreisstadt Ansehen genossen. Und jene, auf die schon Kinder herabzusehen lernten, die Flüchtlinge. Es gab eine Art, das Wort auszusprechen, die wenig mit historischen Umständen zu tun hatte. Die eher so klang: »zu feige, zu wankelmütig, zu dumm, es dort auszuhalten, wo sie eigentlich hingehören«. Charlotte Iden sagt kurz und bündig: »Ich war aus deren Sicht eine von den Doofen.« Sie blickt auf manches einfach unversöhnlich zurück und spürt keine Versuchung, aus der Distanz verklärend nachsichtig zu werden.

Dass in der Regel herabgeschaut wurde, heißt nicht, dass alle herabschauten. Dass es anders ging, macht ja erst klar, dass die Verächtlichen sich anders hätten verhalten können. In dem Regensburger Gymnasium, in das Charlotte schließlich ging, freundete sie sich mit ihrer Klassenkameradin Rita an, die aus der Gegend stammte. Das Haus von Ritas Familie hatten die Amerikaner beschlagnahmt. Die eigentlichen Bewohner waren nur noch geduldet und durften auch nur deswegen im Keller wohnen, weil Mutter und Tochter bereit waren, das Haus für die Besatzer zu putzen. Aber Rita profitierte auch ein wenig von dieser Zwangsgemeinschaft. Sie bekam ausgelesene amerikanische Taschenbücher zum Lesen. Und als Rita bemerkte, wie miserabel Charlottes Englisch war, beschloss sie, ihr Nachhilfe zu geben. Ihr Berufswunsch war schließlich schon seit langem Lehrerin. Charlotte wurde ihr Versuchskaninchen und ihre erste Schülerin. Obendrein bekam das Mädchen aus Brandenburg von Zeit zu Zeit von dem amerikanischen Trockengemüse ab, das Rita als Tagesproviant immer mit sich führte. Ein Schultag war nämlich lang. Frühmorgens fuhr Charlotte mit dem Zug nach Regensburg, erst gegen Abend war sie wieder zu Hause. Essen war noch immer knapp, und die Notration der US-Soldaten half ihr über manchen Schultag.

Die Fahrt nach Regensburg war nicht nur anstrengend. Sie

war auch der tägliche Beweis für die Möglichkeit eines Lebens, das mit der Baracke nichts zu tun hatte. Bis in die Sprache hinein löste sich Charlotte vom Zuhause: »Wir liefen durch Regensburg und redeten englisch.« Nicht alle fanden das für deutsche Mädchen ziemlich. »Man galt schnell als Amiflittchen, wenn man das tat. Aber Rita war so besessen von ihrem Auftrag.« Die beiden Freundinnen scherten sich nicht darum, was die Leute dachten oder sagten. Schließlich gehörte sich alles mögliche Harmlose damals nicht: Mädchen etwa kämmten sich nicht auf offener Straße. Schon gar nicht auf der Hauptstraße, wo der meiste Verkehr war und man mit Sicherheit beobachtet wurde. Aber genau dort, vor der Fensterscheibe eines großen Geschäfts, zückten die beiden Backfische ihre Taschenkämme und fuhren sich damit durchs Haar – viele unnütze Regeln machen zumindest die Rebellion leicht. »Ich seh' noch heute die große Scheibe, in der ich mich spiegele«, erinnert sich Charlotte Iden an diesen kleinen Ausbruchsversuch. Lebensmut gepaart mit einer gehörigen Portion Koketterie kam zurück in ihr Leben. Rita und sie erkundeten Regensburg mit seinen vielen geschichtsträchtigen Gebäuden. Sie schufen sich ihre eigene Wirklichkeit, in der sie sich enorm weltläufig vorkamen – und für eine Weile frei von jenen Realitäten, die ihnen jeden Abend vor Augen führten, dass sie zu den Verlierern gehörten. Über den Stunden in Regensburg lag Leichtigkeit. »Es war eine schöne Zeit mit Rita. Mit ihr hatte ich kein Flüchtlingsgefühl.« Wieder und wieder taucht in Charlotte Idens Erzählungen die Gleichsetzung von Glück und Kein-Flüchtling-mehr-Sein auf.

Als die Familie zum Vater nach Kostheim umsiedelte, war für Charlotte der Zeitpunkt gekommen, die Regensburger Freiheit in einen Dauerzustand zu überführen, in eine neue Identität zu schlüpfen. »Ich beschloss, das bin ich nicht mehr. Ich komme aus Kelheim. Ich komme nicht aus dem Osten. Ich komme aus Bayern. Ich bin ja schließlich in Regensburg in die

Schule gegangen.« Den sächsischen Einschlag in ihrer Sprache hatte sie sich schon als Kind in Johannesmühle abgewöhnt. Jetzt hatte sie höchstens noch eine leichte brandenburgisch-Berliner Sprachtönung. Das würde sie nicht verraten. Und auf den entlarvenden Flüchtlingsausweis, den die anderen Familienmitglieder sich ausfertigen ließen, verzichtete sie. »Ich geh' da nicht hin«, erklärte sie den Eltern und verweigerte den Gang aufs Bürgermeisteramt. »Ich will kein Flüchtling sein.« Die Eltern ließen sie gewähren, schließlich ging es ja tatsächlich stetig bergauf. Charlottes Vater kam wieder in eine Führungsposition. Und die Frauen der Ingenieure hatten plötzlich nichts mehr dagegen einzuwenden, mit ihrer Mutter gemeinsam am Kaffeetisch zu sitzen. Auch jene, die aus ihrem Ekel gegenüber den heruntergekommenen Bekannten keinen Hehl gemacht hatten, waren wieder dabei. Alle waren offenbar kräftig damit beschäftigt, zu vergessen und nach vorne in die Zukunft zu denken.

Die Vergangenheit als ein Kleid zu behandeln, das man nicht länger tragen musste, das man nach hinten in den Schrank hängen und vergessen konnte, diese Strategie brachte Erfolge. Charlotte Iden blühte auf. 1948 machte sie ihr Abitur – nur elf von 33 Schülern aus Charlottes Klasse bestanden die Abschlussprüfung. Zwei der Durchgefallenen landeten in der Psychiatrie. Sie hatten dem Druck nicht standgehalten.

Die junge Aufsteigerin hingegen hatte offenbar eine hohe Leistungsbereitschaft an den Tag gelegt, die sie alles Störende und Schmerzende in den toten Winkel ihrer Selbstwahrnehmung schieben ließ. Der Höhenflug hielt lange an. Er trug sie durch ihr Chemiestudium, bescherte ihr Anstellungen in angesehenen Forschungslaboren der Schweiz und in Schweden. Ihr stiller Entschluss, sich nichts mehr gefallen zu lassen, machte sie stark und unbeugsam – und wurde indirekt sogar zum Ehestifter. Als sie einer Gallenkolik wegen im Krankenhaus lag, hörte sie, wie ein junger Arzt sich ihrer Meinung nach verletzend arrogant über sie äußerte. Vom Krankenbett aus bot sie ihm Paroli, machte Eindruck und wurde wenig später seine Frau.

Charlotte war nun die Gattin eines gebürtigen Rheinländers, dessen vielköpfige Familie sich nicht an ihre Heimatlosigkeit erinnerte, schon gar nicht an Heimatlosigkeit als Konstante der Familiegeschichte. Charlottes Mutter stammte aus Nordböhmen: Dorthin war die Familie aus religiösen Gründen aus Salzburg hingezogen. Es gab einen Onkel in Pressburg, eine angeheiratete Tante aus Montenegro. Die Vorfahren des Vaters waren über mehrere Generationen hinweg als Ingenieure von Mitteldeutschland aus immer dorthin gezogen, wo man ihre Dienste brauchte. Da kann man sich an den Zustand der Heimatlosigkeit irgendwann gewöhnen. Insgeheim streift Charlotte Iden manchmal der Gedanke, sie hätte schon vor der Flucht eine weniger sichere Heimat gehabt als andere Menschen. Aber so oder so schien ihr dieser Ort der Herkunft nun eher ausgelöscht als fremdbesetzt. Sie wollte nicht dorthin, weil sie sicher war, dort werde sich nichts finden lassen, das für sie irgendeinen Zug eines Zuhauses tragen könnte.

1962 und 1966 kamen eine Tochter und ein Sohn zur Welt. Charlotte Iden widmete sich ihrem Familienleben und ging darin auf, Mutter und Arztgattin zu sein. Sie genoss wieder Ansehen, sie wurde respektiert. Niemand wäre auf die Idee gekommen, sie sei einmal ein rechteloses Flüchtlingskind gewesen. In dieser Zeit wohl nicht einmal sie selbst. Nur manchmal lugte das Flüchtlingskind aus dem toten Winkel der Erinnerung ein wenig hervor. Und heute, da Charlotte Iden ihre ganze Vergangenheit wieder akzeptiert hat, wo sieht sie ihre Heimat da? Sie überlegt, bevor sie antwortet: »Ich kann nicht sagen, als was ich mich fühle.«

Ihre Mutter hätte sich mit ihrer böhmischen Vergangenheit

vielleicht noch als dem k. und k. Reich zugehörig fühlen können. Aber Charlotte Iden? In ihrem Pass war zwar das sächsische Grödelitz als Geburtsort eingetragen. Doch zu diesem Städtchen fühlt sie keine Zugehörigkeit. »Der Gag war«, sagt sie heute, »dass es eben wohl doch Johannesmühle war. Die Heimat. Aber für mich war sie untergegangen. Die Heimat existierte nicht mehr.«

Doch genau dorthin, an den Ort ohne Ort, zog es sie, still und leise und meist unterhalb der eigenen Wahrnehmungsschwelle. Nur manchmal wurde sie sich der eigenen tieferen Beschäftigung mit dem Thema bewusst. Etwa in den 1970er Jahren, als das Ehepaar mit Freunden nach Berlin flog. Weil sie nicht schwindelfrei ist, fuhr Charlotte nicht mit auf den Funkturm am Alexanderplatz. Aber für eine Weile ging ihr damals der Gedanke im Kopf herum, ob man von da oben wohl bis Freienwalde oder gar bis nach Johannesmühle sehen konnte. Mit der Versicherung, man könne sowieso nichts sehen, weil von der Zellstofffabrik nichts mehr stehe, schob sie den Gedanken an eine andere Existenz jedoch schnell wieder weg.

Wenige Jahre später, als das neue Leben schwer erschüttert wurde, gelang ihr das nicht mehr so leicht. Alle Gewissheit des neuen Ich, alle Schutzmauern gegen die Vergangenheit brachen entzwei, als Anfang der 1980er Jahre Charlotte Idens Mann starb. Wieder verlor sie in gewisser Weise den Anschluss ans Leben der anderen. Gadebusch und die Erinnerung an den vorübergehenden Verlust der Eltern war mit einem Mal wieder sehr präsent. Wie damals in den Trümmern des zerschossenen Trecks war ihr Bezugssystem nun ungültig. Aber sie ordnete ihr Leben wieder neu, mit den fast herangewachsenen Kindern als Zentrum. Ihnen wollte sie beweisen, dass man sich mit viel Kraft die Welt so schaffen kann, wie man sie haben möchte. Kinder waren die sprichwörtliche Zukunft, Kinder waren wichtiger als die eigene Kindheit. Aber mit der Maueröffnung versagte diese Politik des Nach-vorne-Schauens endgültig. Was dem Land im Großen passierte, geschah Charlotte Iden auf der privaten Ebene: Plötzlich mussten Vergangenheit und Gegenwart neu sortiert werden, denn etwas lange Abgetrenntes war wieder da.

Als ihre Tochter geschäftlich in den jetzt wieder zugänglichen Bundesländern zu tun hatte, meldete Charlotte ein unerwartetes Interesse an. »Sie wollte mit«, erinnert sich die 46-jährige Franziska. »Ich hatte das Gefühl, das müssen wir jetzt machen.« Ganz geheuer war ihr diese Reise nicht. Aber sie kam gleichzeitig nicht gegen die Ahnung an, dass diese Fahrt in den Osten von Bedeutung für ihre Mutter war. »Bei dieser Gelegenheit wurde das schon ein bisschen sichtbar«, sagt die Tochter über den Beginn des Freilegungsprozesses.

Bis dahin hatte anderes gegolten. »Die Fluchtgeschichte meiner Mutter war tabu. Sie kam schlicht nicht vor. Ich wusste nur, dass meine Mutter an verschiedenen Wohnsitzen gelebt hatte, unter anderem auch in Sachsen.« Solche Wissenslücken zwischen den Generationen sind keine Besonderheit der Iden'-schen Familiengeschichte. Was Franziska Iden, eine kluge, gesellschaftlich überaus interessierte und kritisch-analytische Frau, erzählt, hat sich so in vielen Familien zugetragen. »Als Kind habe ich das einfach hingenommen. Ich hatte keine Deutung. Und es hat mich wahrscheinlich auch nur in begrenztem Maße interessiert. Meine Großmutter hat darüber überhaupt nicht gesprochen«, erinnert sich Franziska. Und wie soll man fragen, wenn man nicht weiß, wonach?

»Das Wort ›sudetendeutsch‹, da leg' ich die Hand für ins Feuer, dieses Wort habe ich nie in unserem Zusammenhang gehört. Das Wort ist gar nicht gefallen.« Nie wäre Franziska in ihrer Kindheit oder später auf die Idee gekommen, dieses Wort könne die Herkunft ihrer Großmutter beschreiben. Wer nach so etwas fragen will, braucht einen Anlass. Und den boten die

Erwachsenen nicht. Es herrschte ja auch so kein Mangel an spannenden Familiengeschichten. Das bunt Anekdotische ließ das Gefühl erst gar nicht aufkommen, hier sei etwas nicht vollständig. Die Großeltern etwa hatten vor der Geburt ihrer Tochter mehrere Jahre in Schweden gelebt – eine Zeit, die in ihren Erzählungen nachwirkte. Franziska kann noch heute von der Gans Wallenstein erzählen, die den Garten beherrschte und furchtbar mit dem Schnabel zupacken konnte. Obwohl sie das Tier selbst nie kennengelernt hat. »Diese Geschichten haben mich fasziniert. Wo sie sich abgespielt haben, hat für mich keine Rolle gespielt.« Falls doch einmal kurz Ortsnamen in den Geschichten auftauchten, die auf Ostdeutschlands Provinz wiesen, fiel das den Kindern nicht auf. Die Namen waren nicht zuzuordnen, die Geschichten aber funktionierten auch ohne Landkarte. »Vielleicht hat meine Mutter mit ihnen auch ein bisschen ihre Spuren verwischt«, stellt Franziska heute nüchtern fest. »Ich bin dann ja auch in dem Alter von zu Hause weggegangen, wo man anfängt, Fragen zu stellen.«

Franziska zog aus, nachdem ihr Vater gestorben war. Ganz bewusst ist sie zum Studium in eine andere Stadt gegangen. Sie war 19 Jahre alt und sah sich nach der familiären Katastrophe vor allem mit dem Problem konfrontiert, wie man es schafft, nicht vereinnahmt zu werden. Sie wollte ein eigenes Leben. »Das war mir wichtiger und näher damals.« Heute weiß sie, dass es zwischen dem Klammern der frischverwitweten Mutter, Charlotte Idens Kindheits- und Jugendgeschichte und ihren eigenen Abgrenzungsbestrebungen einen Zusammenhang gibt. Sie ist überzeugt, dass man weder aus der Geschichte seiner Familie noch aus der seines Landes emotional aussteigen kann. »Geschichte lebt fort und hat bewusst oder unbewusst Einfluss auf unsere Entscheidungen.«

In ihren Zwanzigern konnte Franziska das nicht sehen. »Vielleicht muss man erst ein bestimmtes Alter haben, um den

Dingen auf die Spur zu kommen«, vermutet sie heute. Als sie ein paar Jahre nach ihrem Auszug zusammen mit ihrer Mutter die Wohnung der Großmutter in Wiesbaden auflöste, kam es zu einer Begebenheit, die sie heute in anderem Licht sieht als damals. »Der erste Tag der Wohnungsauflösung stand unter dem Stern der verschwundenen Schüssel«, erinnert sie sich. Die Rede ist von einer rosa-gold bemalten böhmischen Kristallschüssel, die Charlotte Iden überall in der Wohnung ihrer Mutter fieberhaft suchte. Zunächst war die Schüssel nicht auffindbar. Dort, wo sie nicht hingehörte, in der Kommode, sorgsam zwischen zwei Tischdecken gepackt, fand Charlotte Iden das gute Stück schließlich. Ihre Mutter hatte die Schüssel noch immer so verwahrt, als müsste sie auch weiterhin vor den Stößen eines ruckelnden Transportes geschützt werden. Die Erleichterung über den späten Fund war groß. »Mir war schon klar, dass das ein Objekt aus der gleichen Zeit war, aus der es die Geschichten von dem Service gab, das mein Großvater im Garten vergraben hatte«, erzählt Franziska. Aber es blieb bei diesem auf den Augenblick beschränkten kurzen Verstehen. Danach geriet die Episode mit der böhmischen Kristallschüssel wieder in Vergessenheit – und blieb so verschüttet, wie die vergrabenen Schätze des Großvaters versunken blieben. Franziska hatte den emotionalen Ausbruch ihrer Mutter zwar zur Kenntnis genommen, aber sie war noch nicht bereit, länger darüber nachzudenken, dass die Schüssel der einzige Gegenstand im Leben ihrer Großmutter und ihrer Mutter war, dessen Herkunft in die Jahre vor dem Krieg zurückreichte. »Dass alle Möbel und alle anderen Dinge, an denen man hing, erst später angeschafft worden waren, war mir nicht klar.« Der Gedanke, dass man sich mit alten Dingen umgibt, »wenn man ein bisschen Geschichte inszenieren will«, kam ihr nicht.

Zwischen Mutter und Tochter standen zu jener Zeit ganz andere Dinge. Die Tochter, den Ideen des Feminismus, der

Teilhabe und der Gleichberechtigung verbunden, wollte einfach nicht verstehen, warum ihre bestens ausgebildete Mutter, eine Universitätsabsolventin, mit der Heirat ihre berufliche Laufbahn als Chemikerin verlassen hatte. Warum sie wie viele andere Frauen, die in ein moderneres Leben gestartet waren, auf ein altes Rollenverständnis zurückwich. Das waren die großen gesellschaftlichen Fragen, die Franziska beschäftigten – nicht, wie es ihrer Mutter in der Kindheit ergangen war. »Ich habe nicht begriffen, dass diese Geschichte auch mich betrifft und dass sie der Schlüssel ist.«

Ihr im politischen Denken geschulter Kopf wehrte wie bei vielen ihrer Generation eine allzu heftige emotionale Vereinnahmung durch die eigene Familiengeschichte ab. Begriffen hat Franziska auch aus der Distanz vieles sehr wohl, zum Beispiel, dass das »sehr vereinnahmende Wesen« ihrer Mutter »etwas mit der Fluchtgeschichte zu tun hat«. Und dass die Angst, verlorenzugehen, von jenem Tag des Fliegerangriffs im Frühjahr 1945 herrührt, an dem Charlotte Iden tatsächlich verlorengegangen war. Franziska kann heute anerkennen: »Das sind traumatisierende Erlebnisse.« Damals aber konnte sie die Geschichte ihrer Mutter nur schwer in ihr Weltbild einordnen.

Das Interesse für deutsche Fluchtgeschichten hatte keinen Platz in ihrem aufgeklärten Weltbild. Der Zeitgeist sagte: »Das hat nichts zu bedeuten! Das Leid der anderen war viel schlimmer!« Bilder und Geschichten der deutschen Leiden waren meist nur in den kleinen Zirkeln der Familien in Umlauf – und manchmal, wie bei den Idens, nicht einmal da. Was man von den großen Zirkeln, den Treffen der Vertriebenen, hörte, wirkte auf Franziskas Generation alles andere als vertrauensbildend. »Man kann individuelles Leid nur dann richtig einordnen, wenn man die Zusammenhänge kennt«, sagt die analytische Denkerin in Franziska. Vielleicht hat die deutsche Gesellschaft auch deshalb so lange gebraucht, um Geschichten wie die von

Charlotte Iden ertragen zu können. Erst wenn klar ist, was geschehen ist, wer in der großen Weltgeschichte welche Entwicklung verursacht hat, erst wenn nicht mehr individuelles Leid zum Zwecke kollektiver Entschuldung aufaddiert werden soll, kann man sich auf die individuelle Ebene der Geschichte vorwagen. Erst nachdem die deutsche Nation die Geschichte des Nationalsozialismus und des Holocaust ausgeleuchtet und zumindest in weiten Kreisen eingestanden hatte, war sie zu dieser Sichtweise bereit.

Franziskas jüngerer Bruder hat diesen Blick früher angesetzt als seine Schwester. »Er hat die Fährte aufgenommen und gefragt. Der Ablauf der Geschichte war ihm viel früher klar«, sagt seine Schwester. Als seine Mutter ihn 1996 in Berlin besuchte, und die Rede auf Johannesmühle gekommen war, überredete er sie, beim nächsten Besuch noch einmal mit ihm nach Freienwalde zu fahren. Charlotte Iden sträubte sich. Aber ihr Sohn gab nicht nach. »Du musst dorthin. Du musst das Trauma überwinden.« Ein Jahr später war es so weit. »Ich sitze nur da und weine. Ich kann das nicht«, versuchte Charlotte Iden den Ausflug in ihre Vergangenheit noch abzubiegen. Aber ihr Sohn zeigte keine Angst vor einer tiefen Erschütterung seiner Mutter. »Dann sitz da und heule. Aber du wirst da hingehen«, kommandierte er und fuhr los.

Sie gingen gemeinsam über die Oderbrücke. Auf der anderen Seite des Flusses war mit einem Mal alles ganz anders. »Es war ganz toll. Es war schönes Wetter, und wir waren drüben.« Die Fabrik stand noch, der Bauplatz war nicht gebraucht worden. Die Werkräume waren leer, und man sah, wo die Maschinen herausgerissen worden waren. Kein bisschen Trauer kam bei dieser Wiederbegegnung auf.

»Es war einfach nur witzig«, sagt Charlotte Iden und erzählt entspannt von dem Polenmarkt, der auf dem ehemaligen Gelände seine Stände aufgebaut hatte. »Da gab es Ramsch zu kaufen, dass man sich keine Vorstellung macht.« Zwischen Gartenzwergen in jeder Größe, Störchen mit und ohne Brillen, Korbstühlen und Einkaufskörben, Lebensmitteln und Wodkaflaschen spazierten Mutter und Sohn. Sie waren im Zentrum eigentlich schmerzlicher Kindheitserinnerungen angekommen – und amüsierten sich prächtig, hier, wo nun neben fetten geräucherten Aalen rosa Spitzenhöschen hingen. »Da kann man doch nur lachen«, meint Charlotte Iden. Das Weinen, vor dem sie sich gefürchtet hatte, wurde zum befreienden Gelächter.

»Ich bin meinem Sohn sehr dankbar, dass wir dort gewesen sind«, kann sie heute eingestehen und erinnert sich an den Moment, als sie die Stelle fanden, an der das Haus gestanden hatte, in dem sie mit ihren Eltern gewohnt hatte. So weit hatte sie sich noch nie vorgewagt in die Vergangenheit. Zwar war sie Anfang der 1990er Jahre mit ihrer Tochter Franziska immerhin schon bis nach Bad Freienwalde gefahren. Bereits damals waren die Erinnerungen an das Elternhaus aus ihr herausgebrochen. Franziska ahnte damals – wenn auch nur schemenhaft –, was da alles in der Mutter schlummerte. »Sie hat erzählt, wie das Haus eingerichtet war, was man hat mitnehmen können. Und das war eben furchtbar wenig. Da wurde mir allmählich klar, dass das eine Flucht im letzten Moment gewesen war. Das fand ich ziemlich schrecklich.« Viel mehr allerdings beschäftigte Franziska damals die für sie nicht nachvollziehbare Loyalität des Großvaters zu seiner Firma, die seine Familie beinah das Leben gekostet hatte. Mutter und Tochter nahmen den Erzählfaden damals nicht wirklich auf.

Mit ihrem Sohn wagte sich Charlotte Iden nun bis zu den steinernen Überresten des Hauses vor, in dem sie einst Kind gewesen war: Beim Abgang zum Keller lag eine dicke Steinplatte, Teil der Bunkerdecke, die sie damals vor dem Angriff der Roten Armee abgeschirmt hatte. Das Haus selbst war nur noch eine Ruine. Aber es schien Charlotte Iden ein sinnreicher Akt der Versöhnung, als sie erfuhr, dass die Ziegelsteine der zerfallenen Häusern entlang der Flüsse zum Wiederaufbau des zerstörten Warschau benutzt worden waren. »Das rührt mich noch immer sehr an«, sagt sie.

Gerne würde sie den Ort auch ihren beiden Enkelkindern zeigen. »Zurück zu den Wurzeln«, nennt sie das. Die beiden sollen ihr neugierige Fragen stellen, und die Großmutter ist begierig, sie ihnen zu beantworten. Vielleicht schon im nächsten Sommer. Das ist eine fundamentale Veränderung – als sei Charlotte Iden noch einmal eine neue Person geworden, als hätte sie sich noch einmal gehäutet. Ihre Tochter hatte sich weit mühsamer durch den Panzer der Vergangenheit arbeiten müssen. Dazu gehörten ein großer Knall, ein allgemeines Reinen-Tisch-Machen, eine bewusste Ursachensuche, warum Mutter und Tochter in manchen Situationen kein Verständnis füreinander fanden. Warum es so schwer war, die Leben voneinander abzugrenzen. Warum die eine immer mehr klammerte, je mehr Abstand die andere verlangte.

Fast hört sich, was Franziska heute ganz ruhig erklärt, wie ein liebevolles Plädoyer für ihre einst als schwierig empfundene Mutter an. Sie spricht mit großer Gewissheit von den Verlustgeschichten, die sich wie ein roter Faden durch die Iden'sche Familiengeschichte ziehen. »Jeder schleppt seine Erlebnisse auf seine Art und Weise weiter«, sagt sie und spricht jetzt, da die Kämpfe ausgestanden sind, sehr verständnisvoll über Charlotte Iden. Was hat sie geprägt? In den Augen der Tochter sind das die Entwurzelung, die vielen Verlusterlebnisse und die Aussichtslosigkeit des Fluchtunterfangens wegen des späten Aufbruchs. Dazu die Demütigungen bei der Ankunft im Westen und die Mühen, den alten Lebensstandard wiederherzustellen. »Das alles setzt Menschen unter Stress. Das hat auch meine Mutter unter Stress gesetzt. Jemand, der so viel Verlust erlitten hat, ist eben stark auf Sicherheit aus. Wenn dann noch früh der

Lebenspartner stirbt, hat man nicht unbedingt das Gefühl: Ich kann halten, was ich habe.«

Die Ursachenforschung ging so weit, dass sich Mutter und Tochter zu mehreren Befragungen verabredeten, die fast professionellen Interviews glichen. Die Mutter erzählte, Franziska schrieb auf. Als nichts mehr zu sagen und zu erklären war, landeten sie bei den Kochrezepten von Großmutter und Urgroßmutter. Wenn schon, denn schon. Apfelstrudel und Pflaumenknödel stehen jetzt hoch im Kurs bei den Enkeln.

Ihre eigenen geographischen Wurzeln hat Franziska in diesen Gesprächen allerdings nicht gefunden. Aber die hat sie auch nicht gesucht. »Ich muss nicht irgendwo zu Hause sein«, antwortet sie auf die Frage, wo sie denn ihre Heimat habe. »Ich persönlich sehe das alles immer unter dem Migrationsaspekt. Das ist es, was mich daran interessiert. Nicht aber, dass ich das Gefühl habe, ich bin von dort.« Heimat ist für ihr Selbstverständnis eine überflüssige Vokabel. »Ich fühl' mich hier wohl.« Das, so sagt der Ton, sei doch auch schon eine ganze Menge.

*Luise Stein mit Mutter und Großmutter vor dem neuen Zuhause,
einer Behelfsbaracke*

Ein Leben aus zweiter Hand

Wie Luise Stein die Relikte ihrer Familienvergangenheit
einsam in einer Schatzkammer hütet

Ein verarmtes Fräulein aus ehemals gutem Haus, ein verwunschenes Anwesen am Rande der Stadt, eine abenteuerliche Flucht, eine Reise in die Vergangenheit: Die Inventarskizze einer Märchenidee könnte so aussehen. Auch Märchen können grausam sein. Am Eingang dieser Geschichte wartet ein Schild, das noch aussieht, als sei es für einen harmlosen Kinderfilm erfunden: »Schatzkammer« steht auf dem Messingschild an der Holztür zu Luise Steins Domizil. Es versteigt sich nicht zu poetischer Überhöhung, es nennt eigentlich ganz sachlich die Funktion des Ortes. Hinter der Tür werden feine Relikte einer untergegangenen Epoche bewahrt: die Möbel der Großeltern, schicke zierliche Sessel aus Holz und Polster, Bilder von zu Hause, viel Zierrat und Edeltrödel, der die lange Reise von Ostpreußen auf das schleswig-holsteinische Land und später nach Lübeck unbeschadet überstanden hat. Die Hausherrin gießt Kondensmilch aus einem Kännchen, das schon bei ihren Großeltern auf dem Kaffeetisch gestanden hat. Wenn Luise Stein solche Objekte in die Hand nimmt, tut sie das stets mit einem Gefühl der Rührung. Das Milchkännchen mit seiner silberfarbenen Glasur signalisiert Verbundenheit mit einer weit zurückreichenden Familiengeschichte. An manchen Tagen gibt die Historie Luise Stein Halt, wie ein zweites Rückgrat. An anderen Tagen ist sie beschwerlich und verursacht Schmerzen, wie ein verschobener Wirbel, wie ein abgeklemmter Nerv.

In Luise Steins mit Geschichte ausgepolsterten Räumen steht auch der Schreibtisch, an dem sie ihre ersten Schreibversuche unternommen hat. Hier liegt der bunte Teppich, den sie als Kind mit Farbe verkleckst hat, ohne dafür bestraft zu werden. Die Spuren des Missgeschicks gingen in der Farbenpracht des guten Stückes einfach unter. Aber diese Sammlung führt der Hüterin jedes Mal, wenn sie die Tür aufschließt, vor Augen, dass zwar etwas Kleines übrig ist von der Familiengeschichte, etwas Großes aber auch zerbrochen.

Luise Stein hütet ihre Kostbarkeiten nicht im Herrenhaus, sondern im Gärtnerhäuschen. Die Szenerie auf dem Gutshof an der Peripherie Lübecks illustriert innere Zerrissenheit, Trennlinien im Leben. Das gemütliche, zweistöckige Haus, das Luise Stein bewohnt, steht nicht weit von der Zufahrt, die auf das parkartige Grundstück führt, nur eine Kiesauffahrt trennt es vom Zentrum des weitläufigen Anwesens. Aber die Lage des einstigen Dienstbotenhäuschens sagt: Wer in diesem Gebäude wohnt, gehört nicht richtig dazu. Den Bewohner oder die Bewohnerin hat man sich nur auf Zeit dazugeholt und ihm oder ihr eine klar umrissene Aufgabe zugeteilt. Familienanschluss sieht dieses Arrangement nicht unbedingt vor. Das Herrenhaus und sein Bewohner halten den Gast auf Zeit auf Abstand. Die Herrin des Gärtnerhäuschens ist sich dieser Symbolik sehr bewusst.

Luise Stein hat sich diese Behausung nach gründlicher Überlegung gewählt. Auch wenn es Jahreszeiten gibt, zu denen das Gärtnerhaus nicht sehr einladend ist. An kühlen Tagen kriecht die Kälte durch die Fensterritzen. Dafür schaut der Pfau zur Tür herein und bekommt sein Futter auf den Fliesen des Wohnraums im Erdgeschoss gereicht. Die Ponys sind auch nicht weit. Der Natur und der Erde ist man hier überhaupt sehr nah. Und Luise Stein ist diese Erdverbundenheit wichtig. Das Häuschen steht auf dem Grund, auf den sie Ende der 1970er

Jahre mit ihrem Ehemann, dem Erben dieses Besitzes, übergesiedelt ist. Nach dem Rückzug des alten Gutsherrn, Luise Steins Schwiegervater, von der Verwaltung des Anwesens waren sie und ihr Mann, der nun die Geschäfte übernahm, aus der nahe gelegenen Stadt ins Herrenhaus gezogen. Ihre Töchter sind hier aufgewachsen, in diesem hanseatischen Märchenschloss mit weitläufigem Garten, eigenem Bächlein und einer Pferdekoppel. Doch trotz der vielen Jahre, die die heute 68-jährige Luise Stein als angeheiratete Hausherrin des Guts hier zugebracht hat, sagt sie ganz unsentimental: »Richtig angekommen bin ich hier nicht. Ich kam mit der Illusion, hier ein Zuhause zu gründen.« Gelungen ist ihr das nicht. Wenn sie schonungslos Bilanz zieht, kommt heraus: Der Traum von der Heimat im Westen blieb unerfüllt. Beim Wort Heimat denkt Luise Stein an Ostpreußen.

Der Hanseat an ihrer Seite hatte zu Ostpreußen keinerlei Beziehung und entwickelte nie auch nur den Ansatz dazu. Vielleicht wurde Ostpreußen für Luise Stein gerade deshalb immer bedeutender. Die Antwort auf Missachtung ist oft das laute Auf-sich-aufmerksam-Machen. Und so hat sich die Frau im Gärtnerhaus für jeden Besucher unübersehbar ihr Fleckchen Ostpreußen gebastelt. Das Material dafür hat sie in bedrückenden Wochen und Monaten aus dem verwaisten Haus ihrer verstorbenen Eltern im Holsteinischen geborgen. Doch so schmerzreich der Einschnitt war: Luise Stein hat ihn damals regelrecht zelebriert.

Als ihre Mutter im Jahr 2001 gestorben war, blieb nur die einzige Tochter, den Nachlass zu sichten und das Häuschen zu räumen. Solch ein Abwickeln eines vertrauten Lebens, solch ein Entscheiden, was weitergeführt, was bewahrt, was zerstreut und was ganz abgetan werden soll, fällt den meisten Menschen schwer. Aber vielleicht war es für das Flüchtlingskind Luise noch ein bisschen trauriger, den Schlussstrich unter das Leben der Eltern ziehen zu müssen. Das Haus in einer kleinen schleswig-holsteinischen Gemeinde war die zweite Heimat ihrer Eltern, der greifbare Teil einer Aufgabe, die viele Flüchtlinge nicht bewältigen konnten: Die Eltern – die Plocki hießen, den Namen Stein hat Luise mit ihrer Heirat angenommen – hatten sich hier tatsächlich als Angekommene gefühlt. Umso schwerer war es für ihre Tochter, diesen Ort aufzugeben. Ihr kam das vor, als löse sie einen Anker des eigenen Lebens und beginne, nun wieder orientierungslos zu treiben. Luise Stein verbrachte bittere, einsame Tage und Stunden in diesem Haus. »Ich habe mir viel Zeit gelassen dafür«, sagt sie. »Es wurde ein Spaziergang durch mein Leben.« Viele Dinge führten ihre Gedanken in die Kindheit zurück. Während sich das Haus allmählich leerte und sie vor dem Kamin saß und aussortierte, zogen die Ereignisse der frühen Nachkriegsjahre an ihr vorbei.

Sie erinnert sich an ihre Mutter als ganz und gar unkonventionelle Frau, die sich bemüht hatte, ihren ungewöhnlichen Lebensstil auch nach der Verpflanzung in den Westen beizubehalten. Das war offenbar nicht auf Kosten der guten Nachbarschaft gegangen. Niemand hatte von der jungen Frau und Mutter erwartet, sich in die Gepflogenheiten des bäuerlichen Lebens einzufügen. Sie durfte Paradiesvogel sein und war ein gerngesehener Gast, obwohl sie keine Gegeneinladungen aussprach. Die Konfirmation ihrer Tochter ließ sie einen Tag vor dem Fest platzen, weil ihr mit einem Mal alles viel zu konventionell erschien und sie nicht von den Kindern und Jugendlichen behelligt werden wollte, die bei Konfirmationsfamilien anklopften und um Süßigkeiten baten. Trotz dieser Allüren steckten der Briefträger so gern wie der ein oder andere Spaziergänger die Köpfe mit ihr zusammen. »Sie war ein buntes und interessantes Wesen«, beschreibt ihre Tochter sie aus der Distanz der abgeklärten Erwachsenen.

Anders als die Mütter der einheimischen Kinder trug Mutter Plocki nicht tagein, tagaus eine Schürze. Auch durfte ihre Tochter keckere, weil hochgesteckte Zöpfe tragen und kürzere Röcke als die anderen Mädchen. Noch deutlicher unterschieden sich aber die Freizeitbeschäftigungen der Plockis von denen der Einheimischen: An den Wochenenden unternahm die Familie mit dem Auto Ausflüge in die Vergangenheit. Dabei saß, was damals noch als außergewöhnlich auffiel, die Mutter am Steuer des klapprigen weißen DKWs – sie sagte Dekawuppdich dazu – mit roten Türen und Schiebedach. Tochter Luise balancierte währenddessen eine Torte auf dem Schoß. Ziel der Wochenendausflüge waren ostpreußische Freunde und Bekannte, die sich in der Umgebung angesiedelt hatten. »Seit dieser Zeit kann ich überall und in jeder Lage schlafen«, sagt Luise Stein. Wenn sie müde wurde, kroch sie aufs Sofa im fremden Haus, während die Erwachsenen um sie herum weiter über das Leben im einstigen Zuhause und jenes in der neuen Heimat räsonierten. In guten Stuben, in Behelfsbaracken, in Wohnküchen fanden diese ganz privaten Ostpreußentreffen der Neubürger statt, die fortgesetzte solide Wirklichkeit dessen, was bei großen, organisierten Vertriebenentreffen manchmal wie eine Polittheaterinszenierung wirkte.

Luise Steins Mutter wollte das Leben ihrer Familie selbst gestalten und nicht von Diktatoren namens Geschichte und Umstände gestalten lassen. Aber sie war nicht frei von Zweifeln, ob sie sich da nicht zu viel vorgenommen hatte. Luise Stein erinnert sich noch ganz genau, wie ihre Mutter einmal zu ihr sagte: »Ich kann es manchmal gar nicht fassen, dass du so glücklich bist.« Da sah sie der kleinen Luise gerade beim Spielen im Hof vor der Behelfsbaracke zu. Die Behelfsbaracke, das war eine der Familienunterkünfte, die man vor dem späteren Häuschen der Steins für die Flüchtlinge errichtet hatte. Nachdem die Plockis mit Onkel und Tante im Westen angekommen waren, waren sie zunächst auf einem Bauernhof untergekommen. Aber da dort, wie anderswo auch, die Überlebenden des Krieges einer nach dem anderen wieder zu Hause eintrafen, hatte die Bäuerin auf Auszug gedrängt. 1948, sechs Wochen vor Luises Einschulung, waren die Plockis schließlich in eine der Behelfsbaracken gezogen. Solche Notunterkünfte gehörten für viele der 14 Millionen Flüchtlinge und Vertriebenen in den Jahren nach dem Krieg zur Lebenswirklichkeit. Für Luises Mutter drückte dieser dürftige Bau fast höhnisch den gesellschaftlichen Abstieg aus. Sie staffierte die Baracke mit den schweren Teppichen und dem Familiensilber aus, aber diese Überbleibsel besserer Tage konnten nicht über die Feuchtigkeit hinter dem Sofa hinwegtäuschen und nicht darüber, dass die Selbstbeschreibung »Tochter eines Gutsbesitzers« ohne das reale Gut dahinter nur noch eine hohle Floskel war.

In einer sechswöchigen »Schnellbleiche« wollte sie sich deshalb in etwas Eigenständiges verwandeln, in eine Grundschullehrerin. Aber da ihre Eltern in der Zeit der Ausbildung nicht auf die kleine Luise hätten aufpassen können, platzte der Traum vom Einstieg in eine geregelte Berufstätigkeit. Magd- und Hilfsarbeiterinnendienste leisten, Kartoffeln sammeln oder putzen gehen, wie es viele andere taten, um sich über Wasser zu halten, wollte die Gutsbesitzerstochter nicht. Also bemühte sie sich um einen Kontrakt als Vertreterin, klapperte mit dem Fahrrad die potentiellen Kunden ab, überzeugte die ländliche Bevölkerung vom Vorteil bügelfreier Hemden und nahm auch gleich Maß für die Einzelanfertigung. Neben den Kartoffeln für den nächsten Winter finanzierte sie so auch noch ein gebrauchtes Fahrrad, mit dem Luise zur Schule fahren konnte. Für das Kind ein Segen, denn die Behelfsbaracke lag, wie viele ihrer Art, weit vom Ortskern entfernt.

Auch wenn Luises Mutter die neue Welt im Westen zuversichtlich und forsch anging: Zumindest in der Anfangszeit träumte sie sich immer wieder zurück in die Vergangenheit. Im

Unterschied zu vielen anderen ihrer Generation tat sie das allerdings nicht nur im stillen Kämmerlein ihres Innern. Sie wollte ihrer Tochter vermitteln, wie es dort zugegangen war, wo sie aufgewachsen wäre, hätte die Familie die ostpreußische Heimat nicht verlassen müssen. Während Luise in der Schule war, schrieb die Mutter an einem Kinderbuch, dessen Helden Coni und Consti hießen. Ort der Handlung: natürlich das Gut der Plockis in Ostpreußen. Luise konnte diesen nur für sie geschriebenen Geschichten damals jedoch nichts abgewinnen. Sie wollte nichts von Kälblein und Kühen hören. Sie hätte lieber wie die anderen Kinder die Geschichten von Ursel und Gisel gelesen. Heute dagegen hält sie das von einem betagten Schnellhefter zusammengehaltene Manuskript ehrfürchtig in Händen. Dieses vergilbte Dokument, das die Mutter so gerne hätte veröffentlichen wollen, gehört nun zum Inventar der Schatzkammer.

Das von zwei Gärten umgebene Häuschen, in dem Luise später beim Entrümpeln auch das Manuskript finden sollte, hatten Luises Eltern mit Hilfe des Lastenausgleichs gekauft. Trotzdem war das Haus, das ein Viehhändler nach dem Krieg gebaut hatte und zu dem deshalb Ställe gehörten, lange unerschwinglich für eine Familie, die nach 1945 mittelloser von vorne anfangen musste als jene, die im Westen und außerhalb der Trümmerbrachen der großen Städte zumindest ihren Besitz behalten konnten. Dass Luises Eltern die Zeit zum Sparen bekamen, lag daran, dass kein anderer das Objekt haben wollte. Wasser drang in den Keller ein, zudem hatte sich der Vorbesitzer im Haus das Leben genommen. Für 30 000 Mark stand es zum Verkauf, aber die Aura des durchspukten – oder wenigstens des unglücksgesättigten – Heims schreckte alle potentiellen Interessenten ab. Für die Plockis gehörte nach der Flucht aus dem Osten zu einem Unglücksort mehr als der Freitod eines Vorbesitzers und ein abzudichtender Keller.

Die Großeltern Plocki feiern Weihnachten mit ihren Enkeln.

1953 war der Handel endlich perfekt. Was er für die Mutter bedeutete, zeigt eine nur vordergründig spaßige Begebenheit. In der Zeit des Umzugs von der Behelfsbaracke in das neue Haus bekam Luise angesichts des gesellschaftlichen Aufstiegs beigebracht, wie man einen Handkuss entgegennimmt – eine Reminiszenz an die gesellschaftliche Stellung in der Heimat, die

Luises Großvater weiterpflegte. In dem Lübecker Lebensmittelladen, in den er seinen Anteil des Lastenausgleichs gesteckt hatte, packte er den Kundinnen nicht nur Eier, Wurst und auch mal ein Huhn in den Korb, sondern verteilte als Dreingabe hin und wieder auch einen Handkuss. Dieses Zeichen des Respekts erinnerte den einstigen Gutsbesitzer an die Zeit, als er den Damen der Nachbarsgüter seine Gunst erwiesen hatte. Die Tochter des galanten Herrn gab diese Geste von gestern an ihre eigene Tochter weiter, als hätte sie schon geahnt, dass sie Jahre später beim Einstieg in die gute, konservative Lübecker Gesellschaft hilfreich sein würde.

In dem Häuschen, das den Übergang vom Flüchtling zum Beinahe-Einwohner markierte, saß Luise Stein ein halbes Jahrhundert nach den Handkussübungen. Während sich das Haus zusehends leerte, stiegen in Luise immer mehr Erinnerungen auf. Nicht nur an die schweren Zeiten anfangs, sondern auch an die Geborgenheit, die sie als Kind bei den Bauern der Gegend erfahren hatte. Die hatten sich um sie gekümmert, als ihre Mutter einmal im Krankenhaus lag. Reihum hatten sie auch ihren Vater bekocht – und waren beinahe beleidigt gewesen, weil nicht alle eine Gelegenheit zur Bewirtung bekamen, bis Luises Mutter wieder nach Hause entlassen wurde. In den Tagen, die sie mit der Auflösung des Haushalts zubrachte, zelebrierte Luise Stein das Erinnern regelrecht. So stellte sie den kleinen roten Sessel, der noch aus der Aussteuer ihrer Mutter stammte, in die Mitte des Kaminzimmers. Allabendlich kamen dann die älter gewordenen Freunde der Kindheit ins Haus, und der Sessel wurde zum Rednerpodest. Wer auf ihm Platz nahm, war mit dem Erzählen dran. Gemeinsam mit ihren Gästen versenkte sich Luise Stein in die Zeit ihrer Kindheit. Damals hatte die Zeitrechnung erst mit dem Einsetzen des eigenen Denkens begonnen, die Welt draußen kreiste nur um die eigene Person, Geschichte war etwas Fremdes gewesen. Und darum hatte Luise auch gespürt, dass sie dazugehörte, im Jetzt ihrer Kindheit. Denn mit diesen Jungen und Mädchen hatte sie ja unzweifelhaft die Gegenwart und das nur kurz zurückliegende Gestern, die einzig relevanten Zeiten, geteilt. Die Welt funktionierte nach ganz einfachen Gesetzen, es galten ganz einfache Wahrheiten. So wie sie auch am Ende des Lebens wieder gelten werden: In dem kleinen Städtchen, in dem ihr Elternhaus steht, will Luise Stein später einmal begraben sein. Die Gräber ihrer Eltern liegen hier, die Urnen der Großeltern hat sie hierher überführen lassen und auch sich selbst schon eine Grabstelle reserviert. Hier, wo die Menschen sich an sie erinnern, wo sie den anderen nicht gleichgültig ist, soll ihr Leben zu Ende gehen. »Das ist meine wärmende Heimat. Die Nachbarn rechts und links kenne ich alle. Alle sind sie mir vertraut. Wenn ich hierherkomme, dann höre ich oft, ›das ist ja schön, dich wiederzusehen‹.« Die Wärme, die von solchen Begegnungen ausgeht, ist nicht minder wohlig für Luise Stein als das Zusammentreffen mit dem einstigen ostpreußischen Nachbarn. Er hatte ihr schon, als er gerade zwölf und sie noch ein kleines Mädchen war, versprochen, dass er auf sie warten werde, um sie zu heiraten. War es ihr damals ein beklemmender Gedanke, weil er so wenig Raum für die Zufälle des Lebens ließ, ist es ihr heute ganz angenehm, dass es den frühen Verehrer noch immer gibt. Er ist ihr Gesprächspartner für Themen, die sie mit niemand anderem besprechen kann. Man braucht solche Menschen, wenn einen das Leben zu überfordern droht. So wie in der Stunde des endgültigen Abschieds von den Eltern.

Das Desinteresse ihrer Kinder am Nachlass der Großeltern schmerzte Luise Stein dabei besonders. Ein paarmal hatte sie nachgefragt, ob eine ihrer Töchter etwas haben wolle – und nur verhaltene Reaktionen bekommen. Also beschloss sie, die vielen Erinnerungsstücke, die sie bei sich in Lübeck nicht unterbringen konnte, in einem Akt wütenden Trotzes gegen die

Gleichgültigkeit einfach zu verbrennen. Wenn die Dinge ihren Wert für die Familie verloren hatten, sollte auch niemand anders sie bekommen. Kein Trödler hätte ihr so drastisch vor Augen führen können, dass eine Lebensphase zu Ende war. Das konnten nur die Flammen. Als sei das noch nicht genug, als würde es nicht reichen, die Bilder der Vernichtung einfach nur zu erinnern, fotografierte Luise das Feuer, in dem ihre Herkunft aufging. Ihrer Familie sollten diese Aufnahmen zeigen: Seht her! So weit habt ihr mich durch euer Desinteresse gebracht! Für sie selbst war es ein besonders bitterer Eintrag in die imaginäre Familienchronik.

In dieser Zeit musste sich Luise Stein auch eingestehen, dass ihre Ehe am Ende war. Die Tatsache, dass sich ihr Mann auch in der Stunde des Abschieds kein bisschen für ihre Herkunft, für ihre Beziehung zu Ostpreußen, für ihre Loyalität gegenüber den Sehnsüchten der Eltern interessierte, brachte für sie das Fass zum Überlaufen. Zugleich empfand sie nun eine große Distanz zu den Kindern, die ebenfalls nichts wissen wollten von Anhänglichkeiten jenseits derer, die sie selbst an dies oder das entwickelt hatten. In dieser Situation schien es Luise Stein nur konsequent, auszuziehen – das Herrenhaus war das Reich ihres Mannes. Aber sie wollte dann doch nicht irgendwo hinaus in die Republik, die das Reich ihrer Kinder schien, jener, die ohne Blick zurück voranschritten. Als Ort zwischen den Orten schien ihr das Gärtnerhäuschen genau richtig für ihr neues Leben ohne endgültigen Schlussstrich unter einen missglückten Lebensentwurf mit ihrem hanseatischen Mann und ohne lebendige elterliche Verbindung zum Damals.

»Gehen?«, sagt sie, »nein, das kann ich nicht. Ich wüsste nicht, wohin ich gehen sollte!« Und so hält sie weiter fest an der Dauerrast zwischen zerbrochenem Zuhause und möglichem Neuanfang. Sie weiß, dass sie mit diesem Kompromiss nicht alleine steht. Erst neulich hat sie wieder mit anderen Frauen davon gesprochen, die in die Gegend eingeheiratet haben. Frauen, die wie sie hier ihre Kinder aufgezogen haben und Großeltern geworden sind. »Zu Hause fühle ich mich nicht«, hat sie von vielen gehört, auch wenn die Fassaden anderes vermuten ließen. Man bespricht solche Dinge nur, wenn man sich lange kennt und das gleiche Schicksal teilt.

Der Schmerz der Unzugehörigkeit könnte längst Vergangenheit sein, ein bloßes Detail ihrer Lebensgeschichte ohne Bedeutung für den Alltag. Eine alte Angelegenheit eben, in der die Familie nicht einer Meinung werden kann und die man deshalb ruhen lässt. Aber so empfindet Luise Stein nicht. Erst neulich im Literaturkreis beugten sich die Teilnehmerinnen neugierig über eine alte Fotografie, die eine von ihnen mitgebracht hatte. Die Literaturfreundinnen rätselten, wer die Menschen auf dem Schwarzweißbild wohl sein könnten, kramten gemeinsam in Kindheitserinnerungen. Luise Stein saß schweigend daneben, bemüht, sich nicht anmerken zu lassen, welche Leere sich von einer Sekunde auf die andere in ihr ausgebreitet hatte. Und als ein andermal bei einem Empfang die Gastgeberin, eine Adelige mit einer 800 Jahre zurückreichenden Ahnenchronik, von ihrer Familientradition schwärmte, »wurde ich ein paar Zentimeter kleiner«. Dieses Gefühl der Minderwertigkeit kann wohl nur der verstehen, dessen Wurzeln selbst einmal gekappt wurden.

Nur: Warum fühlt sie sich eigentlich als Vertriebene, sie, die das Ende des Krieges in einem Kinderheim am Obersalzberg verbracht hat? Manchmal wundert sie sich selbst, dass es ihr über sechzig Jahre nach dem Ende Ostpreußens, das sie nicht miterlebt hat, noch immer so geht. Aber dann kommt sie zu dem Schluss: »Man kann am Untergang seiner Heimat auch leiden, wenn man ihn von einem anderen Ort aus erlebt hat.« Nicht die Art und Weise, wie man seine Heimat verliere, sei entscheidend, verteidigt sie ihren Kummer. Entscheidend sei, dass die Heimat noch Gefühle in einem aufrufe. Wenn das auch nach Jahrzehnten der Fall sei, verbinde einen ein Band der Traurigkeit mit ihr. Bei Luise Stein ist dieses Band sehr stark. Es wird gestützt von der Erinnerung an das, »was man gehabt hat«. Und, möchte man hinzusetzen, wer man gewesen ist.

Luise ist der letzte Spross der Plockis, für den die ostpreußische Herkunft noch von Bedeutung ist. Wie ihr Mal um Mal deutlich gemacht wird. Als ihre Kinder konfirmiert wurden und sie fragte, wer denn das Familienwappen der Plockis als Traditionsanknüpfung für sein weiteres Leben wählen werde, wollte sich keines dafür entscheiden. Alle drei Kinder wählten das Wappen des hanseatischen Familienzweigs. Das hat Luise Stein sehr gekränkt. Aber keiner hat das so richtig bemerkt. Mangelndes Interesse der anderen ist überhaupt etwas, das sich wie ein roter Faden durch das »hanseatische Kapitel« in Luise Steins Lebensgeschichte zieht. So haben sich weder ihr fast achtzig Jahre alter Mann noch die Kinder darüber gewundert, dass sie im Herrenhaus noch ein separates Schlafzimmer und einen Raum, »mein Bernsteinzimmer«, ihr Eigen nennt. Hier stehen weitere Kisten mit Habseligkeiten aus Ostpreußen, die sie nach und nach sortiert und in ihre Schatzkammer umlagert. Wenn sie sich hierher begibt, dann schleicht sie sich förmlich ins Haus, obwohl sie einen Schlüssel besitzt. Das vorsichtige Aufschließen der Tür und der verhuschte Gang durchs Haus, der jede Konfrontation mit dem letzten Bewohner vermeiden will, wirken wie Gesetzesübertretungen. Manchmal trifft sie aber doch auf ihren Mann.

Luise Stein kann viele Geschichten erzählen, die belegen sollen, dass die Ehe der Flüchtlingstochter mit dem hanseatischen Bürgersohn von Anfang an unter keinem guten Stern stand. Es sind Berichte einer zutiefst verletzten Frau, die bitter beklagt, dass ihr hier nie ein herzlicher Empfang bereitet wurde, dass niemand die Vielschichtigkeit ihrer Existenz begriffen hat.

Auf der Internationalen Gartenbauausstellung, die 1963 in Hamburg ausgetragen wurde, hatte man sie und ihren Künftigen miteinander bekannt gemacht. Er war ein ewiger Junggeselle, der mit Mitte dreißig endlich unter die Haube sollte. Sie war eine Studentin in Weihenstephan, deren großbürgerlicher ostpreußischer Hintergrund trotz Handkusskenntnis allmählich zu verblassen drohte.

Die Realität war längst eine andere: Luise Steins Großeltern rackerten sich von frühmorgens bis spätabends in ihrem Lebensmittelladen ab, plagten sich mit wiederkehrenden Kleinigkeiten und waren auf das Wohlwollen der Kunden angewiesen. Nun waren sie es, die zuerst zu grüßen hatten – ein anderes Dasein als das als Gutsbesitzer. Sie waren von Herren zu Dienenden geworden. Wenngleich ihre Enkelin betont, wie sozial und geistig wendig sich ihre Großeltern gaben, wie sie sich wenigstens äußerlich in die neuen Lebensumstände einfanden. »Sie waren sich zu nichts zu schade und brachten eine ganz erstaunliche Kraft für ihr neues Leben auf. Und das, obwohl sie ja viel mehr verloren hatten als nur Materielles. Ihnen, und uns allen, war ja plötzlich die Tradition abhandengekommen. Wir haben ja die Zusammenhänge verloren«, sagt Luise Stein, um die Situation ihrer Familie zu beschreiben. Sie spricht von Verlusten, die vom Lastenausgleichsgesetz des Jahre 1952 nicht erfasst wurden.

Die Heirat von Luise in die feine Lübecker Gesellschaft mag den Plockis wie ein Garant der Wiederverwurzelung erschienen sein. »Meine Eltern werden darauf vertraut haben, dass das eine gute hanseatische und ehrenwerte Familie ist, die gut für ihre Tochter ist.« Nur wollte diese Tochter mit ihren 23 Jahren gar nicht so schnell wie möglich abgesichert werden. Ihr gefiel ihr Studium, und es brauchte Zureden, damit sie es aufgab. Schon als Schülerin war sie mit einem Stipendium des American Field Service ein Jahr in den USA gewesen. Auffallend viele ihrer Mitstipendiaten waren Vertriebenen- und Flüchtlingskinder gewesen. Offenbar trieb gerade diese Schüler der Wunsch, sich zu qualifizieren, Bildung als mobiles, stets mitnehmbares Gut anzusammeln und im Aufstiegskampf zu nutzen. Luises Mutter hatte im Radio von diesem Austauschprogramm gehört und ihre Tochter sofort dafür begeistern können. Luise Stein beschreibt ihre Beweggründe, als 16-Jährige – sie war die Jüngste der Amerikareisenden – die Vertrautheit der Familie aufzugeben, durchaus harsch: »Ich wollte rauskommen aus dem Schlamassel.« Im Land der unbegrenzten Möglichkeiten entdeckte sie, wie schön es sein kann, nicht immer im Schatten fremder Traumata zu leben, keine Phantomschmerzen von Eltern und Großeltern mehr mitempfinden zu müssen. Denn die schienen ihr auf Schritt und Tritt präsent, auch wenn über vieles geschwiegen wurde. Gerade zwischen Mutter und Tochter. Luise wusste nicht, warum ihre Mutter ihr später zu einer Ehe riet, die eher durch soziale Umstände, Versorgungsgewissheit und Netzwerkplanung als durch große Gefühle gerechtfertigt wurde. Entsprang der Wunsch, das Kind durch Heirat wohlversorgt in einer Familie mit langer Tradition zu wissen, den eigenen Erfahrungen des Verlustes und der gesellschaftlichen Deplatzierung? Geredet wurde darüber nie. Geschehen ist geschehen – als müsse jede Generation ihre Portion nicht revidierbarer, nicht wegdiskutierbarer Härten erfahren. Als müsse Luises Mutter die eigenen Erfahrungen auf ihre Tochter übertragen.

Luise Steins Mutter hatte zwar ebenfalls Abitur gemacht, aber ein Studium war für Mädchen aus gutem Hause nicht vorgesehen. Schließlich war sie die Tochter eines der erfolgreichsten Rinderzüchter in der Königsberger Gegend: »der große Preis von Ostpreußen«, sagt ihre Tochter. So eine – hübsch, gebildet, mit bester Mitgift, war für ein Leben als Ehefrau eines Mannes aus gleichen oder höheren Kreisen bestimmt. Schon in ihrer Berliner Internatszeit hatte sie jede Menge Heiratsanträge bekommen. Dem Quasi-Ehezwang ihrer Klasse wollte sich Luises Mutter auch gar nicht widersetzen. Sie rebellierte nur bei der Wahl des Mannes.

Sie entschied sich nicht für einen Gutsbesitzer aus der Nachbarschaft, sondern verliebte sich in einen SS-Offizier aus Dithmarschen, der seit 1939 auf dem Gut der Nachbarn einquartiert war. Der war zwar kein Vertreter der ostpreußischen Ständegesellschaft, aber immerhin ein Großbauernsohn aus Schleswig-Holstein. Für die Eltern offenbar nicht genug, denn sie pochten in dieser Situation darauf, dass ihre Tochter erst einmal einen Beruf lernen solle, bevor sie heiratete. Eine ungewöhnliche Forderung, denn einen Beruf zu erlernen war für eine höhere Tochter eigentlich nicht vorgesehen.

Verkehrte Welt: Luises Mutter verweigerte sich den nicht ohne Hintersinn gefassten emanzipatorischen Plänen ihrer Eltern und ertrotzte sich die konservativere Lebensvariante. Sie wollte ihre Liebe nicht aufgeben, nicht einmal die Heirat aufschieben. Die Romantik der Soldatenbräute war bitter: Liebe und lebe jetzt. Wer weiß, wie viele Tage dem Bräutigam noch vergönnt sind.

Solche Liebe gegen den Kalender, solch eine Ehe gegen viele Widerstände war die pure Anpassung an Wahrscheinlichkeiten, an die glanzlosen Statistiken des Massentods. Im Mai 1941 kam Töchterchen Luise als Frühchen mit sieben Monaten zur Welt. Im Herbst fiel ihr Vater in Russland. Einmal, erzählt man sich in der Familie, habe er seine kleine Tochter noch gesehen, bevor der Krieg ihn verschlang. Luises Mutter verbrachte Monate an der Nordsee in St. Peter Ording und schrieb Briefe an den längst toten Vater ihrer Tochter, weil sie nicht begreifen konnte, dass ihre Zukunft irgendwo im Schlamm zwischen Granatlöchern und Panzerwracks verscharrt war. »Alles war mit einem Mal weg. Vor allem der Traum vom Familienleben mit vielen Kindern, den sie immer geträumt hat«, versucht Luise heute die Lage ihrer Mutter damals zu umschreiben.

Aber Krieg lehrt auch die Ersetzbarkeit des Individuums. An der Front rücken beständig neue Soldaten nach, um die Gefallenen zu ersetzen. Hinter der Front beginnen Zivilisten, die Lücken in ihrem Leben zu schließen: Wer weiß, wie lange alles noch dauern wird. Manche Soldaten, die das Vorläufige des Lebens begriffen hatten, dehnten ihre Fronterfahrung ganz bewusst auf das Leben zu Hause aus. Als Luises Mutter mit knapp zwanzig Jahren Witwe wurde, hatte der Offizier aus Dithmarschen schon vorgebaut und einen Kameraden gebeten: »Wenn mir etwas passiert, dann kümmerst du dich um Luise.« Arrangements wie dieses waren Teil der Kriegsgesellschaft. Niemand fand etwas dabei, wenn sie Wirklichkeit wurden. Es war keinesfalls anrüchig, gar makabre Abstauberei, die Freundin oder Verlobte des Kameraden nach dessen Tod zu heiraten. Es war gelebte Solidarität, ein privates Versorgungsnetzwerk auf Ehrenwort. Und so bekamen auch die Plockis den nächsten Schwiegersohn. Auf Otto Papa folgte Willi Papa: So spricht Luise Stein von ihren beiden Vätern.

Der Krieg selbst aber macht keine Versprechungen, honoriert keine, Netzwerke sind ihm nur Teil der zerstörbaren Welt, und Zerstörung ist sein Daseinszweck. Willi Papa verlor zwar nicht sein Leben in Russland wie Otto Papa. Aber sein Bein wurde so schwer verletzt, dass der Notmedizin in Geschützreichweite nichts als die Amputation blieb. Luise Steins Mutter, noch nicht wieder verheiratet, hätte jetzt zurückscheuen können. Aber sie nahm die Aufgabe an, sie achtete das Netzwerk. Sie reiste mit ihrem kleinen Kind im Gepäck ins Lazarett und pflegte den Offizier, der wenig später ihr zweiter Mann wurde. Glück hatte sich Luises junge Mutter wohl anders vorgestellt. Erst 1948, nach der Entlassung ihres Mannes aus amerikanischer Kriegsgefangenschaft, fand die kleine Familie zusammen.

Es ist schwer, einem Kind Geborgenheit zu bieten, wenn man sich selbst ungeborgen fühlt. Luise Steins frühe Kindheit war unstet, ungesichert, vorläufig. Ihre Mutter pendelte mit ihr zwischen Dithmarschen und Ostpreußen hin und her. Unterwegs zu sein wahrte die Illusion, ein Ziel zu haben. Jede Ankunft beinhaltete die Chance des Neuanfangs. 1944 aber, als sie drei Jahre alt war, endete dieses Hin und Her für Luise – auf einem Abstellgleis. Ihre Mutter gab sie in ein Kinderheim am Obersalzberg. Um sie in Sicherheit zu wissen, fern von der näher rückenden Ostfront? Um mehr Zeit für ihren neuen Mann zu haben? Um in seiner Nähe zu sein? Luise Stein hat über die Motive nie etwas erfahren. Sie weiß nicht einmal genau, wie lange sie in dem Heim blieb, in dem immer mehr Kinder aus dem zerbombten Berlin eintrafen. Von ihrer Mutter bekam sie darauf später keine Antwort. In den Erinnerungsfragmenten aus dieser Zeit ragen die Hochzeit ihrer Eltern im September 1943 heraus und der Winter 1944, in dem sie sich wieder in der Nähe ihrer Mutter wähnt. Es bleibt, so glaubt sie heute, mindestens ein Jahr der erzwungenen Distanz. Luise Stein weiß nur, dass ihr Willi Papa in der Nähe dieses Zufluchtsorts, in Königsee, in einem der Machtzentren des Dritten Reiches SS-Männer mit Eisernen Kreuzen auszeichnete. Und dass sie in dieser Zeit »Tante« zu ihrer Mutter sagte. Auch das ist eine Form der Heimatlosigkeit, die tief im Inneren eines Menschen die Zeiten überdauern kann.

Nach ihrer Rückkehr aus Amerika, voll mit neuen Ideen aus Kingston Hudson in upstate New York, kam Luise die ländliche Welt ihres zweiten Zuhauses sehr klein, eng, geschrumpft vor. Ihr Radius und ihre Möglichkeiten reduzierten sich mit einem Mal wieder auf das, was die Familie gutheißen und ihr ermöglichen würde. Doch Luise hatte längst andere Pläne und Horizonte, wollte heraus aus diesem Familienwiderspruch von

Traditionsgebanntheit und dem Wunsch nach Ausbreiten der Flügel. Luise wollte ganz und gar Letzteres: Sie wollte studieren.

Nach dem Abitur gelang es ihr, ausgerechnet durch Vermittlung einer ostpreußischen Bekannten, ein Praktikum bei Konrad Lorenz zu ergattern. Auch im Positiven funktionierte das Netzwerk der alten Heimat. Danach absolvierte sie eine Gärtnerlehre und nahm anschließend in Weihenstephan das Studium der Gartenbauarchitektur auf. Am Studienort in Bayern gab es Brauer, Landwirte, Architekten und Priester, aber nur wenige Studentinnen. Die Chancen, da einen Tanzpartner abzubekommen, waren groß. Aber immer nur tanzen, mal mit diesem und mal mit jenem auszugehen, war ihr nicht genug. »Ich hatte Lust, das Leben mit jemandem zu teilen. Nur gefunkt hat es bei keinem.« Bis zu jener Bundesgartenbauausstellung, auf der sie Friedrich kennenlernte. Bei einem Essen zu zweit in einem Weinlokal beeindruckte der Norddeutsche Luise mit einer Kleinigkeit. »Es lag noch ein Stückchen Brot im Korb. Er hat es mit mir geteilt.« Das wirkte auf die junge Frau sehr fürsorglich, was zeigt, wie bescheiden ihre Ansprüche waren. Auch die Perfektion in Etikettefragen, die der Bräutigam in spe an den Tag legte, gefiel der 23-Jährigen. Heute weiß sie: Das Stückchen Brot der ersten Begegnung sollte das einzige im Leben sein, »was er mit mir teilte«.

In die Ehe brachte Luise nicht mehr ein als sich selbst. »Ich war immer gleich arm.« Die Schätze, die sie hütete, waren in den Augen ihres Mannes nichts wert. So wie die Schüssel zum Beispiel, die ihre Großeltern zur Hochzeit in einer großen Transportkiste geschickt hatten. Sie war eine Auszeichnung, die ihr Großvater für seine Rinderzucht erhalten hatte – eine hundert Jahre alte Familientradition fand darin Anerkennung. Das gute Stück wurde stets von Mutter zu Tochter weitergegeben, als Geschenk mit hohem emotionalem Wert. Als Luise das Bindestück zum Großvater ihrerseits weitergeben wollte, zerstörte ihr Mann alle Ergriffenheit mit einem einzigen Satz: »Aber das ist doch nur eine Preisschale.« Ihm schwebte vor, seiner Tochter etwas Neues, etwas Erlesenes, etwas mit einem eindrucksvollen Preisschild zu kaufen. Der Hanseat dachte in Geld, nicht in Gefühlswerten. Das ist nur eine von vielen Episoden, die Luise Stein ihren Stellenwert in einem Haus mit eigener Tradition deutlich machte.

»Manchmal glaube ich, dass ich ein Leben aus zweiter Hand führe«, sagt sie desillusioniert: Sie meint eines mit Stiefvater, zweiter Heimat, abgebrochener Karriere und dem wasserrandartigen Rest einer Ehe. Ihre Universitätskarriere hatte sie nach der Heirat zunächst unterbrochen, als sie sich entschied, zu heiraten. Dass die Ehe das Opfer nicht wert war, muss ihr früh klargeworden sein. Statt zu einer Professur brachte sie es später dennoch »nur noch« zu einem einfachen Lehrauftrag für Landschaftsarchitektur. Friedrich Stein hatte ihr nur einen Tag nach der Hochzeitsreise erklärt, er sei in den Außendienst versetzt, und verschwand von da an die Woche über aus dem gemeinsamen Leben. Zurück blieb eine nicht nur enttäuschte, sondern getäuschte Ehefrau. Luise Stein war die Gattin nur auf dem Papier. Ihr Mann interessierte sich nicht für Frauen.

Im Gärtnerhäuschen hat Luise Stein endlich den Schutzraum gefunden, den sie braucht, um ihre Identität zu bewahren. Der Gärtner, der die Erde bearbeitet, ist wohl auch ein Sinnbild von Zugehörigkeit, Erdverbundenheit, Verwurzelung. Dass sie diese Verwurzelung braucht, belegt für sie auch ihre Berufswahl. Die Landschaftsgärtnerin möchte intensiver als andere mit einem Ort verbunden sein. Auch wenn sie weiß, dass jeder Anknüpfungsversuch an einen anderen Ort den ursprünglichen Verlust nur spürbarer gemacht hat. Besonders deutlich geworden ist ihr das Anfang der 1990er Jahre. Damals wollte ihre Mutter – wie so viele Vertriebene, die nun die Chance bekamen, den einstigen Eisernen Vorhang gefahrlos zu missachten – nach Ostpreußen fahren. Luise Stein hielt es für die natürlichste Sache der Welt, dass Mutter und Tochter diese Reise miteinander unternähmen. Doch die alte Dame fragte nicht sie, sondern eine ihrer Enkelinnen, ob sie mit in den Osten käme. Luise behielt ihre Kränkung und Verwunderung für sich und sagte sich, dass es wichtig sei, dass ihre Mutter diese Fahrt überhaupt unternehme. Die zweite Überraschung erlebt sie, als sie 1992 tatsächlich mit ihrer Mutter in die frühere Heimat der Familie reiste. Luise Stein erwartete eine gemeinsame Fahrt in das Land der Erinnerungen, ein Wiederaufbrechen und eine Weitergabe bislang verkapselter Erinnerungen. Luise brannte darauf, mit ihrer Mutter über das großelterliche Areal zu laufen. Die Wege abzuschreiten, über die ihre Mutter den Kinderwagen mit ihr geschoben hatte. »Sie hat mir immer erzählt, wie sie Veilchen gepflückt hat, in einem Park. Ich wollte all diese Orte sehen, wollte wissen, wo meine Eltern spazieren gegangen sind und wo sie sich verlobt haben. Das kannte ich ja bislang nur von einigen wenigen Fotos«, erinnert sich Luise Stein. Auch wollte sie die Welt der Kindererzählungen um Conti und Consti in der Realität kennenlernen. Ihre Mutter jedoch stieß sie immer wieder vor den Kopf. Brüsk widersetzte sie sich allen Versuchen ihrer Tochter, ein Zipfelchen ostpreußischer Vergangenheit zu fassen zu bekommen. Nachdem das Taxi mit dem litauischen Fahrer vorgefahren war, erteilte sie jeder schwärmerischen Annäherung an die Vergangenheit eine Absage. »Ich möchte jetzt die Russen besuchen. Das ist doch die Hauptsache«, beschied sie ihrer Tochter. Luises Mutter weigerte sich, Fremdenführerin im eigenen Leben zu werden – als sei die Tochter tatsächlich nur eine Fremde, die kein Zutrittsrecht zur Erinnerung besaß.

Eine junge Russin übernahm schließlich die Rolle der Fremdenführerin. Luise Stein, die es nicht ausgehalten hatte, dem Ort ihrer Fantasien so nah und doch gleichzeitig so ausge-

schlossen von ihm zu sein, hatte sie in einem der Häuser ange-
troffen, die einmal zum Gut ihrer Großeltern gehört hatten.
Die Frau stellte sich als Verantwortliche für den Kälberstall
vor, der in den Erzählungen der Großeltern prominent figu-
riert hatte: als einer der modernsten seiner Zeit. Das Herz ging
der Besucherin auf, als die Russin sie durch den Betrieb führte.
Luise Stein stand inmitten der frisch geborenen Kälbchen und
fühlte, als müsse sie wie die Tiere erst noch laufen lernen auf
fremdem Terrain. »Ich habe mich sehr alleine gefühlt und war
empfänglich für jede kleine Geste und jede Orientierung.«
Luise Stein unterstützt ihre Stallführerin noch heute finanziell.
Das endlich geknüpfte Band in die Heimat soll nicht mehr ab-
reißen.

Ihre Mutter blieb Luise gegenüber damals verstummt. Während sie sich in der Begegnung mit anderen Reiseteilnehmern
temperamentvoll gab und bereitwillig erzählte, schien ihr
Schweigen gezielt gegen die Tochter gerichtet: als müssten Erinnerungen vor einer Beschlagnahme beschützt werden, wie Eltern manchmal Besitztümer gegen allzu gierige Kinder verteidigen müssen, die den Erbfall nicht abwarten können. Ist es da
ein Wunder, dass Luise Stein krank wurde? Der Zufall schien
ihr Unwohlsein noch mit Hohn überschütten zu wollen, als
russische Nachbarn den Reisenden ein ganz besonderes Will-
kommensgeschenk machten: einen gesalzenen Karpfen. Die
beiden Frauen hatten ihre liebe Not, den Fisch, den man unmöglich vor Ort hätte wegwerfen können, so zu verpacken,
dass er ohne Tortur für die anderen mit auf die weitere Busreise
gehen konnte. Der Karpfen wurde zu einer dauernden Last, zu
einem Sinnbild von Störung und Befremdung. Erst im Nachhinein entpuppte sich die penetrant stinkende Gabe als einzig ver-
söhnendes Moment zwischen Mutter und Tochter. In Vilnius
hängten die beiden Reisenden den Karpfen aus dem Hotelfenster, um ihn nicht länger riechen zu müssen. Die kühle Seebrise,

hofften sie, würde ihn frisch halten. Sofort nahmen die Möwen Witterung auf und vollführten ein krächzendes Theater vor dem Hotelfenster. Die fetzen- und lärmreiche Fütterung schien Mutter und Tochter gleichermaßen stillos gegenüber den anderen Hotelgästen wie gegenüber den Schenkenden. Also schliefen sie noch einmal im Fischmief des wieder ins Zimmer gehängten Karpfens und nahmen den allzu rezenten Leckerbissen weiter mit auf Reisen. Irgendwann mündeten die Bemühungen, den toten Stinker halbwegs diskret bis nach Deutschland zu bringen, in ein befreiendes gemeinsames Lachen. Als sei nun ein für beide Seiten akzeptabler Beweis erbracht, dass eine untergegangene Heimat auch eine Last sein kann, wenn man nicht weiß, wo und wie man sie auf der Reise durchs Leben verstauen soll.

Heimat nicht als Last, sondern als Fundus, aus dem man schöpfen kann, als Versprechen auf die Zukunft zu betrachten – hört man Luise Stein zu, bekommt man den Eindruck, in der nächsten Generation sei von dieser Annäherung an Ostpreußen gewiss nichts vorhanden. Spricht man mit Denise Stein, einer ihrer drei Töchter, merkt man, dass hier ein Verständigungsproblem vorliegt. Denise Stein nennt, ohne lange überlegen zu müssen, Lübeck als Heimat. Das ist die Stadt, die sie geprägt hat. Vieles, was wichtig war in ihrem Leben, ist hier geschehen. Deswegen war für Denise nach der Konfirmation auch klar, dass sie das Wappen der väterlichen Familie führen würde. Diese Entscheidung, die ihre Mutter damals so verletzt hat, war nicht nur der Anziehungskraft des real Vorhandenen geschuldet. Sie verrät auch, dass in der Generation der in den 1960er Jahren Geborenen die innere Zerrissenheit der Mütter und Väter kein Thema war. Denise Stein fühlte sich auch als erwachsene Frau nie halbiert, nie um einen Teil ihrer Identität gebracht.

In ihrer Wohnung in Süddeutschland steht ein goldgelb überzogenes Sofa, das einmal ihren Urgroßeltern gehört hat. Es hat eine lange Reise durch viele Biografien hinter sich gebracht, bevor es in der sparsam, aber sehr bewusst möblierten Wohnung der 42-Jährigen seinen Platz fand. Sogar ein Milchkännchen, wie es ihre Mutter in der Schatzkammer nutzt, steht bei Denise Stein auf einem Beistelltischchen. Außerdem, so zählt sie weiter auf, seien da noch ein Korkenzieher und der Löffel, »mit dem wir immer die Rühreier umgedreht haben«. All diese Dinge haben ihren Ursprung im Haushalt der Urgroßeltern in Ostpreußen. Für Denise sind es Gegenstände, die sie besonders schätzt, die eine Bereicherung ihres Lebens um das Echo eines anderen darstellen – kein schmerzender Stachel, der ihr Leben plagt. Während ihre Mutter beim Betrachten der Erbstücke unweigerlich empfindet, sie habe diese Dinge gegen den Widerstand einer erbarmungslosen Historie zurückerobert, betrachtet Denise Stein sie als glückliche Dreingabe. Ein Gefühl, das sich nicht auf die Erinnerungsstücke beschränkt, sondern ganz generell ihre ostpreußischen Wurzeln umfasst.

So sieht sie es nicht als Widerspruch und schon gar nicht als Absage an ihre Mutter, wenn sie Lübeck ihre Heimat nennt. Viele aus der Generation Denise Steins empfinden ähnlich. Für sie ist der ehemalige Wurzelboden eines Familienteils eine Bereicherung, die dem Bekannten eine ganz eigene Note hinzufügt: das Unbekannte, das Entschwundene, das Geheimnisvolle. Ostpreußen, das ist für Denise Stein beispielsweise die verblüffende Entdeckung, dass ihre beste Freundin ein paar Wurzelstränge mit ihr gemeinsam hat. Während des Studiums haben sie sich kennengelernt und festgestellt, dass schon ihre Urgroßeltern einander gekannt haben. Das sind freudig-faszinierende Momente und keine Entdeckungen, die den Himmel verdunkeln. Im Gegenteil, sie weiten den Horizont. Ostpreußen, merkte Denise Stein so spät wie viele ihrer Generation, liegt nicht irgendwo auf der anderen Seite der Weltmeere. Ostpreußen liegt gerade mal zwei Flugstunden von Hamburg. Jede Urlaubsreise ans Mittelmeer dauert länger. Aber sich gedanklich mit den ehemals deutschen Gebieten in Osteuropa zu beschäftigen war nicht attraktiv. Man freute sich auf den Venedigbummel. Die politischen Grenzen in Europa setzten sich als blickdichte Mauern in den Köpfen fort.

Mittlerweile steht Ostpreußen für Denise Stein aber nicht mehr für das Verstockte, Erstarrte, Untergegangene, sondern für Tatkraft, Aufbruch, Courage. Für einen ganz besonderen Menschenschlag, der sich durch eine zupackende, patente Art auszeichnet. »Wer in Königsberg lebte und reisen wollte, der hatte einen ganz schön weiten Weg vor sich.« Für die Hanseaten, setzt sie die Tradition ihrer Lübecker Familie dagegen, sei Reisen leicht und selbstverständlich gewesen, ja, es gehörte zum Alltag derer, die im Export-Import-Geschäft tätig waren. »Wenn ich mir überlege, was meine Urgroßeltern erobert haben, wie sie bereit waren, durchzuhalten und sich auf neue Herausforderungen einzulassen, wie sie ganz eigenständig ihren Weg gegangen sind, würde ich mir wünschen, dass das ein Teil von mir ist und dass ich das von ihnen gelernt habe«, sagte sie voller Respekt.

Mobilität hat sie selbst in den letzten zwanzig Jahren durchaus bewiesen. Denise Stein hat in Freiburg, Berlin und München Jura studiert. Sie hat in New York, Thailand und auf den Philippinen in der Entwicklungshilfe gearbeitet. Dort hat sie bei der Vergabe von Kleinkrediten an Frauen mitgearbeitet. Sie selbst will die Parallele nicht ziehen, aber es wirkt mehr als zufällig, dass die Urenkelin und Enkelin zweier eigenwilliger und selbständiger Frauen anderen Frauen zur Selbständigkeit verholfen hat. Wenn sie von ihrer Entwicklungshilfearbeit erzählt, klingt ein Ton an, der auch in ihrem Reden über die einst östlichste Provinz Deutschlands vorkommt: Hochachtung vor dem ungeheuren Durchhaltewillen der Frauen dort. »Das ist es eigentlich, was ich immer bewundert habe«, sagt sie.

Denn Ostpreußen, das sind für sie die Geschichten ihrer

Kindheit, die sie von Großmutter und Urgroßmutter hörte. Ostpreußen war weiblich. Auch wenn die Geschichten ebenso gut »in Afrika oder Bielefeld hätten spielen können«. Wichtig war, dass die Großmutter sie erlebt hatte. Es waren kindgerechte Geschichten vom Bauernhof und netten Kälblein, die ins Abenteuerliche aufgerissen wurden: Entbehrungen, Flucht und der Start in ein neues Leben kamen darin vor. Das Kind kannte seine Urgroßeltern nur als Bewohner einer kleinen Zweieinhalbzimmerwohnung. Glaubte sie der Familienüberlieferung, war die Frau, die hinter der Theke des Lebensmittelladens stand, einmal eine angesehene Hühnerzüchterin gewesen, die sich vor ihrem Mann, dem Rinderzüchter, nicht verstecken musste. Denise sog diese Geschichten auf. Sie berichteten von einer Welt, durch die sie nicht spazieren konnte, sosehr sie sich das auch wünschte. Diese Welt bestand anders als jene der Lübecker Familie nur in ihrer Vorstellung: Aber dort bestand sie. Sie ertappt sich noch heute bei dem Wunsch, wie schön es gewesen wäre, wenn sie die Sommerferien zusammen mit ihren zwei Schwestern auch einmal in Ostpreußen bei den Großeltern hätte verbringen können.

Näher als bis zu einem Ostpreußentreffen, auf das sie Großmutter und Mutter in ihrer Studienzeit einmal begleitet hatte, war sie diesem Ort aber nicht gekommen. Darum erhoffte sie sich von der Reise, die sie mit ihrer Großmutter unternahm, die späte Erfüllung eines Traums: die überraschende Fassbarkeit der Kindheitsfantasien. Aber Denise erlebte Ähnliches wie ihre Mutter ein Jahr später.

Der noch immer nur durch komplizierte Visaanträge zugänglichen Gegend um Königsberg näherten sie sich nur langsam. Ein litauischer Taxifahrer brachte Großmutter und Enkelin von der Kurischen Nehrung in den Heimatort der Familie. Mit jedem Kilometer, den sie sich dem Gut der Urgroßeltern näherten, wurde es im Taxi stiller, aus der sonst so redseligen

Großmutter wurde eine verschlossene, schweigsame Frau. Im Moment der tatsächlichen Rückkehr wollte Denises Großmutter ihre Erinnerungen mit niemandem teilen. Und sie wollte auch nicht auf den Pfaden der Vergangenheit wandeln, wie ihre Enkelin, die zu gerne den vielzitierten Verlobungspfad ihrer Großeltern abgeschritten wäre. Sie hätte ihn gern gefunden, zwischen zugewachsenen Feldern und dem verwilderten Park. Was sich dem Auge jedoch zunächst bot, war die Reduzierung von Märchenbildern »auf Unkraut und Trümmer«. Aber letztlich war es keine Frage der Topographie, dass sie nicht durchs erste Gestrüpp hindurch versuchte, den Pfad doch noch zu finden. Ihre Großmutter weigerte sich. Sie wollte stattdessen mit den letzten Menschen reden, die sie noch von früher kannte. »Sie versuchte, sich am Lebendigen festzuhalten«, interpretiert ihre Enkelin diesen Moment. Damals fühlte sie sich ziemlich vor den Kopf gestoßen. »Später hat sie mir dann schon noch den Bahnhof und die Schule gezeigt, in die sie gegangen ist. Aber sie hat sich auf diesem Spaziergang in ihrer eigenen Welt bewegt und mich nicht richtig mitgenommen.« Die Eindrücke reichten jedoch, um in der Studentin stille Traurigkeit darüber aufkommen zu lassen, diesen Flecken Erde nie erlebt zu haben, als er in Blüte stand. Die langsam verfallenden Gebäude wollten nicht passen zu dem Leben, das die Fantasie in sie hineinprojizierte.

Auf dieser Reise zum Fixpunkt ihrer Familiengeschichte begriff Denise Stein noch etwas anderes. Nicht nur die Welt der Großeltern und Urgroßeltern war vergangen, auch die der nach dem Krieg dort angesiedelten Bewohner Ostpreußens scheint zu Ende zu gehen. Sie, die andernorts entwurzelt worden waren, um die verlassenen Höfe und Felder in Besitz zu nehmen, träumen von einer anderen Heimat. Wenn sie an ihr Sterben und die Tage bis dahin denken, werden sie leise und sagen: »Wir wollen nach Hause.« Die Ländereien im ehemaligen Ostpreußen sind ihnen offenbar nie Heimat geworden. Begraben wollen sie dort sein, wo sie herkamen: in Weißrussland. Auch das ist eine bittere Erkenntnis dieser Reise. Eine der Frauen, »die dem Sterben schon näher war als dem Leben«, stellte Denises Großmutter eine vielleicht heilsame Frage: ob sie nicht wieder zurückkommen wolle. Die Fragerin wird gewusst haben, dass das für die Heimwehtouristin keine Überlegung war. Aber sie schenkte der alten Frau damit das Gefühl, kein Eindringling zu sein. Sie schenkte ein Willkommen. Die Frage bedeutete auch: »Wir wissen genau, wie das ist, wenn man sich nach seiner Herkunft sehnt.« Zwei alte Frauen waren hier aufeinandergetroffen, die sich ohne viel Worte und ohne den Einsatz eines Dolmetschers darüber verständigen konnten, was ihre Leben geprägt hat: Verlust, Sehnsucht und das Gefühl verpasster Bestimmung. Der Ort, der für die einen Heimat ist, weigert sich für die anderen, Heimat zu spielen.

Aber auch wenn da Traurigkeit aufkam über die verschwundenen Sonnenblumenfelder, auf denen niemand mehr aussäte, über den Verfall der Gebäude, die nichts mehr von ihrer alten Stattlichkeit hatten – für Denise Stein war dies nicht die prägende Reiseerfahrung. Sie nennt eine andere: »das Gefühl, eine große Spannweite von Leben zurückgewonnen zu haben«. Vor Ort, wo Häuser und Felder sich nicht als Heimat anbieten wollten, ist Heimat für sie zu einer Idee, zu einem Vermächtnis geworden, das keinen greifbaren, betretbaren Boden braucht. Eine Schatzkammer wie jene, in die ihre Mutter sich geflüchtet hat, braucht Denise nicht mehr. Sie hat sich in ihrem Inneren eine eigene geschaffen.

Christa Winter mit ihren beiden Kindern aus erster Ehe

Der größte Schatz ist die Margeritenwiese

Wie Christa Winter sich durch eine Reise zum Ursprung der Angst die Farben in ihr Leben zurückholte

Eines Tages war es so weit. Sie hatte genug. Zwei Jahrzehnte lang hatte Christa Winter gelitten. Hatte mit Panikgefühlen gelebt. War vor den eigenen Erinnerungen geflohen und meist zu langsam gewesen. Nun nahm sie den Rat eines Mediziners an, der gegen furchtgetränkte Nächte keine Schlaftabletten, sondern Konfrontation empfahl. »Fahren Sie nach Russland«, riet der Arzt, der damals – Mitte der 1960er Jahre – seiner pharmagläubigen Zeit um einiges voraus war. »Sie müssen das alles loswerden. Und dazu müssen Sie mit den Menschen sprechen.« Das alles: Diese beiden Worte standen hier für eine Fluchtgeschichte aus Pommern im Frühjahr 1945 und eine weitere Flucht aus der DDR wenige Jahre später. Christa Winter hatte sich nie eine Reise zurück in den Osten gewünscht. Aber jetzt wurde ihr klar, dass es anders nicht ging: Vor Ort, in ihrem Leben im Westen, ließ die Angst sich nicht bekämpfen. Sie kam nachts und manchmal am Tag nach Belieben wieder.

Und so traf Christa Winter eine Entscheidung von großer Tragweite. »Ich habe mich hingesetzt und mir gesagt: Entweder du wirst verrückt, oder du wendest das alles ins Positive.« Sie entschied sich gegen den Wahnsinn. Sie wollte sich nicht mehr ducken, wenn die dunklen Schatten kamen und sie verschluckten. Sie wollte entscheiden und nicht länger ohnmächtig sein. Doch kann man sich für ein Ende der Angst entscheiden wie für die Aufnahme des Frühjahrsputzes? Ist das ein reiner Akt von Willen und Vernunft? Sind die alten Spinnweben im Nu dahin?

Wer Christa Winter heute trifft, mag das glauben. Der furchtsamen und zaghaften Frau, die sie in schwachen Stunden gewesen sein soll, kann man nur in ihren Erzählungen begegnen. Die 78-Jährige verströmt eine Kraft, die aus dem Wissen erwächst, das eigene Leben gewendet zu haben. Von Glück und Unglück erzählt sie mit berührender Gefasstheit, die sagt: »Ich kenne auch die Abgründe.«

Geboren wurde Christa Winter 1931 in Schönberg in Schlesien. Der Ort liegt in der Oberlausitz nahe bei Görlitz, heute also in Polen. Weil ihr Vater, ein Veteran des Ersten Weltkriegs und seit 1943 wegen Brandverletzungen dritten Grades pensionierter hoher Offizier, als Reichsarbeitsdienstler nach Ostpreußen versetzt worden war, erlebte die Heranwachsende den Zusammenbruch des Dritten Reiches dort, wo er zuerst sichtbar wurde, im Osten. Im pommerschen Driesen wurde sie als Jungmädel der NS-Frauenschaft zugeteilt. Schulunterricht gab es für die 13-Jährige schon lange nicht mehr. Stattdessen verlangte das Reich Kindern wie Christa »Einsatz bis zum Gehtnichtmehr« ab. Dazu gehörte für das blond-bezopfte Mädchen, das reiten konnte, zusammen mit den Hitlerjungen die Pferde von den verlassenen Höfen einzufangen. Überall liefen die Tiere orientierungslos durchs Gelände – herrenlose Überbleibsel einer sich auflösenden Ordnung. Die Jugendlichen brachten die Tiere zurück in Sammelställe, so, als werde dort die reguläre Versorgung gleich wieder aufgenommen. Als seien die Betreiber der umliegenden Höfe und Gestüte nicht weit in den Westen geflohen, sondern nur auf den nächsten Markt gefahren.

Dass der Krieg unaufhörlich näher rückte, wurde Christa und den anderen eines Abends schmerzlich bewusst. Sie hatten die eingefangenen Tiere notdürftig in einem Holzschuppen untergebracht und sich gerade auf den Heimweg gemacht, als eine Artilleriegranate die Scheune mitsamt den Pferden in einer gewaltigen Explosion hinwegriss. Nach diesem wie der spöttische Vorbote baldigen Menschenschlachtens wirkenden Zufallstreffer begriff Christa etwas. Alles, was man ihnen auftrug, alles, was sie leisteten, war nur noch vergebliches Aufbegehren gegen den unaufhaltsamen Untergang. Doch solch eine Erkenntnis befreite nicht von der Verpflichtung, dem Reich die befohlenen Dienste zu leisten. Und schon gar nicht von der Notwendigkeit, dort zu helfen, wo in der zerfallenden Gemeinschaft aus schlichter Menschlichkeit mit angepackt werden musste. So arbeitete Christa auch noch in einem notdürftig hergerichteten Lazarett. Hier hielt sie Sterbenden die Hand. Manchen der Soldaten erinnerte sie wohl an die eigenen Kinder. »Für die Todkranken konnte man ja nichts mehr tun«, sagt sie heute. Sie saß gern da und half beim Erinnern. Andere Hilfe scheiterte oft am Jämmerlichen der verbliebenen Mittel und Geräte. Einmal transportierte sie zusammen mit einem der im Notkrankenhaus ebenfalls eingesetzten Hitlerjungen einen Schwerverletzten zum nächsten Arzt – auf einer Schubkarre. Nur mühsam hatten sie den schweren Mann überhaupt auf das Notgefährt hieven können. Er stöhnte und wimmerte unablässig vor Schmerzen, denn egal, wie vorsichtig sie die doch eilige und sowieso zu langsame Elendsfahrt zu gestalten versuchten, die für Steine und Erde gedachte Karre ruckte, hakte, schwankte, kippte auf dem holprigen Weg und gab jeden Stoß an den unbequem halb hineingefalteten, halb heraushängenden Mann weiter. Drei Kilometer mussten sie so überwinden. Als sie den Arzt endlich erreichten, hatten sie nur noch eine Leiche als Ladung.

Wieviel Tod verträgt ein junger Mensch? Wie oft kann ein Mädchen beim Sterben der anderen zusehen, bevor dieses Sterben sich festsetzt und die Grundstimmung verändert wie eine sich durchs Gewebe fressende Infektion? »Der Tod war allgegenwärtig«, sagt Christa Winter, bevor sie von ihrem wahrscheinlich furchtbarsten Einsatz erzählt. Durch Pommern zogen Ende 1944 die Trecks aus Ostpreußen. »Ich war eingeteilt, die Straßengräben abzusuchen«, sagt sie mit tonloser Stimme. Um die toten Kinder zu bergen. Starb ein Mensch auf der strapaziösen Fahrt – und die kleinen Kinder traf es zuerst –, konnte er nicht einmal notdürftig beigesetzt werden. Der Treck durfte nicht ins Stocken kommen. Zudem war der Boden gefroren und damit viel zu hart, um ein Grab auszuheben. Egal wie schutzlos klein sie waren und wie schwer das Herz der Trauernden war. Wenn sie einen Pappkarton zur Hand hatten, packten die verzweifelten Mütter die kleinen Leiber in diesen Behelfssarg, um ihre Kinder im Tod zumindest symbolisch ein ganz klein wenig zu schützen. Christa Winter erlebte furchtbare Szenen. Denn auch manche ausgemergelte Frau, die wegen der Auszehrung und Anstrengung nicht mehr stillen konnte, trennte sich von einem noch lebenden Kind, für das es keine Überlebenschance gab. Christa sammelte die toten, die sterbenden Kinder ein. Einmal barg sie ein Zwillingspaar aus der Straßenböschung. Sie fragt sich noch heute: »Was wäre wohl aus diesen Menschlein geworden?« In ihren Träumen starren tote kleine Augen in eine nicht erlebte Zukunft.

Neben den Kindern hatten besonders die Alten zu leiden. Den Greisen auf den Wagen der Trecks konnte Christa die Lage nicht erleichtern, aber den Menschen im örtlichen Altenheim sollte, so lautete der nächste Auftrag – es würde der letzte sein –, geholfen werden. Am 29. Januar 1945 musste Christa Winter bei der Evakuierung des Heims helfen. Die betagten, meist sehr hilflosen Menschen sollten mit Schlitten, Wagen und – wenn es nicht anders ging – auch huckepack zu einem Zug gebracht werden, der für die Fahrt in den Westen abgestellt war. Die Lok stand schon unter Dampf, als die Jungen und Mädchen der Hitlerjugend die greisen Passagiere in die Viehwagons schoben, hoben und wuchteten, die bald brechend voll waren. Die Lok schickte dicke Rauchschwaden in den Himmel, dann stießen die Pleuelstangen, Räder begannen sich zu drehen, die Waggons ruckten hart in ihren Kupplungen. Der Zug machte sich mit der schwerfälligen Entschlossenheit endgültiger Abschiede daran, dieses Pommern hinter sich zu lassen, wie die Trecks und Züge und Transporte davor. Da brüllte irgendein Parteiapparatschik den jungen Helfern noch zu, in einem Anflug legalisierter Anarchie, in amtlichem Hochverrat, im Eingeständnis des Endes: »Wer aufspringen will, der springe auf.«

Christa Winter hat die Situation noch genau vor Augen. »Was glauben Sie, wie die gesprungen sind.« Viele jugendliche Helfer ergriffen die Chance, sich in Sicherheit zu bringen. Auch Christa fühlte die ungeheure Möglichkeit des Loskommens von dieser dauernden Bedrohung, von dieser sich auflösenden Provinz. Der Ruf zum Aufspringen war wie ein Windhauch, der kurz durch eine dumpfe Stube weht und anbietet, den mitzunehmen, der sich leichtmacht. Christa Winter konnte sich nicht leichtmachen. Gedanken an ihre Eltern, besonders an den schwerverwundeten Vater, schossen der 13-Jährigen in diesen entscheidenden Sekunden durch den Kopf. Sie stand am Gleis – und der Zug fuhr ohne sie ab.

Das Quietschen und Schnaufen, Kupplungsknallen und Bremsenzischen, Pfeifen und Keuchen ein- und ausfahrender Züge konnte Christa Winter noch Jahrzehnte später nicht ertragen. Sogar der Umzug in ein wunderschönes Haus scheiterte daran: Es lag in Schienennähe. Hörte Christa Winter Zuggeräusche, folgten Alpträume, in denen letzte Flüchtlinge in Panik davonstoben, während Stalinorgeln ihre Geschossschwärme auf Dörfer herabregnen ließen. Alle Versuche, der Angst beizukommen, scheiterten. Bis zu jenem entscheidenden Ratschlag, in der Sowjetunion der eigenen Angst ins Gesicht zu sehen.

1964 stieg Christa in Berlin in den Zug Richtung Leningrad.

Das Verkehrsmittel war mit Bedacht gewählt. Die Reise ins Land ihrer quälenden Erinnerungen dauerte 36 Stunden. Da war der immer wiederkehrende Schreck der ersten Begegnung: Ein russischer Offizier war auf einem Rittergut, das den Winters auf ihrer Flucht als Quartier zugewiesen worden war, unvermittelt hinter das Mädchen getreten und hatte ihr die Hand auf die Schulter gelegt. Diese Berührung, für sich noch harmlos, ließ die Illusion platzen, irgendwo einen Ort völliger Sicherheit zu finden. Nicht alle Begegnungen mit dem Feind, von denen Christa Winter in den ersten Monaten des Jahres 1945 noch viele erleben sollte, blieben so harmlos wie diese.

Auf dem Gut in Pommern hatte einst der Luxus regiert. Die Ställe waren durchgehend gekachelt. Märchenhaft hört sich an, was Christa Winter von diesem Ort erzählt. Als die deutsche Oberschicht dort noch ihren Wohlstand und wohl auch ihren Hochmut zelebrierte, sollen zeitweilig sogar Elefanten in den Großboxen gestanden haben. Doch diese Zeiten, wenn es sie denn je wirklich gegeben hat, waren nun vorbei. In der verödeten Stätte einstigen Prunks trafen Christa und ihre Eltern nur noch eine auf dem Sofa liegende, ihre letzte Abschiedszigarette rauchende Sekretärin an. Zwei Hengste waren bereits angespannt, um sie davonzutragen, sobald die Kippenglut die Fingerspitzen erreicht haben würde. Bis dahin gab sie Christas Vater Bedenkzeit, ihr die Tochter anzuvertrauen. »Ich kenne die Gegend. Ich komme durch die Front durch«, versprach sie, ohne am Gelingen ihres waghalsigen Plans zu zweifeln. Nur die verkrampften Finger, mit denen sie ihre Zigarette umklammerte, verrieten Angst und Anspannung. Christas Vater lehnte das Angebot ab. »Ich seh' sie noch heute vor mir, wie sie in gestrecktem Galopp über die Felder davongaloppiert ist«, erzählt Christa Winter.

Die tollkühne Kutscherin war die letzte Bewohnerin des Guts gewesen. Nach ihrem Aufbruch waren die Winters allein.

Christa telefonierte deshalb ins nahe gelegene Friedeberg, um zu erfahren, wie es dort aussah. »Im Postamt dort herrschte Weltuntergangsstimmung«, sagt sie. »Die haben gesoffen und gegrölt.« Sie spielten »Lili Marleen«, das Heimwehlied schlechthin. Es war halb eins am helllichten Tag. »Sind die Russen noch nicht bei euch?«, fragte der Mann am anderen Ende der Leitung.

»Nein«, entgegnete Christa.

»Das kann doch nicht sein. Die Wehrmacht sagt, sie kesseln uns ein.«

Verzweiflung schrillte aus dieser Stimme, die nackte Angst vor der Rache der Sieger. Der Mann hatte noch nicht zu Ende gesprochen, da spürte Christa Winter eine Hand auf ihrer Schulter. »Jetzt sind sie auch bei uns«, konnte sie noch sagen, dann entglitt ihr der Telefonhörer.

Hinter ihr stand ein in schwarzes Leder gekleideter Mann, der sie in perfektem Deutsch als Komtess ansprach.

»Ich bin keine Komtess«, verneinte Christa.

»Dann Baroness«, korrigierte sich der Kommissar mit dem Stalinabzeichen.

»Nein.«

»Was bist du dann?«

»Ich bin Gast im Haus.«

»Ganz alleine?«

»Nein, mit meinen Eltern.«

Der russische Kommissar folgte dem Mädchen in das Zimmer, in dem ihre Eltern schon auf sie warteten. Respektvoll begrüßte er den Vater, der noch immer, auch in Zivil, die unverkennbare Ausstrahlung eines Offiziers hatte. Überraschenderweise wurde das eine Begegnung auf Augenhöhe.

»Ich kann Ihnen nur einen Rat geben«, sagte der freundliche Russe. »Geben Sie mir Ihre Tochter mit auf den Vormarsch nach Berlin, und schauen Sie selbst, dass Sie irgendwo unterkommen. Die Nachhut, die noch kommt, ist fürchterlich.« Christas Vater lehnte auch dieses Angebot ab.

Aber von diesem Moment an versteckte die 13-jährige Christa ihre blonden Zöpfe unter einer Mütze. »Von nun an bin ich als Junge gegangen«, erinnert sie sich an den Versuch, möglichst nicht die Begehrlichkeit der Soldaten zu wecken.

Die Rotarmisten, die nach dem freundlichen Kommissar kamen, waren genau so, wie er sie angekündigt hatte. Sie kamen ohne Verpflegung, ohne Gulaschkanone oder Proviant. Sie durchkämmten alle Häuser, die auf ihrem Weg lagen, und trieben Flüchtlinge, Frauen und Kinder, vor sich her. Waren die Winters zunächst allein im Rittergut untergekommen, drängten nun immer mehr Schutzsuchende hinter die prunkvollen Mauern. Als Christa in der Nacht auf eine Toilette gehen wollte, fand sie den Weg versperrt. Vor ihr lagen Frauen, eine über der anderen. Erst später reimte sie sich zusammen, was mit ihnen geschehen war. Sie waren vergewaltigt worden, misshandelt, viele bluteten. Wovor der Anführer der russischen Vorhut gewarnt hatte, war eingetreten. »Ins Bad bin ich gar nicht gekommen«, erinnert sich Christa Winter. »Ich hatte keine Erklärung für das, was ich sah. Ich war ja in keiner Weise aufgeklärt. Ich dachte nur, das ist ja grauenvoll.« Nur dass diese Frauen schlimmste Misshandlungen und Demütigungen erlitten hatten, war ihr klar, auch ohne Bilder und Begriffe für das zu haben, was genau geschehen sein mochte. Das Mädchen schlich zurück ins Zimmer seiner Eltern und stellte sich schlafend.

Sie hatte noch nicht lange die Augen zu, als sie Metall an ihrer Schläfe spürte, den Lauf einer Pistole.

»Uhri, Uhri«, schrie eine Stimme.

Christa rührte sich nicht. Sie hätte selbst nicht sagen können, ob sie sich schlafend stellte, tot oder bis zur Besinnungslosigkeit zerschunden. Was immer ihr Angreifer wahrnahm – nach einer Weile ließ er von Christa ab. Dass dieses Wunder nicht lange anhalten würde, dass der Soldat zurückkehren oder ein anderer an seiner Stelle jederzeit durch die Tür treten könnte, war nun allen klar. Die Winters spürten, dass das Sichtbarbleiben am zugewiesenen Ort kaum eine Chance auf Verschonung bot, sondern nur ein riskantes Spiel mit der Zeit war: Wann würde das Glück aufgebraucht sein?

Nach diesem Vorfall schlichen sich die Winters leise hinaus in die Sattelkammer des Stalls. Sie blieben Gefangene, doch sie fanden eine geschützte Nische inmitten der Willkür. Ein weiteres Ehepaar hatte sich ihnen angeschlossen, auch sie nahmen eher in Kauf, von einem Wachposten gestellt und erschossen zu werden, als ohnmächtig der nächsten Misshandlung entgegenzubangen. Im Stall banden sie die Pferde los. Die nervösen, unruhigen Tiere sollten jeden Betrunkenen, der in den Stall torkeln könnte, mit ihren massigen Körpern zum Umkehren bewegen. Hinter Strohballen kauernd, hörten sie von draußen Stunde um Stunde die Schreie malträtierter Frauen. Die Zeit verrann quälend langsam, ein Vorspiel der Hölle, das Schmerzensschrei um Schmerzensschrei, Gnadeflehen um Gnadeflehen das Ende des Menschseindürfens zu verkünden schien. Gegen Morgen, unter dem Schnauben der Tiere, schnitt sich das Ehepaar, das sich den Winters angeschlossen hatte, die Pulsadern auf.

»Schau weg. Guck in die andere Richtung«, mahnte Mutter Winter. Aber die 13-Jährige konnte den Blick nicht abwenden. Der Selbstmord wurde hier in diesem Stall zu einem öffentlichen Akt, zu einer sozialen Handlung, die man vor den Augen der anderen vollzog wie Abschiedsküsse auf dem Bahnsteig. Christa sah das Blut ins Stroh sickern und fürchtete sich vor dem Anbruch des Tages. Wenn dies hier gesunden erwachsenen Menschen als die bessere Alternative erschien, was mochten die nächsten Stunden bringen?

Nach der Rache durch die bloße Peinigung des anderen folgte dessen Nutzbarmachung. Diejenigen, die die Soldateska am Leben gelassen hatte, wurden am nächsten Morgen, als sie ihr schützendes Nachtlager der Not gehorchend wieder verlassen mussten, in eine nahe Ziegelei gebracht und dort eingesperrt – von dicken Mauern umschlossen, aber schlechter versorgt als in jedem Gefängnis. Den Männern wurde hier härteste Arbeit abverlangt. Der Lohn, und das war vermutlich ein instinktiv aufgebauter, perfider Motivationsmechanismus: Die Frauen wurden nicht mehr attackiert. Christa Winter, die ihre Verkleidung als Junge beibehalten hatte, schleppte von morgens bis abends unter den Mündungen der Maschinenpistolen ihrer Wächter zentnerschwere Rübensäcke steile Leitern hoch, um sie oben in eine Miete auszuschütten. Jede Woche erhielt sie dafür einen Laib Brot, alle zwei Wochen ein Viertelpfund Pferdefleisch.

Als Christa eines Abends ins Lager zurückkam, empfing man sie dort mit einer verstörenden Nachricht: »Deine Eltern wurden abgeholt.« Der Vater, so erfuhr sie, sollte die nahe gelegene Getreidemühle wieder zum Laufen bringen. Die Mutter fand sich in seiner Begleitung und war ebenfalls aus Christas Welt verschwunden. 400 Zentner Roggen und 300 Zentner Weizen lagerten in der Mühle, konnten aber nicht verwertet werden. Das Ultimatum an Christa Winters Vater lautete: »Wenn die Mühle morgen früh um acht Uhr nicht läuft, wirst du an die Wand gestellt.«

Er hatte eine Nacht. Im schwachen Licht von drei Kerzen versuchte er, die Mechanik der Mühle zu begreifen, und stellte rasch fest, dass der Treibriemen fehlte. Die Müllerin musste ihn entfernt und versteckt haben. Aber diese Erkenntnis allein brachte das Mahlwerk noch nicht wieder in Gang. Während die Zeit unaufhaltsam voranschritt, suchte Christas Vater nach einer Lösung. Er musste den Treibriemen um jeden Preis finden. Er ging die Suche von der anderen Seite an, dachte wie jemand, der einen Treibriemen sicher beiseiteschaffen will. Das Teil ließ sich nicht rasch und restlos verbrennen. Auch der Boden draußen war zu hart gefroren, als dass der Riemen unauffällig hätte vergraben werden können. Außerdem wäre die Gefahr der Entdeckung dabei zu groß gewesen. Wärmeren Boden und Sichtschutz zugleich aber bot der Stall. Im funzligen Licht seiner Kerzen untersuchte Richard Winter das gestampfte Erdreich – eine ununterscheidbare Fläche. So würde er nicht weiterkommen. Also schleppte Christas Vater Wasser herbei und goss es ringsum aus. Tatsächlich fand er eine Stelle, an der das Wasser sehr viel schneller versickerte, wo der Boden also lockerer sein musste. Er buddelte die Stelle auf und fand tatsächlich den Riemen. Am nächsten Morgen war nicht nur Brot für die Soldaten gesichert, von Christas Vater war auch die Drohung schwerer Strafe genommen. Und mehr noch: Der Erfolg versetzte den russischen Kommandanten sogar in ausnehmend gute Laune. »Sie haben etwas bei mir gut«, versprach er seinem neuen Melnek, dem Müller.

Man hätte das für eine reine Dankesfloskel halten können. Aber wenn sie überhaupt etwas zu bedeuten hatte, dann hier, jetzt und sofort, im Moment des Aussprechens. Also formulierte Christas Vater sofort seine größte Bitte: »Ich habe eine Tochter, die muss so schwer arbeiten. Könnten Sie die nicht entlasten? Sie kann auch reiten.«

Ein Mädchen unter den Arbeitern? Dem Kommandanten war die Verblüffung wohl anzusehen. Die neue Frau an seiner Seite – eine ehemalige BDM-Führerin, jetzt Geliebte des mächtigsten Mannes in Reichweite – wusste, um wen es sich handelte, und ließ nach dem Mädchen schicken.

»Du bist doch nicht die Tochter vom Melnek«, meinte der Kommandant, als Christa Winter wie geheißen vor ihn trat. Als Antwort zog sich das Mädchen die Mütze vom Kopf – zwei

Zöpfe fielen auf ihre Schultern. Was der Kommandant als Strafarbeit für diesen Betrug anordnete, war die erbetene Belohnung. Christa musste seine zwei Pferde pflegen und Schweinekartoffeln kochen. Allein dadurch hatte die Familie nun endlich wieder mehr zu essen. Obendrein schenkte ihr der Kommandant eine Ziege, die sie jeden Abend molk. »Ich habe sogar gebuttert«, sagt sie stolz. Sie zog jetzt auch durch die verlassenen Häuser und durchstöberte die Keller nach zurückgelassenen Nahrungsmitteln. Die Angst, einer Vergewaltigung oder einer anderen, willkürlichen Gewalttat zum Opfer zu fallen, blieb jedoch Christa Winters ständige Begleiterin auf diesen Streifzügen.

Als im Mai die Maulbeerbäume zu blühen anfingen, war bei den Internierten fast so etwas wie ein Alltagsgefühl aufgekommen, so, als hätte es nie einen Krieg gegeben. Nur die schweren Verbrennungen ihres Vaters, die Christa jeden Tag mit Ziegenmilch betupfte, waren ein bleibendes Mal deutschen Großmachtstrebens. Die Narben würden überdauern, fleischgewordene Erinnerungen an all das Elend, das dieser Krieg über die Welt gebracht hatte. Am 8. Mai 1945 war er vorbei, durch das Lager hallte der Ruf: »Hitlerdeutschland kaputt!«

Nach der Kapitulation des Dritten Reiches wurden die Internierungslager aufgelöst. Die russischen Truppen rückten ab und übergaben das Land seinen neuen polnischen Herren. Mit den Polen kam auch die Frage an die im Land verbliebenen Deutschen: Wollt ihr polnisch werden? Wer bleiben wolle und für Polen optiere, so das Angebot, bekomme sofort ein Haus oder eine Wohnung und Vieh. Er müsse nur die Hand heben. Die Hände gingen bei vielen hoch, die ihre Heimat nicht verlassen wollten. »Wir bleiben deutsch«, entschied Christa Winters Vater. Was das für ihn und seine Familie bedeuten würde, wusste zu diesem Zeitpunkt niemand.

Doch bald stellte sich heraus: Es bedeutete Aufbruch, neuerliche Fußmärsche. Deutschland lag nun im Westen. Mit einem Leiterwagen und einem Pferd machten sie sich auf. Christa Winter zog ihren gehbehinderten Vater. Das Pferd nahm man ihnen bereits nach den ersten drei Kilometern ab. Eines jedoch war klar: Frankfurt an der Oder sollte das Ziel sein. Dort sei, so hieß es, die einzige intakte Oderbrücke, die auf deutsches Gebiet führte. Insgeheim mag Richard Winter noch immer gedacht haben, auf dem Weg dorthin, sich in seiner Heimat Schlesien von der immer kleiner werdenden Flüchtlingsgruppe verabschieden zu können. Er wollte die neuen Grenzen und die damit verlorene Heimat nicht Wirklichkeit werden lassen. Insgeheim hieß das Ziel dieser Vertreibung für ihn noch immer Schlesien. Dass auch diese Region polnisch geworden war, erfuhren die Menschen, die sich nun wieder auf den Weg machten, erst später.

Die Gruppe, mit der die Winters durch eine Landschaft der Zerstörung zogen, wurde allmählich kleiner. Entkräftet durch Haft und Zwangsarbeit, hatten manche ihre Kräfte überschätzt. Sie schleppten sich weiter bis in den Tod. Wie die großen winterlichen Flüchtlingstrecks im Dezember und Januar fand auch dieses kleine Häuflein keine Möglichkeit, die Toten zu beerdigen. Die misstrauische, unduldsame polnische Miliz, die die Heimatlosen eskortierte, wollte sich nicht mit Beerdigungszeremonien aufhalten. Ein Toter hatte in ihren Augen auf seine Weise das Ziel der Reise erreicht: Er war draußen aus dem neuen Polen, dem er als Saboteur hätte schaden können. »Wir waren unterwegs in ein Niemandsland. Wir wussten nicht, was uns erwartet. Nachts haben wir einfach auf der Straße geschlafen«, erinnert sich Christa Winter. Unterwegs hatten sie von ihren Bewachern erfahren, dass Schlesien nicht ihr Ziel werden konnte, dass auch Schlesien nun Teil von Polen war.

Tatsächlich gelangten sie schließlich bei Frankfurt über die noch heile Oderbrücke auf das Gebiet, das Deutschland geblieben war. Aber auch mit der Ankunft in der sowjetisch besetzten Zone sollte noch längst keine Normalität in das Leben der Winters einkehren. In Torgau an der Elbe konnten sie nicht bleiben. Die Verwandten, bei denen sie hatten unterkommen wollen, »hatten die Russen im Haus« und bewohnten nur noch die Chauffeurswohnung. Die Wanderung ging also weiter. In Halle fanden sie schließlich bei Freunden des schlesischen Großvaters mütterlicherseits Quartier, zu dritt in einem winzigen Zimmerchen, in das kaum mehr als ein Bett gepasst hätte. Eine Kriegerwitwe, die im selben Haus wohnte, hatte Mitleid mit den Versprengten und stellte der nun bald 14-jährigen Christa die freie Hälfte ihres Ehebettes zum Schlafen zur Verfügung. Dieses Arrangement mag heute bedrückend wirken, damals war es nach Monaten der Unruhe ein Angebot, das das Mädchen nur zu gerne annahm. Als einige Zeit später im Haus eine Zweizimmerwohnung frei wurde, zog die Familie dort ein. Es war auch höchste Zeit, denn mittlerweile war Christas Bruder aus der Kriegsgefangenschaft heimgekehrt.

Der Wiedereinstieg in die Normalität und vor allem die Schaffung guter Startvoraussetzungen für die Kinder waren teuer. Christas Bruder wollte sein Studium der Veterinärmedizin wiederaufnehmen, das Mädchen selbst besuchte die Oberschule. Geld fehlte an allen Ecken und Enden. Christas Mutter arbeitete als Sprechstundenhilfe in der Praxis eines Hautarztes. Weil dieser Verdienst nicht reichte, putzte sie nachts die Praxisräume.

Auch ihr Mann suchte nach einem Zuverdienst. Er bot dem Fotografen im Nebenhaus an, dessen Schwarzweißfotografien von Hand zu kolorieren. »Das war der Renner«, erinnert sich Christa Winter. Der Vater saß zu Hause und verwandelte die Welt auf den Fotografien in eine bunte. Offenbar traf er mit dieser Kunst den Nerv der Zeit – als stünde Schwarzweiß für Trostlosigkeit und Farbe für Zuversicht. In Heimarbeit leistete

Christa Winter vor Flucht und Gefangenschaft
und als junges Mädchen 1948

er seinen Beitrag zur Stunde Null, zum Loslösen des Neuen vom Alten. Vielleicht hat er, während er über die Bilder gebeugt saß, auch im Geiste seine Vergangenheit und seine Rolle im NS-Staat immer wieder Revue passieren lassen und ähnlich retuschiert.

Aber die Erfahrungen seiner Tochter konnte der ehemalige Offizier nicht kolorieren. Christa, das Küken in ihrer Mädchenklasse – sie hatte bei ihrer Wiedereinschulung anderthalb Klassen übersprungen –, versuchte, ihre Erinnerungen hinter einem normalen Alltag zu verbergen. So ging sie auch, weil es sich gehörte, mit den anderen zur Tanzschule. Als ihre Freundin Waltraud einmal verhindert war, übernahm die 16-Jährige deren Verabredung mit einem Studenten, einem »cand. jur.«, wie er sich spöttisch vorstellte. Brav erklärte sie dem angehenden Juristen, Waltraud könne nicht kommen. Der Tänzer war sichtlich tröstbar und »wich mir seitdem nicht mehr von der Seite«. Über Wochen und Monate blieb er Christas sittsamer

Begleiter, ein Musterfreund, wie ihn sich Eltern jener Tage vorstellten. Vielleicht mochte auch die Chance auf den Zugang zum Leben der »besseren Kreise« dazu beigetragen haben, dass die Eltern den Altersunterschied nicht beunruhigend fanden. Er war 21, Christa sechs Jahre jünger. Die Eltern waren »froh, dass ich einen älteren Begleiter hatte, der auf mich achtgab«. Bis zu dem Tag, an dem er sie zu seinem Geburtstagsfest einlud.

Die angeblich ebenfalls eingeladenen Kommilitonen ließen sich nicht blicken. In den Himbeersaft, den Christa trank, hatte er ein Schlafmittel gemischt. Der Freund schenkte dem Mädchen reichlich ein. Irgendwann schlief Christa beduselt ein. Beim Erwachen merkte sie sofort, »dass ich nicht mehr diejenige, welche war«. Der miese Kavalier schickte zunächst nur einen Strauß roter Rosen hinterher, bekam dann aber offenbar kalte Füße. So kurz vor seinem Staatsexamen konnte sich der »cand. jur.« keine Anzeige wegen Vergewaltigung leisten. Also wurde er bei Christas irritierten Eltern vorstellig und hielt um die Hand der Tochter an. »Kommt überhaupt nicht in Frage. In dem Alter schon gar nicht«, verwahrten die sich – und ohne ihre Zustimmung war eine Heirat nicht möglich.

Der von Hause aus vermögende Karrierist aber ließ, in Sorge um sein gesamtes Fortkommen, nicht locker. Denn er sah die Chance, gleich zwei Probleme auf einmal auszuräumen. Ein uneheliches Kind könnte legalisiert und die Gefahr drohender Einquartierung von Flüchtlingen in seine prächtige Villa in Eisleben gebannt werden. Dann wollte er die Wohnung schon lieber zum Schein Christas Eltern anbieten. Mit Hilfe eines befreundeten, nicht minder zwielichtigen Notars machte er aktenkundig, dass von nun an angeblich die Winters bei ihm wohnten. Vater Winter unterzeichnete die benötigten Dokumente – und bemerkte nicht, dass er auch die Heiratsurkunde für seine minderjährige Tochter unterzeichnet hatte. Als der Schwindel offenbar wurde und der Geneppte protestierte, konterte der Jungjurist mit der Drohung, die Offizierskarriere des alten Herrn im NS-Staat offenzulegen. Die hatte Winter aus Angst vor Repressalien den Meldebehörden in Halle verschwiegen. »Dann gehst du nach Russland«, beschied ihn der unerwünschte Schwiegersohn. »Ich hab' dann gesagt, ich opfere mich«, fasst Christa Winter eine dramatische Lebensentscheidung knapp zusammen.

Die Schwiegereltern stellten zwei Bedingungen: Es musste eine förmliche kirchliche Heirat geben. Was Christa Winter bis dahin erlebt hatte, mag vielleicht noch als Resultat verschnöselter Erziehung, versteckter Unsicherheit und grenzwertiger Egomanie erklärbar sein. Aber für das, was in ihrer Ehe auf sie wartete, findet Christa keine Worte mehr. Das Leben im neuen Heim wirkte wie die schlimmste Karikatur bösartiger Dekadenz in entfesselter kommunistischer Propaganda.

Der Bräutigam war der Augenstern seiner Mutter. Er hatte nie Grenzen gesetzt bekommen und wurde auch jetzt darin bestärkt, seine frisch angetraute Ehefrau wie eine Mischung aus Dienerin, Prostituierter und Fußabtreter zu behandeln. Sie musste ihm die Matratze anwärmen, bevor er zu Bett ging, ihm die Unterhosen hinhalten, während er sich wusch. Sie durfte kein Buch lesen. Sie sollte nur für ihn da sein und jederzeit verfügbar. Er schloss die Wohnung ab, wenn er wegging. Er schlug sie grundlos und traf sich mit anderen Frauen. Als sie den gemeinsamen Sohn Axel zur Welt gebracht hatte, forderte er gleich am ersten Abend ein, was er »eheliche Pflichten« nannte. Als sie sich mit Hinweis auf den Rat der Hebamme weigerte, zischte er zynisch: »Dann bin ich morgen früh wieder da. Ich amüsier' mich mit meiner Geliebten.« Einige Tage später montierte er die Halteklammern an den Rädern des Kinderwagens ab, damit seine minderjährige Frau ohne sein Wissen keinen Schritt mehr aus dem Haus tun konnte. Sie durfte ohne seine Erlaubnis nicht einmal zum Zahnarzt gehen.

Als sie sich einmal heimlich ein Buch über die Kolonien in Deutsch-Südwestafrika aus seinem Bücherschrank geholt hatte, ertappte er sie bei der Lektüre. »Du hast ein Buch gelesen«, schrie er immer wieder, völlig von Sinnen. Dann griff er nach dem Feuerhaken, der im Kohlenkasten steckte, und holte aus. Er bremste den Schlag auch dann nicht, als sein kleiner Sohn zwischen ihn und die Mutter trat. Er war keine zwei Jahre alt. »Die Narbe von dem Schlag hat er noch heute.« Der Junge hatte zu seinem Vater sagen wollen, was die Mutter immer sagte, wenn sie mit ihm böse war: »Papa, marsch, Ecke!« Er kam nicht dazu, den Satz zu vollenden.

Als Christa Winter wenig später ihr zweites Kind, eine Tochter, zur Welt brachte, durfte ihre Mutter sie ausnahmsweise besuchen. Christa lag im Wochenbett, als der Kleine drängelte: »Mama, Pipi.« Christa Winter wollte selbst aufstehen. Sie wusste, welche Entdeckung drohte. Aber ihre Mutter war schneller. Und so sah sie den blauen Rücken ihres Enkels. Christa brach in Tränen aus. Auch die Hebamme, die die Wöchnerin versorgte, mochte nicht mehr schweigen. Sie riet der entgeisterten Mutter: »Nehmen sie ihre Tochter lieber heute als morgen mit!« Mit ihren Kräften am Ende, offenbarte sich Christa ihrer Mutter, erzählte, wie dieser Mann ihre Seele zerstörte und ihren Leib malträtierte. Der Brief ihres Vaters kam prompt. »Liebes Kind, lieber gehe ich, wenn ich gehen muss. Aber du gehst aus diesem Martyrium. Komm zurück.«

Christa fasste einen Fluchtplan. Sie weihte die Frau, die in einem Zimmer unter dem Dach wohnte, ein und bat sie, ihr Klammern für die Kinderwagenräder zu besorgen. Dann nahm sie das Geld, das sie heimlich gespart hatte, aus der Zuckerdose. 8,40 Mark kostete die Fahrkarte zu den Eltern nach Halle. Zehn Mark hatte sie beiseitegebracht. Die hilfsbereite Dame von oben schloss ihr die Haustür auf und begleitete sie sogar noch bis zum Bahnhof. Christa Winter floh aus einer Ehehölle – und stand vor dem Problem, sich und zwei Kinder ernähren zu müssen.

Immerhin, der sich neu formierende Staat behauptete ja von sich, Werktätigen und Aufbauwilligen faire Chancen zu bieten, fairer als jede kapitalistische Struktur. Christa Winter belegte »mit letzten Kräften« einen Kurs in Steno und Schreibmaschine und marschierte zur Arbeiter-und-Bauern-Fakultät der Universität Halle. Sie hatte Glück, bekam eine Stelle und arbeitete sich als Sekretärin bis ins Vorzimmer der Direktorin empor. Als man ihr als Auszeichnung für ihren Arbeitseinsatz eine Stelle in Berlin anbot, griff sie zu. Sie konnte also nicht nur Ziegen melken, Pferde einfangen und Säcke schleppen. Das Mädchen mit den blonden Zöpfen, das mit 19 Jahren schon zwei Kinder hatte und einer katastrophalen Ehe gerade noch rechtzeitig entflohen war, gab auch eine patente Bürokraft ab. Nur von Parteimitgliedschaft und Organisationszugehörigkeiten im Arbeiter-und-Bauern-Staat hatte sie bislang Abstand gehalten, so gut es ging.

Doch von der neuen Mitarbeiterin des Staatssekretariats des Hochschulwesens in Berlin erwartete man eine Unterschrift, mit der sie die Anerkennung der Oder-Neiße-Grenze guthieß. Anlässlich der Weltjugendspiele wurde dafür in der Hauptstadt mit Transparenten geworben. Gerade wieder auf die Füße gefallen, musste Christa Winter abwägen: Wollte sie ihre Stelle behalten und sich verbiegen? Sollte sie ihre Heimat verleugnen? Denn so kam es ihr vor, wenn sie mit einer Unterschrift ja gesagt hätte dazu, dass ihr Schlesien für immer Eigentum der Sieger des Krieges sein sollte. Das brachte sie nicht übers Herz. Die Wunde der Entwurzelung war noch zu frisch. Aber konnte sie die Unterschrift tatsächlich verweigern? Schließlich hatte man sie nicht darum gebeten. Man hatte ihr vielmehr ein Ultimatum gestellt. »Überlegen Sie es sich gut«, hatte der Staatssekretär gesagt, vor den man sie zitiert hatte. »Sie haben Zeit bis morgen früh, acht Uhr. Entweder sie unterschreiben, oder Sie werden für den Spionagedienst eingesetzt.« Der Staat wähnte die Kinder Christa Winters als Pfand, das sie in die Arme der Staatssicherheit treiben würde.

Aber die junge Frau entschied sich für die dritte Möglichkeit: wieder einmal Flucht. Während sie packte, dachte sie an ihre Kinder, die in Halle bei ihren Eltern geblieben waren. Was sollte aus ihnen werden? Würden sie Repressalien ausgesetzt sein, wenn ihre Flucht ruchbar wurde? Am Ende überwog die Zuversicht, dass sie es irgendwie schaffen würde. Nachts um halb drei verließ Christa mit einem kleinen Koffer in der Hand ihre Wohnung und bestieg ein Taxi.

»Wo wollen Sie denn hin um diese Zeit, Fräulein?«, fragte der Taxifahrer erstaunt.

»Ich muss in den Westen«, antwortete Christa. Lange vor dem Bau der Mauer konnte man dem sozialistischen Paradiesprojekt noch durch die bloße Angabe eines Fahrziels den Rücken kehren.

Im Westteil der Stadt angekommen, ließ sich Christa Winter nach Berlin-Lichterfelde fahren, wo ihr Bruder nach seiner Flucht nach West-Berlin wohnte. Gleich am nächsten Tag ließ sich die junge Frau selbst einmal mehr als Flüchtling registrieren. Danach rief sie bei ihrer Ostberliner Dienststelle an, um, korrekt wie sie war, Bescheid zu sagen, dass sie nicht mehr kommen werde. Die fristlose Kündigung kam postwendend: »Aufgrund ihres politischen Verhaltens ist eine Beschäftigung im öffentlichen Dienst nicht mehr zulässig.«

Nach West-Berlin zu kommen war damals relativ leicht. Der Weg von West-Berlin in die junge BRD war kurz nach der Gründung der DDR um einiges komplizierter. Unter dem Alias Gisela Krüger und mit einem Ausweis auf diesen Namen reiste die Abtrünnige – bald setzte sich der Ausdruck Republikflüchtige durch – Christa Winter als Mitfahrerin in einem

Lkw auf dem Landweg durch die DDR. Die Grenzkontrolle am Übergang Dreilinden zog sich hin. Gisela Krüger alias Christa Winter befürchtete, sie sei enttarnt. Sie fuhr schließlich durch das Land, das große Stücke in sie gesetzt hatte und dem sie nun undankbar den Rücken zuwandte. Und sie war eine mehr, die zum Ausbluten des frisch gegründeten ersten sozialistischen Staates auf deutschen Boden beitrug. Das Herz schlug ihr bis zum Hals, bis sie endlich wieder ihren Ausweis in der Hand hielt und weiterfahren durfte, bis ins zentrale Durchgangslager Gießen: Dort kamen ab 1950 Flüchtlinge und Vertriebene unter, bis sie eine Zuzugsgenehmigung für eines der Bundesländer erhielten.

Angst kostet Kraft. Darum begann die neue Freiheit für Christa Winter mit einem riesengroßen Schnitzel. Sie konnte es brauchen, denn es sollte gleich eine neue Sorge auftauchen. Die junge Frau, die dem Staatsapparat in Ostberlin gedient hatte, war auch für die Behörden im Westen ausgesprochen attraktiv. Vom Gießener Lagerarzt erfuhr Christa Winter, dass man sie für Spionagedienste anwerben wolle. »Herr Doktor, ich kann nicht mehr«, lehnte sie ab. Ihr Tonfall sagte dem Arzt, dass die Kräfte der jungen Frau tatsächlich aufgebraucht waren. Er formulierte den Eindruck medizinisch, diagnostizierte eine doppelseitige Rippenfellentzündung und setzte im Attest hinzu: »Verdacht auf TB«. Damit war Christa Winter vorerst heraus aus den Planungen derer, die sie politisch vereinnahmen wollten.

Als sie sich entscheiden musste, wo ihre neues Leben weitergehen sollte, wählte sie aus ein wenig grotesk anmutenden Gründen Stuttgart. Auf ihrer Flucht hatte ihr einmal ein deutscher Soldat erzählt, in dieser Stadt streiche man keine Butter aufs Brot. Und Christa mochte keine Butter. Das fiel ihr wieder ein, als sie nach einem Wohnort suchte. Nicht immer sind die Beweggründe für unser Handeln rational fassbar. Christa Winter bekam jedenfalls eine Fahrkarte für die Reise ins Württembergische.

Auf dem Arbeitsamt in Stuttgart machte man ihr wenig Mut, mit ihrer »politischen Vergangenheit« – die im Zivilleben plötzlich keine nützliche Erfahrung, sondern ein Makel sein sollte – eine Anstellung bei einer Behörde oder Versicherung zu bekommen. Aber einen Versuch wollte man wenigstens wagen. Ein Fotografengeschäft, teilte das Amt ihr mit, suche eine Mitarbeiterin. Und wieder gab der Zufall Christa Winters Leben eine entscheidende Wendung. Der Laden, in dem sie sich vorstellen sollte, hieß so ähnlich wie eine soeben gegründete Firma, die sich im vierten Stock desselben Gebäudes niedergelassen hatte. Christa Winter nahm die falsche Tür, traf auf den falschen Chef und fand die richtigen Worte. »Wir suchen auch jemanden«, erfuhr sie von dem Herrn, der kein Fotograf war. »Ich stelle Sie ein.«

Wirtschaftlich kam die nun Zwanzigjährige dank der regelmäßigen Arbeit langsam wieder auf die Füße. Aber außerhalb des Büros war ihr Leben schmerzhaft unvollständig. Mit jedem Kilometer, den sie sich weiter von der DDR entfernt hatte, war Christa Winters Sehnsucht nach ihren Kindern gewachsen. Eine Weile schwankte sie zwischen schweren Vorwürfen und der Selbstversicherung, den Kindern ginge es bei ihren Eltern gut, und weder der leibliche Vater noch der Staat hätten viel Interesse daran, sie von dort wegzuholen. Am Ende siegten die Vorwürfe.

Christa Winter fasste den Entschluss, ihre Kinder zu holen, den Sohn zuerst. Entführung wird der SED-Staat das nennen. Bei ihrem Chef beantragte sie Urlaub, doch der wollte ihr so kurzfristig nicht freigeben. Er, der von Christas Fluchtgeschichte Gerührte, der fast doppelt so alt ist wie sie, in Scheidung lebt und sich zu der jungen, agilen Frau hingezogen fühlt, vermutet, sie wolle die freien Tage mit einem anderen Mann verbringen. Wie hätte er ahnen können, dass Christa Winter nach den furchtbaren Erfahrungen, die sie gemacht hat, von Männern nichts mehr wissen will. Liebe bedeutet für sie: Liebe zu ihren Kindern.

Christa Winter riskiert alles. Sie steigt ohne Erlaubnis ihres Chefs und ohne Einreisegenehmigung in die DDR in den Zug nach Leipzig. »Ich wundere mich noch heute, dass ich soviel Mut hatte.«

In Leipzig hat Christa Winter eine halbe Stunde Aufenthalt, bis ihr Anschlusszug nach Halle abfährt. Die Wirkung der abgeriegelten und umzäunten Welt, aus der sie geflüchtet ist, trifft sie mit voller Wucht. Als sie auf dem Bahnhof einem »gut aussehenden Oberleutnant« in die Arme läuft, rutscht ihr das Herz in die Hose. »Ich glaube, Sie haben etwas auf dem Herzen«, spricht er die Frau mit dem angespannten Gesichtsausdruck an. Ist er nur charmant? Oder ist er ein durchtriebener Verhörspezialist? Christa Winter setzt alles auf eine Karte.

»Ja, ich habe großen Kummer«, gesteht sie einem Mann, dessen Uniform Loyalität zum sozialistischen Arbeiter-und-Bauern-Staat behauptet. »Ich lebe im Westen und habe Angst, dass mir mein Kind genommen wird. Ich muss mein Kind hier rausholen.« Der Moment, in dem sich entscheidet, ob ihre Offenheit ihr zum Verhängnis wird, kommt Christa Winter endlos vor. Doch der Fremde reagiert nicht pflichtbewusst, sondern menschlich. »Heute ist Tag der Volkspolizei. Es wird nicht kontrolliert«, verrät er ihr. Und er wagt noch viel mehr. Er bietet fast so etwas wie Komplizenschaft an: »Ich habe auch am Sonntag Dienst. Wenn Sie dann mit Ihrem Kind kommen, werden wir eine Lösung finden.«

Ohne weiter kontrolliert zu werden, kann Christa Winter ihre Fahrt fortsetzen. In Halle angekommen, nimmt sie ein Taxi zur Wohnung ihrer Eltern. Die Mutter, die ihr die Tür öffnet, wird beim überraschenden Anblick ihrer Tochter ohnmächtig. Erleichtert stellt Christa fest, dass beide Kinder bei den Eltern sind. Aber sie weiß auch, dass die Tochter mit einem Jahr noch zu klein ist für eine Flucht mit der Bahn. Ein schlechtes Gewissen hat sie trotzdem, denn sie weiß, dass sie vorerst nur ihren Sohn Axel mitnehmen kann. Sie muss eine Entscheidung treffen, die einer Mutter das Herz brechen kann. Aber sie weiß, mit zwei Kindern, einem davon ein Säugling, wird ihr die Flucht nicht gelingen. Ihr Vater bringt die kleine Tochter später mit Hilfe des Roten Kreuzes unter Einhaltung der geltenden Regularien zwischen den beiden Deutschlands nach Stuttgart.

Mit ihrem Vater verabredet sie, was zu tun sei, wenn ihr Plan enttarnt würde. »Wir hatten ja nun mal Kriegserfahrung«, kommentiert sie das heute. Beide haben bitter gelernt, immer mit einem Plan B in Reserve zu leben. Ihrem kleinen Sohn hat sie die Stuttgarter Adresse eingebläut. Auf Nachfragen von Fremden soll er diese als seinen Wohnort seit eh und je angeben. Aber wer kann schon sagen, ob der Dreikäsehoch mitspielen wird. Ob ihm strenges Anherrschen oder aufgesetzte Freundlichkeit im Überrumpelungsangriff nicht doch die Wahrheit entlocken werden.

Am Bahnhof in Leipzig steht der Oberleutnant tatsächlich wie versprochen auf dem Bahnsteig, neben ihm eine Frau in Uniform. Ohne ein Wort zu reden, nimmt er Christa Winter den Koffer ab und begleitet sie zu ihrem Zug. Er hebt das Gepäckstück in die Ablage und drückt der Mutter ihr Kind in den Arm. Christa Winter registriert, wie die Uniformierte sich erkundigt, ob der Oberleutnant die Reisende denn schon kontrolliert habe. Das sei doch bei einem weiblichen Fahrgast ihre Aufgabe. Er antwortet mit einem deutlichen und keinen Widerspruch duldenden »Ja«.

Die ganze Fahrt über drückt Christa Winter ihren Sohn so fest an sich, dass es einem Mitreisenden im Abteil auffällt. »Das sieht ja aus, als hätten sie einen Mühlstein im Arm«, hört sie ihr

Gegenüber sagen. »Jetzt geben Sie mir mal das Kind.« Aber sie schüttelt nur den Kopf. »Als wir über der Grenze waren, ist Axel mir regelrecht aus dem Arm gerutscht, ich hatte überhaupt keine Kraft mehr«, erinnert sie sich.

Für Christa Winter ist diese abenteuerliche Heimholung eine der großen Leistungen ihres Lebens. Das sagt sie zwar so nicht. Aber man hört es aus jedem Wort. In dem schlichten Satz »So kam ich mit dem Kind nach Stuttgart« schwingt der Stolz einer Frau mit, die sich selbst bewiesen hat, dass man nicht immer nur Opfer der Geschichte sein muss. Dass man auch handeln kann.

Damals verwandelte sich diese Leistung aber nicht sofort in Stolz und Freiheitsgefühl. Erst sehr viel später, erst auf Christa Winters Reise in die Vergangenheit, ist das geschehen. In den Jahren vorher war die Angst vor Enttarnung, die Furcht vor der Grenzkontrolle wie ein nicht enden wollender Nachhall im Alltag präsent. Als könnte noch immer jemand jederzeit in ihr Leben treten und »Heraustreten!« befehlen, als sei das Leben von Christa Winter nur ein Zugabteil, umgeben von fremder Macht, drohender Kontrolle unterworfen.

In Stuttgart merkte davon kaum jemand etwas. Christa Winter heiratete wieder, führte einen lebhaften Haushalt, gab Empfänge, beherrschte den Auftritt auf dem Gesellschaftsparkett, stand einer munteren Patchworkfamilie vor: zwei mitgebrachte Kinder aus ihrer ersten Ehe, zwei Kinder aus der Ehe ihres zweiten Mannes und zunächst ein gemeinsames Kind. Niemand wäre auf den Gedanken verfallen, die hier in guter Adresse solide Verwurzelte käme mit ihrem Leben nicht klar. Von Anfang an hatte sie sich im Württembergischen scheinbar souverän durchgeschlagen. Zunächst war sie nach einem Mannequinkurs mit aufrechtem Gang im amerikanischen Frauenclub oder in den angesehenen Modehäusern über den Laufsteg stolziert, hatte Bademoden und Cocktailkleider präsentiert, die sie sich

*Als Mannequin verdiente Christa Winter zusätzliches Geld,
um ihre beiden Kinder durchzubringen.*

selbst nicht leisten konnte. Schon damals hatte sie wohl diese
Ausstrahlung des Kompetenten, Konzentrierten, Unerschüt-
terlichen. Die Fassade der grazilen Dame ließ die Ahnung nicht
aufkommen, hier müsse eine schuftend den Unterhalt für sich
und den Sohn aufbringen und die Kosten für das Kinderheim,

in dem die Tochter untergebracht war. Nur sie selbst spürte jeden Tag, wie schwer es ihr fiel, diese Fassade zu wahren. Christa Winter mag über die Trennung von ihrer Tochter nicht gerne reden. Eine Mutter trennt sich nicht von ihren Kindern. Was aber, wenn die Notwendigkeit, arbeiten zu gehen, um den Lebensunterhalt für sich und die Kinder bestreiten zu können, alle Wünsche nach Mütterlichkeit unlebbar macht?

Auf der Reise nach Leningrad geriet diese Fassade ins Wanken. In Begleitung ihres Mannes und im Schutz einer organisierten Reisegruppe hatte sich Christa Winter zum Besuch jenes Ortes entschlossen, der damals wie keine andere Stadt der Sowjetunion Touristen von den roten Herren zu solchen Konditionen angeboten wurde. Bei den Kontrollen im Zug war die alte Angst sofort wieder da. Die Sprache, der Klang der Worte lösten sie aus. Bilder aus den Monaten in russischer Gefangenschaft, Bilder von den Toten des Marsches ins Unbekannte, standen vor Christa Winters Augen. Auch die Angst, die sie ausgestanden hatte, als sie aus ihrer frühen Nachkriegsehe flüchtete und später aus der DDR, bemächtigte sich ihrer wieder. Sie hatte das Gefühl, jede Faser ihres Körpers bestünde nur noch aus Angst. Das Zittern der Hände, das Zwicken des Magens, alle Symptome waren wieder da – der Körper erinnert sich auch nach zwei Jahrzehnten ganz genau. Ein unerträgliches Gefühl, aber eines, das sie genau mit dieser Reise bekämpfen wollte. Dass sie dabei unerwartet Schützenhilfe erhalten würde, konnte sie zu diesem Zeitpunkt nicht ahnen. Dass, wie in der Naturheilkunde, die Gleiches mit Gleichem bekämpft, die reale Angst die erinnerte auslöschen würde.

Als Christa Winters Mann während der Reise mit Typhus in ein Krankenhaus eingeliefert wurde, ordneten die Behörden an, sie selbst solle eilig außer Landes gebracht werden. Christa ging in die offene Konfrontation, nun stand Macht gegen Wille. Sie redete sich selbst zu, sie hätte Schlimmeres überstanden, und nichts in der Gegenwart sei mehr als ein Echo der längst bestandenen Prüfungen. Sie widersetzte sich erfolgreich der Abschiebung, pochte auf die Dauer ihres Touristenvisums und blieb bei ihrem Mann. Es gelang ihr sogar, Schokolade aufzutreiben, ein altes Hausmittel gegen Typhus und im Leningrad jener Tage keine Selbstverständlichkeit. Die akute Sorge um ihren Mann half ihr, die alte Angst zu überwinden.

Zurück in Deutschland, entdeckte Christa Winter bald, dass sie erneut schwanger war. Sie empfand deutlich die Symbolik, dass da die Aussöhnung mit ihrer Vergangenheit heranreifte. Früher hatte sie sich vor den Nächten gefürchtet. Die brachten Träume, in denen sie sich in einer Art Nebellandschaft verirrte, in bedrückenden, verschwommenen Schwarzweiß-Bildern. Nun kehrten Farben in die Nacht zurück, Klarheit, Frische. Im Traum gab es wieder blühende Margeritenwiesen.

Das wertvollste Bild im kunstgeschmückten Anwesen der Winters stammt aus keinem Atelier und keiner Galerie. Es ist eine Kinderzeichnung ihrer Tochter, die eine ebensolche blühende Margeritenwiese gemalt hat. Für Christa Winter markiert dieses Bild den Beginn ihres neuen Lebens, die Rückkehr der Farben. Auch wenn sie das Wissen um die Bedeutung der Margeriten lange für sich behielt. Denn über die Geschichte ihrer zwei Fluchten sprach sie kaum. Sie antwortete zwar, wenn sie gefragt wurde. Aber in ihrer Familie wurde nicht viel gefragt. Axel, ihr Erstgeborener, der sich selbst als heimatlos bezeichnet und als Nationalität, was ihm das Einwohnermeldeamt aber verweigert, gerne Seefahrer angeben würde, bedauert das heute. »Die Trauer meiner Mutter ist da. Was sie erlebt hat, habe ich nicht gewürdigt als Sohn, der den Schmerz und das Elend und den Wahnsinn der frühen Mutter erlebt hat.« Axel begreift das als beispielhaftes Versäumnis der gesamten Nachkriegsgesellschaft. »Was ihr auf ihrer Flucht widerfahren ist, ist ein grauenvolles Schicksal. Und niemand hat ihr geholfen bei der Aufarbeitung. Niemand. Ich nicht und sicher auch ihr Mann nicht so, wie es richtig gewesen wäre.«

Doch wie hätte ein selbst immer wieder aus allen Zusammenhängen gerissener Junge seiner Mutter bei der Aufarbeitung ihres Schicksals helfen können? Einer, der sich im Vergleich zu seinem Halbbruder, den der Stiefvater in die Familie gebracht hatte, als Spiegelei-Typen bezeichnet, als einen, der im Lokal immer das billigste Essen bestellte, während jener das Rumpsteak mit Zwiebeln orderte. Axel war mit sich selbst beschäftigt, mit seinem Gefühl, nicht richtig dazuzugehören und gerade deshalb nicht weiter auffallen zu dürfen. Dass sich solche durch Selbstverleugnung erzeugte Frustration irgendwo entladen musste, war absehbar. »Es gab einen Moment, von dem ab ich immer das böse, das ungezogene Kind war«, erzählt er. Eines Tages zerschoss er mit einem Luftgewehr die Straßenlampen. Sein Stiefvater regelte die zerstörerische Entgleisung, bezahlte den Schaden und sorgte dafür, dass der Zwischenfall keine strafrechtlichen Folgen hatte. An psychologische Nachsorge, Familienberatung, umfängliche Ursachenergründung dachte damals in solchen Fällen keiner: So etwas fiel unter Unarten, die noch wegerzogen werden mussten.

Deshalb setzten die Eltern auch große Hoffnungen in Axels Wehrdienstzeit. Das Militär sollte ebenjene Nacherziehung zur Disziplin übernehmen. Doch nach zwölf Tagen wurde der Soldat wegen ständigen Kaspereien entlassen. »Ich hatte kein Ziel, keine innere Heimat«, beschreibt Axel sein damaliges Lebensgefühl. Eine Leere, die sich nicht mit Alkohol, nicht mit Frauen und nicht mit Glücksspielen stillen ließ. Auch der frühe ruhelose Weg von der nur gefühlten in die reale, selbstgewählte Heimatlosigkeit brachte nicht die erhoffte Befreiung. Axel heuerte in Bremen beim Norddeutschen Lloyd an. Für 30 Mark Lohn im Monat fuhr er durch die Weltmeere. Einer der anderen Seeleute nahm das Milchgesicht unter seine Fittiche und brachte Axel das Malen bei. Der Lehrer war über vierzig und befand: »Du hast Talent!« Sie malten »jeden Tag« Wellen und Landschaften aus der Erinnerung, in Öl und in Aquarelltechnik. Sieben Monate waren sie unterwegs, ohne einen deutschen Hafen anzulaufen. Der Junge auf Selbstsuche entdeckte ein Tun, das nicht an Arbeitszeiten und Aufenthaltsorte gebunden war. Er entdeckte eine Freiheit, die anders war als alles, was er kannte. Gleichzeitig lehrte ihn das Leben auf See, hart zu sich selbst zu sein. »Auf dem Schiff ist niemand nett zu dir«, erzählt Axel von der Zeit, in der er schwer zu trinken begann und sich alle Ideale von Liebe und Vertrautheit abtrainierte. »Die Liebe, die ich dann nicht mehr suchte, habe ich endgültig verloren. Sie ist auch jetzt noch kompliziert gegenüber nahestehenden Menschen. Das ist ja alles verspielte Liebe, die man sucht. Ich bin sicher, dass ich in einer Verwurzelung ein ganz anderer Mensch geworden wäre.«

Zu dieser Erkenntnis mag auch eine Geschichte beigetragen haben, die wie Seemannsgarn wirkt, das sich durch alle Erzählungen von Meer und Männern spinnt. Bei einer Wette im Suff hatte Axels Vertrauter darauf gesetzt, er könne vom Ankerplatz weit draußen durch die See an Land schwimmen. Er überlebte die Wette nicht. Vor den Augen der anderen sollen ihn die Haie aufgefressen haben. Wahrheit, Übertreibung oder Flunkerei? Gedankenverloren kramt Axel eine Dose hervor und breitet den Inhalt vor sich aus wie ein Pirat seine Beute: einen filigranen Ring, ein Familienerbstück. Seinen Freimaurerring. Ein günstig erstandenes Medaillon. Ein paar winzige Brillanten. Und die Uhr des Lehrmeisters, verpackt in einer Plastiktüte.

Heute ist Axel Künstler und Überlebenskünstler zugleich. Er malt, immer wieder Hitler in allen möglichen Collagen. Der Stiefvater hatte seine Hand für alle seine Kinder in Bronze gießen lassen. In Axels Atelier, wo er Dinge hortet und vor dem Vergehen bewahrt, liegt sie auf dem Tisch. Das Atelier, die Hülle seines chaotisch unsortierten Lebens, muss er demnächst aufgeben. Es ist mitsamt dem Gebäude – Teil einer Schlossanlage – verkauft worden. Heimatlosigkeit als wiederkehrendes Motiv auch für die Nachkriegsgeneration: »Alles unaufgearbeitete, verdrängte Lebewesen, die hart werden müssen. So viel Tod. So viel Trauer. So viel Wahnsinn. Wir sind ein Volk von kaputten Vögeln. Ein kaputtes Volk.«

Was seiner Mutter gelang, dem Schicksal die Stärke fürs Weiterleben abzutrotzen, darum kämpft ihr Sohn noch immer. »Die Satten werden die Hungrigen nicht verstehen«, hatte Axels Großvater immer gesagt. Christa Winter bekam zu spüren, wie recht er hatte. Das rasch erstarkende Deutschland hatte kein Interesse an den Lebensgeschichten derer, die aus den verlorenen Gebieten gekommen waren. Und auch sie selbst brauchte noch Jahre nach der Leningrader Reise, bis sie sich dem noch fehlenden Puzzlestück ihrer Lebenserinnerungen stellen konnte. 1975 war es, als Christa Winter gemeinsam mit ihrem Sohn Axel, ihrem Mann und den beiden gemeinsamen Kindern zu einer Reise in ihre schlesische Heimat aufbrach.

Nach der Fahrt in die Vergangenheit hat Axel seiner Mutter ein Gedicht geschrieben. Gezeigt hat er es ihr bis heute noch nicht. Die Zeilen handeln von seiner »schlesischen Mutter«, wie er sie manchmal nennt, und offenbaren alle, was ihn damals bewegt hat: »Trauer, Liebe, Verzicht, Heimatlosigkeit und Verlorenheit«.

Wieder einmal gerne in Epfendorf
am Randes des vergrünenden
Schwarzwaldsaumes.
Ich verabschiede mich dankbar
Von der Mutter meiner Mutter
aus ihrem Niederschlesien

genauer von Kreibau stammend
deren Mutter und Vater
wurden anno 1945
von Sowjetsoldaten ermordet
lagen alt im Straßendreck
mit russischen Kopfschüssen
meine Mutter damals 13 Jahre jung.

Als ich diesen Ort aufsuchte
Zusammen mit meiner Mutter
Dem Christekind aus Schlesien
sahen wir das Familienhaus
die verwandten Umgebungen
den alten hohen Lindenbaum
inmitten des weiten Hofes
der Stallungen und Mauern.
Alles schien jetzt verfallen.
So fremd und hoffnungslos.

Heimat ist mir nur eine Idee.
Genährt vom frühen Verzicht
Die Friedhofsteine aus Marmor
lagen zerschlagen im Unkraut
Deutsche Namen eingraviert
Mist stank am Rande des Grabes
Kuh- und Schweinescheiße
Darunter tote deutsche Knochen.
Warum sollen die Toten ruhen.

Welcher Hass entwickelt sich
was müsste ich verteidigen
wessen und welches Landes Ehre
unter dem polnischen Mond

an diesem frühen Friedhofsabend.
Meine schlesische Mutter stand neben mir
wir fanden den Urgroßelternstein
zerbrochen wie die vergangene Zeit
Schlesien – euer verlorenes Idyll
zertreten im Angriffskrieg.

Mutter weinte an meiner Hand
ihr Sohn verlor ebenso Tränen
welcher Schmerz wiegt so schwer
bin kein Erzählender hier
Mutters trauriger Blick als Erinnerung
Axel hat keinen Erbanspruch
sucht in sich nicht nach Hass
was sollte ich denn verzeihen müssen
mir hat man kein Leid zugefügt
persönlich und für alle Zeiten
Geschichten, blutend im Gesternbild
Warum muss ich Sohn jetzt sein.

Da hängt Euer Gott am Elendskreuz
Sein Sohn im sterbenden Untergang
wo warst Du in jenen Zeiten: Herr
als die Kirchen und Kinder brannten
meine schlesische Mutter endlos litt
Frauen und Alte grausam verreckten
Kleine Wesen mit traurigem Eisgesicht.
Da brennt meine Zornesglut
an Euren Erlöser noch zu glauben
immer wieder bettelnd, bittend, betend
verdammt will ich für mich sein
tot gegen jede Religion.
Hier trägt mich fort mein Schmerz

In dieser unendlichen Verlorenheit
verewigten Einsamkeit der Menschen
Axel ohne jeden inneren Halt
das liebe Mutter, sage ich Dir
was von jenen Zeiten bleibt
besichtigbar durch Panzerglas
die Lügen, die Leiden dieser Welt.
Und Du hast mich hineingeboren
in diesen Wahnsinn und Schmerz.
Ich leide mit Dir und an mir
Aber nicht für Dich Menschlichkeit
Denn durch Dich sterbe ich
Axel, Dein Sohn: ein Todeskandidat.
Warum bin ich hier
Geliebte schlesische Mutter meiner Zeit.

Auf der Reise, die seine Mutter zum ersten Mal nach Jahrzehnten wieder in die Gegend führte, in der sie ihre Kindheit und Jugend verbracht hatte, nahm ihr Sohn sehr genau wahr, wie sie sich verhielt. »Schon als wir über die schlesische, polnische Grenze kamen, war sie eine vollkommen veränderte Frau. Je näher wir zu ihrem Heimatörtchen, ihrem Geburtsort, kamen, desto jünger wurde sie. Sie wurde wieder zum Kind. Und sie weinte dort ganz furchtbar«, erinnert er sich. Als die Reisegruppe am Ortseingang einen alten Schlesier traf, der 1945 für Polen optiert hatte und sich gar an das Kind Christa erinnerte, wurde der fremde polnische Ort des Heute wirklich und wahrhaftig zum Kindheitsort der Mutter. »Das war für sie natürlich eine unglaubliche Begegnung mit der Vergangenheit im Jetzt.«
Der damals 26-Jährige begriff als Zeuge dieser Begegnung, dass auch er einen bis dahin nie erahnten Verlust erlitten hatte. Kann, wer so wie Axel hautnah mit dem Schmerz anderer lebt, die Ursache der Qual möglicherweise gar nicht begreifen? Aber

Christa Winter im Jahr 1959

wäre es andererseits nicht auch viel zu viel verlangt gewesen von einem Teenager, zu verstehen, was sich auf den Schlesiertreffen wirklich abspielte? Was sich hinter Standarten, Fahnen, Trachten und den nach Ortschaften und Landkreisen benannten Tischen verbarg?

»Ich war vielleicht noch zu jung«, urteilt Axel selbst über sein Vorbeischauen am Eigentlichen. Zweimal, so sortiert er seine Erinnerungen, habe er Großmutter und Großvater zu sogenannten Heimatvertriebenentreffen begleitet. Er ging mit, aber er erlebte eine andere Veranstaltung. »Die Komplexität ihrer Trauer«, wie er es nun nennt, begriff er nicht, wenn die Musik aus einer anderen Zeit und Kultur um ihn dröhnte und die Großeltern alte Bekannte trafen. Die Trauer und die melancholische Grundhaltung dieser Menschen erkannte auch die bundesrepublikanische Politik nicht. Und die Vertriebenen selbst versteckten die persönliche Verwundung durch den Heimatverlust im markig formulierten Unverständnis ihrer Funktionäre gegenüber einem Staat, der in Person Willy Brandts die veränderten Grenzen im Osten 1970 anerkannte. Dagegen laut zu polemisieren war leichter, als den stillen Schmerz im Inneren nach außen zu tragen.

Dass der Großvater als pensionierter Offizier, der in zwei deutschen Heeren Karriere gemacht hatte, sich sehr wohl eine militärische Rückgängigmachung des Heimatverlustes vorstellen konnte, begriff er hingegen schon damals. Ein wenig älter geworden, hielt er diese Position für sträflich revanchistisch. Erst als Axel vor fast 35 Jahren mit seiner Mutter durch das Dörfchen lief, in dem sie geboren wurde, als sie ihn auf einer Allee aus dem Ort führte und ihm die Stelle zeigte, wo ihre Großeltern erschossen worden waren, bekam er eine Ahnung, welcher Mühlstein der Erinnerung seine Mutter von Zeit zu Zeit beschwerte. Und heute, als gereifter Mann, sieht Axel seine Schuld der Mutter gegenüber im Unwillen, ihr zuzuhören. »Das werde ich zukünftig tun«, sagt er fast würdevoll, als formuliere er ein Versprechen für die Ewigkeit. Als Kind begriff er das »Haus Rübezahl«, das sein Großvater, der Vater seiner Mutter, sich lange Jahre nach seinem noch legalen Weggang aus der DDR, 1963 im Schwäbischen geschaffen hatte, eher als Refugium spannender Phänomene, als Märchengarten der Vergangenheit, nicht als Zuflucht seiner Großeltern vor der Realität. »Ich habe das eher als Zeichen von Nostalgie angesehen und

nicht als Trauerburg.« Über der Eingangstür hing ein Hirsch-
geweih, überall im Haus waren geschnitzte Rübezahlfiguren
aufgestellt. »Das war Kleinschlesien mit Wappen.« Dieses Haus
war ein neugeschaffenes Artefakt, ein Zauberapparat, der Vergangenheit in Zukunft verwandeln sollte. Dieses Haus wollte
die Zeit bannen, in der das Leben der beiden alten Menschen
noch keinen radikalen Schnitt kannte. »Wenn ich meine Großeltern besucht habe, habe ich meinem Großvater zuliebe immer
gesagt: ›Jetzt bin ich mit dem Zug hierher nach Schlesien gefahren‹«, erinnert sich Axel.

In diesem Schlesien fern von Polen, in dem er ein kleines
Zimmer unterm Dach hatte, geschahen für Außenstehende be-
fremdliche Dinge. Auf Besenstielen, die als Pferdeersatz dien-
ten, ritten der Enkel und sein Großvater »Angriffskriege gegen
die Russen«. Die Treppen hinauf und wieder hinunter. Dazu
liefen Schallplatten, die in die Szenerie steckenpferdiger Befrei-
ungskriege den Friedberger Marsch oder Preußens Gloria
schmetterten. »Ich dachte immer, ich tu ihm den Gefallen«, sagt
Axel. »Wenigstens zu Hause sollte er den Krieg gewinnen.«
Axel sucht ein Beispiel, um seine Milde im Umgang mit dem alten Herrn zu erklären. »Wenn das eigene Haus versteigert wird,
dann hasst man ja auch nicht sich selbst – sondern die Bank.«
So sei es bei seinem Großvater gewesen. »Denn natürlich trägt
er Schuld. Als hoher Offizier hat er das System mitgetragen.
Aber für ihn war das Pflichterfüllung.«

Was immer sich in der Seele des Großvaters bei diesen bizar-
ren Kriegsspielen gelöst oder verkrampft haben mag, *eine* Normalität ließ sich mit noch so viel Kulissenwerk nicht mehr her-
stellen: die Normalität zwischen Mann und Frau. In einem
späten Gespräch zwischen den Großeltern, das nicht für seine
Ohren bestimmt war, erfuhr der Enkel beiläufig, dass seine
Großmutter mehrmals von russischen Soldaten vergewaltigt
worden war. Für ihren Mann war das Grund genug, sie nie

mehr anzufassen. Das grimmigste Kalkül seiner Gegner war aufgegangen. Die gequälten Frauen blieben zeitlebens, wie die Sprache so grimmig wie verbohrt formuliert, geschändet. »Das ist ja bestimmt Hunderttausenden so gegangen«, meint Axel über den inneren Verlust dieser Ehe, die keine mehr war. »Ich hätte meiner Großmutter gerne ihre Würde zurückgegeben«, sagt der Enkel heute ganz unpathetisch. Gerne hätte er eine Überlebensstrategie entwickelt, die der verletzten Seele Schutz und Halt hätte geben können. Gerne hätte er sich revanchiert für die Wärme, die er selbst bei beiden, dem Großvater und der Großmutter, erfuhr. Denn in den Anfangsjahren der zweiten Ehe seiner Mutter empfand auch er ganz stark: »Die Vertriebenen sind nicht willkommen.« In der Rangordnung der Familie, so hört es sich heute an, fühlte er sich noch ein bisschen vertriebener als die Mutter. Sie hatte in eine seit Jahrhunderten mit dem Land verwurzelte Familie eingeheiratet. Das gab ihr mitunter Halt. Aber galt das auch für ihn? Überträgt sich Halt von der Mutter auf den Sohn?

Wenn er sich mit seinem Stiefbruder verglich, kam er oft zu dem Schluss, der zu sein, der zurücksteckte. Meist tat er das auch freiwillig, in fast demütiger Dankbarkeit. »Im Grunde hat dieses Vertriebensein nachgewirkt. Ich hatte keine Wurzeln. Meine Großeltern hatten keine Wurzeln, und meine Mutter letztlich auch nicht.« Axel wird grundsätzlich: »Jedenfalls fühlte ich mich nicht geliebt. Das hat mit der Vertreibung zu tun. Ich war eben wurzellos. Wenn ich an einem Ort aufgewachsen wäre, in einem kleinen Misthaufendörfchen, wenn ich dort mit einer Selbstverständlichkeit aufgewachsen wäre, wenn ich dort hätte Wurzeln schlagen und blühen dürfen, dann wäre ich selbstverständlich eingebunden gewesen in Qualität, Würde und Familie.«

Axel geht nicht eben schonend mit sich selbst ins Gericht. Zu oft ist er auf die Nase gefallen und hat andere getäuscht. Auf dem Höhepunkt seiner Spiel- und Alkoholsucht, so hat er es auch einmal erzählt und in der Zeitung drucken lassen, gaben ihm vertrauensselige Damen mehrere Hunderttausend Mark fürs Spiel. Biete Anbetung, suche Zuwendung, lautete sein Motto. Aber für den Mann, der so charmant sein konnte, war das Leben an Land längst zum entseelten Einerlei geworden. »Jedes Land war für mich wie ein neues Schiff; mit allem, was für mich nur den Hauch von Idylle und Ankommen hatte, musste ich brechen.« Erst als er begriff, dass Freiheit von allen Dingen auch eine Chance sein kann, hat er seine Erdung gefunden.

Und seine Mutter? Am 22. November 2004 setzte sie sich an die Schreibmaschine und tippte los. Für einen Erzählwettbewerb mit dem Thema »Fluchtwege – Lebenswege« schrieb sie auf, was ihr all die Jahre das Herz beschwert hatte. »Ohne Punkt und Komma.« Als Axel die vierzehn getippten Seiten entdeckte, bat er darum, sie lesen zu dürfen. Und war tief ergriffen von dem Bericht seiner Mutter. Christa Winter hat die Seiten später kopiert und in silbern glänzende Kuverts gesteckt. Für jedes ihrer Kinder hat sie ein solches Päckchen bereitgelegt. Zu lesen nach ihrem Tode. Oder schon vorher auf Anfrage.

Anni Waiblinger in Stuttgart auf dem Weg
zu ihrer Lehrstelle

Ilse war das Gegenprogramm

Wie Anni Waiblinger eine Freundin fürs Leben fand und mit ihr die Trauer beiseiteschieben konnte

Mit 19 Jahren kann man sich nicht in Trauer einkapseln. Es geht vorwärts mit einem, ob man will oder nicht, das Leben ändert sich und stellt Ansprüche. Man braucht also Überlebensstrategien. Traurig sein nach innen, funktionieren nach außen: Anni Waiblinger wurde zu einer Expertin im Hin-und-her-Schalten zwischen diesen beiden Sphären.

Mit 19 Jahren träumte Anni nachts noch oft ihren Fluchttraum. In dem gibt es anfangs ganz viele Menschen, dann werden es immer weniger, und der Weg, den sie gehen, wird immer enger. Bis es gar kein Weg mehr ist. Am Ende steht das Mädchen allein im Wald oder in einer ganz öden Gegend. Das wechselte. Nur das Gefühl der Angst, des Verlassenseins und des Nicht-mehr-weiter-Wissens blieb immer dasselbe. Es packt sie manchmal heute noch in ihren Träumen.

Damals war auch tagsüber ein Gefühl des Mangels präsent, das Bewusstsein einer Lücke, die jederzeit zur Grube werden konnte, in die Glück, Freude, Zukunftsaussichten stürzten und aus der Grauen und Verlust hervorquollen. Anni hatte ihren Bruder Max sehr geliebt, den der Krieg einfach verschluckt und nie wieder hergegeben hatte. Nicht einmal als Foto eines Grabkreuzes an irgendeinem gottverlassenen Ort, der wahrscheinlich bald von Panzerketten zerwühlt oder von Granatschauern umgepflügt worden wäre. Nicht einmal als geschäftsmäßig pathetische Gefallenenmeldung aus der Heldentodverwaltung

der Wehrmachtsbürokratie. Bis heute gibt es keine offizielle To-
desmeldung, keinen Knochenrestfund um eine rostige Kenn-
marke herum, wie sie nach Jahrzehnten im Rahmen der Kriegs-
gräberfürsorge immer noch gemacht werden. Die einzige Spur
ist der Brief eines Kameraden, der von einem Himmelfahrts-
kommando für Max berichtet. Der junge Soldat hatte den
Befehl bekommen, alleine mit einem Maschinengewehr den
Rückzug seiner Einheit vor den heranrückenden sowjetischen
Truppen zu decken.

Doch gerade weil Anni selbst beständig ans Gestern denken
musste, an Verluste, an mögliche andere Wendungen des Schicksals, die nicht eingetreten waren, musste sie manchmal schlicht
Reißaus nehmen daheim. Weil es dort allen so erging und die
Älteren Mal um Mal von nichts anderem redeten als davon, wie
es im alten, nun verlorenen Zuhause gewesen war, und darüber,
was sie auf der Flucht erlebt hatten. Anni musste weg von so
viel Vergangenheit und Verwundung, um nicht von Schwer-
mut erdrückt zu werden.

Zum Glück gab es ja noch Ilse. »Ohne sie wäre es mir schlecht
ergangen«, sagt die heute 80-Jährige. Ilse, eine gebürtige Schwä-
bin und noch heute eine liebe Freundin, war das Gegenpro-
gramm zum Leben als Mahnmal der Beraubung, zum Klagen
und In-sich-hinein-Fressen, zum ewigen Blick nach hinten ohne
Chance, je wieder einen Schritt in diese Richtung tun zu können. Ilse stand für die Freude an der Gegenwart, die Neugier
aufs Kommende, das fast unbeschwerte Teenagerleben in der
Provinz. Mit ihr aß Anni im Garten ihrer Eltern frische Pfirsi-
che, bis sich ihnen die Bäuche spannten. Mit ihr löste Anni im
forschen Bescheidwissen der Unerfahrenen fast alle Welträtsel,
und mancher junge Mann am Ort bekam im vertraulichen –
und ab und an verkicherten – Gespräch unter Freundinnen sein
Fett weg. »Ilse holte mich zurück ins Leben. Ich glaube, das
kann man, ohne zu übertreiben, so sagen.«

Ilse blendete die Geschichte der Freundin dabei keineswegs aus. Sie stellte Fragen. Sie verstand nicht, warum die Bessarabier ausgerechnet ins Württembergische zurückgekommen waren. Von hier waren sie in der ersten Hälfte des 19. Jahrhunderts doch ausgewandert, fort von der kleinen Parzelle Land, das nicht mehr für alle Geschwister reichte, fort von einer drückend nahen Obrigkeit, hin ans Schwarze Meer, wo das Zarenreich eroberte Ländereien, aber keine Siedler hatte. Und deswegen Menschen mit Landgeschenken warb, Neubürger, die sich ausrechnen mochten, wie viel weiter es von Bessarabien nach Moskau war als von Unterwurmlingen zur Residenz. 1940, als die neuen Despoten und Zaren, Hitler und Stalin, noch im verschlagenen Hochmut der Tyrannen so taten, als würden sie Europa per Diplomatie untereinander aufteilen, wurden die Bessarabier entwurzelt und zurück »ins Reich« geholt. Stalin wollte keine fünfte Kolonne der Deutschtreuen im Land, und Hitler brauchte Siedler für die geraubten polnischen Gebiete. Aber Ilse fragte nie abfällig nach Herkunft und Flucht der Waiblingers. Sie hakte nach, weil sie verstehen wollte.

Und noch etwas machte Ilse »zu einem regelrechten Goldschatz«: Auch ihre Eltern akzeptierten Anni, das Flüchtlingsmädchen aus Bessarabien, ohne Wenn und Aber. Das war viel und alles andere als selbstverständlich. Denn diese Freundschaft musste beständig ein Ungleichgewicht ausbalancieren. Anni konnte die Freundin nie zu sich nach Hause einladen, kein eigenes Familienleben mit ihr teilen. Das Zuhause der Waiblingers war provisorisch und ärmlich. Es war das Heim von Menschen, die bei null anfingen und die erst noch begreifen mussten, dass diese sehr dicht besiedelte Landschaft mit den Streuobstwiesen als domestizierte, kleingezüchtete Form von Natur, Weite, Abstand nun auf Dauer ihr Lebensraum war.

Dass es vorbei war mit der Weite Bessarabiens, wo sich Nachbarn nicht gegenseitig zum Fenster hereinschauen konnten. »Wir hatten das zum Neuanfang, was in den Rucksack gepasst hat, mit dem wir geflüchtet sind«, erklärt Anni Waiblinger. »Wir hatten kein Bettzeug, kein Geschirr. Wir hatten einfach nichts, als wir in Mühlacker ankamen.« Erst ganz langsam füllte sich der Hausstand wieder auf. Und noch langsamer füllten sich die Seelen mit dem Gefühl an, nicht in einem Warteraum untergebracht, sondern an einem Ziel angekommen zu sein.

Die Betten, in denen Annis Eltern schliefen, standen im Haus der Schultheißenwitwe – Schultheiß sagte man hier noch zum Bürgermeister –, bei der sie untergekommen waren, in dem Zimmer, das den Waiblingers auch als Wohnzimmer diente. Wären da Gäste gekommen, die nicht zur Familie gehörten, sagt Anni Waiblinger, »hätte ich mich zu Tode geschämt«. Die Mutter kochte auf einem kleinen Ersatzofen, der nicht aus Kochplatten bestand, sondern aus zwei Eisenringen, in denen Töpfe hingen. Diese Notküche war in einem winzig kleinen Bad untergebracht. Gekocht wurde mit Holz, das man immer wieder neu organisieren musste. »Es gab schon viele Anlaufschwierigkeiten. Am Anfang waren auch unsere Vermieter sehr reserviert.« Die wohlsituierte Witwe des Bürgermeisters musste sich erst an die ungebetenen Gäste im Haus gewöhnen: Die einen hatten eigentlich kaum Platz, die andere nahm zunächst vor allem wahr, dass ihr Platz weggenommen wurde – der überall schwelende Einquartierungskonflikt. Da war es nur verständlich, dass sich auch die sanftmütige und zurückhaltende Anni fragte, »warum gerade uns das alles passiert und was wir eigentlich getan haben, dass wir einen so großen Anteil am Nachkriegsleiden zu tragen haben«. Irgendwann in diesen Aufbaujahren ließ sich sogar die Mutter, »die eine sehr sanfte Frau war, die uns als Kinder nie geschlagen, höchstens ein bisschen geschimpft hat«, zu einem Gefühlsausbruch hinreißen. »Was können wir denn dafür«, stieß sie hervor und hieb wütend mit der Faust auf den Tisch.

Sicher, es gab eine gewisse Normalität im Leben der Waiblingers, aber die wich stark ab von dem Leben der Einheimischen. Die hätten die dauernde Beengung und das tagtägliche
Improvisieren als Ausnahmezustand empfunden – hätten sie
etwas davon mitbekommen. Aber selbst wenn sich jemand
nicht an der Enge gestört, nicht die Nase gerümpft hätte – die
Waiblingers hätten sie nicht eingeladen. Sie besaßen nämlich
nicht einmal genügend Geschirr, um Gäste zu bewirten. Das
war ein großes Manko und brach das Gefühl soliden bürgerlichen Lebens bei jeder Mahlzeit. Denn zu Hause in Bessarabien
wurde Gastfreundlichkeit so gern gepflegt wie die Sonntags-
ruhe am siebten Wochentag. »Bei uns«, sagt Anni Waiblinger gerne, »war es selbstverständlich, ein offenes Haus zu führen.«

Bei uns – noch immer bezieht sich diese Äußerung auf Bessarabien. Als sei das, was später kam, nicht mehr ›wir‹, sondern
nur eine Schwundstufe des Wir. Als habe, wer die Waiblingers
im Westen kennenlernte, nur die halben Waiblingers kennengelernt. Als könne man eine Heimat, von der man sich nicht in
Ruhe lösen kann, nie ganz verlassen, als bleibe dann ein so
wichtiger Teil zurück, dass man sich künftig unvollständig
fühlt. »Ich hab' alles noch ganz genau im Kopf. Ich könnte unser Haus aufzeichnen, die einzelnen Zimmer und ihre Aufteilung. Ich könnte den Garten und den Bienenstand einzeichnen.
Alles wüsste ich noch haargenau. Aber das ist eine andere Welt.
Das ist nicht nur ein Menschenleben weg. Das ist viel weiter
weg«, sagt Anni Waiblinger.

Das Hier und Jetzt der Jahre 1946 und 1947 war anders: Wo
kein Zuhause war, konnte man keines für andere öffnen. Wo
man Gastfreundschaft nicht gewähren konnte, fühlte man sich
selbst nicht wie der Hausherr, sondern wie ein Gast im Provisorium. Dabei wäre Anni auch gerne einmal Gastgeberin der
Mädchenrunde gewesen. Die wilde Truppe scherte sich eigent-

lich nicht um die Vergangenheit, wenn es sich umgehen ließ. Im engen Notheim der Waiblingers wäre man zwangsläufig damit konfrontiert worden. Freiwillig redete in diesem Kreis keines der Mädchen über das, was vorher gewesen war. Nur wenn man fragte, bekam man Auskunft. Da war Cornelia, die Pfarrerstochter. Ihr Vater war weitgereist und schon als Missionar in China gewesen. Aber die Bessarabier und ihr Schicksal waren auch ihm noch nicht untergekommen. Anni verzieh Cornelias Vater, was sie bei anderen unerträglich fand: dass immer wieder nachgefragt wurde, ob denn auch sie Deutsche seien, und dass die Erklärungen doch nicht begriffen wurden. »Man kann nicht alles wissen«, lautete ihre stille Entschuldigung für den ratlosen Gottesmann. Denn Anni spürte bei ihm eine Offenheit, sich mit ihrer Geschichte und der der Bessaraber auseinanderzusetzen.

Ihre Schulfreundin Beate hatte einen ganz anderen familiären Hintergrund. »Wir hatten eigentlich alles, was es an Lebensformen in der Nachkriegszeit gab, in unserem Kreis«, erinnert Anni Waiblinger sich denn auch. Beates Vater saß in einem Internierungslager der Amerikaner. Als sogenannter Belasteter wartete er auf das Urteil einer Spruchkammer, ob er als Nazi oder als bloßer Mitläufer anzusehen sei. Ins Haus der Familie, das Anni sehr gefiel, waren amerikanische Besatzer eingezogen. Beate hatte sich mit ihrer Mutter in der Garage häuslich eingerichtet. Wenigstens diese Freundin hätte Anni also einladen können, ohne fürchten zu müssen, sie würde sich in ungewohnter Enge und zwischen karger Notbehelfseinrichtung unwohl oder gar belustigt fühlen. Aber weder Beate noch Ilse besuchten je das Haus der Waiblingers. Denn Anni hatte nichts, was sie den Freundinnen hätte anbieten können, keinen Kaffee, keinen Tee, keine Stulle. »Darunter habe ich sehr gelitten. Aber wir hatten nur das, was es auf Lebensmittelkarten gab.« Die Armut dieser frühen Jahre empfand sie als übermächtigen Makel, der sie ihrem eigenen Verständnis nach von allen anderen unterschied. Ganz oben im Regal steht bei ihr heute noch die graue Steingutkaffeekanne, die Annis Mutter irgendwann Ende der 1940er Jahre stolz als eine der ersten Anschaffungen für einen neuen Hausrat erstanden hatte. Als Schatz der Anfangsjahre kommt sie ihr kostbarer vor als venezianisches Glas. Denn dieses simple Behältnis steht für den mühsamen Weg in ein neues Leben.

In Mühlacker, einem Dörfchen im Württembergischen, waren nicht alle Mitbürger so unkompliziert wie Ilses Eltern. Deren Vater, ein einfacher Mann, arbeitete bei der Bahn, die Mutter, eine rastlos fleißige Hausfrau, mühte sich im Garten und im Stall ab. Beide hatten, wie man damals sagte, das Herz auf dem rechten Fleck. Wenn das Schweinchen im Stall dick genug gemästet war, gab es ein Schlachtfest, zu dem Anni ganz selbstverständlich eingeladen wurde. »Danach war mir immer entsetzlich schlecht, weil ich solches Essen ja gar nicht mehr gewohnt war.« Die Zeit der Spanferkel, der vollen Teller und der reiche Ernte bringenden Gärten hatte für sie 1940 ihr Ende gefunden.

»Ich war zwölf Jahre alt, als die Russen kamen.« Anni Waiblinger sagt das ohne Hass. Aber die Nüchternheit, mit der sie das Ende ihrer Kindheit benennt, spricht eine eigene Sprache. Der Satz »Ich war zwölf Jahre alt …« markiert den Anfang vom Ende des Vertrauten. Im Hitler-Stalin-Pakt regelten die beiden Despoten die Grenzen ihrer Länder neu, der Landstrich am Schwarzen Meer ging an Russland. Für die 93 000 Bewohner Bessarabiens bedeutete die Bevölkerungsverschiebung nach drei Monaten russischer Besetzung, Abschied zu nehmen und die Koffer zu packen.

Vom Traum der Pilgerväter des 19. Jahrhunderts, in der Fremde religiöse Freiheit, eigenen Grund und Boden und Freiheit vom Militärdienst zu erlangen, blieb nun pro Person als

Die Freunde gaben Anni Waiblinger neuen Lebensmut.

rettbares Gut, was sich in 50 Kilo Groß- und 25 Kilo Handgepäck verstauen ließ. Freiheit war kein Gut, das sich nach Nazideutschland einführen ließ. Anni packte drei Bücher ein. Mehr passten beim besten Willen nicht in ihre Tasche. Zwei Mädchenbücher, »die mir sehr gut gefielen«, und das Fotobuch des Vaters, das der sich gerade erst gekauft hatte. Er selbst wollte es zurücklassen, »weil wir für Bücher keinen Gepäckplatz haben«. Aber Anni, die zukünftige Buchhändlerin, verwahrte es in ihrer kleinen Umhängetasche. Annis Mutter hingegen hütete über all die Jahre der Heimatlosigkeit die Zeugnisse und Papiere des Vaters wie ihren Augapfel. Wenn ihnen schon der Besitz genommen wurde, so schienen Ausbildung und Bildung doch wenigstens ein mobiles Gut zu sein, das sie überallhin mitnehmen konnten. Aber Bildung allein reichte nicht, es brauchte den amtstauglichen Papierbeleg dafür, und der wies den Vater zweifelsfrei als Lehrer aus. Neben diversen Papieren überlebten die unfreiwillige Reise aus dem Süden Osteuropas in das Herz Mitteleuropas nur die Eheringe von Annis Eltern und das Konfirmationskreuz ihrer Mutter. Beides war in den Saum eines Rockes eingenäht.

Improvisiert wie die Verwahrung der kleinen Wertgegenstände war die ganze Reise, die diesen Namen kaum verdiente. Denn der Transport, der sie von zu Hause fortbringen sollten, erfolgte zunächst mit schweren Lkws. Die Menschen wurden einfach auf den Ladeflächen verstaut wie aufrecht gelagerte Kisten. Im Donauhafen Galatz wurden die Bessarabiendeutschen auf »ein maßlos überladenes Schiff« der Donauflotte verladen. Die Menschen schliefen auf Tischen und Bänken. Anni selbst schuf sich unter dem Tisch ein Quartier und fand alles »wahnsinnig interessant«. Die große und verästelte Verwandtschaft versuchte, auch im Durcheinander aufgeregter Menschen beieinanderzubleiben. »Für meine Eltern war der Moment des ersten Loslassens das Schwierigste. Als die eigentliche Flucht von Polen nach Deutschland begann, hatten sie mit materiellen Dingen schon abgeschlossen. Da hieß es nur noch, das Leben zu retten«, erinnert sich Anni Waiblinger an diese Zäsur ihres Lebens. Das rollende R, das sich gurrend aus dem Sprachfluss hebt, ist ein Relikt der Zeit vor diesem Einschnitt. Anni Waiblinger hat es sich nie abtrainiert. Es gehört zu ihr und verweist auf ihre Herkunft.

Mit Zügen wurden die Umsiedler schließlich in der zweiten Junihälfte 1940 ins Sudetenland gebracht. Sie fuhren tagelang. Anni stand am Fenster des Abteils, überwältigt von der Schönheit des Landes, und dachte: »So müsste das Paradies aussehen.« In Schönlinde ging das Mädchen wieder in die Schule und wurde erst einmal mit einer BDM-Uniform zünftig eingeordet in die Gepflogenheiten des Hitlerstaates. »Heim ins Reich« hieß die politische Parole, hinter der das braune System seine Menschenverachtung versteckte. Die Waiblingers lebten hier in dem als Umsiedlerlager genutzten Schützenhaus. Die Zeit in den Sudenten sollte nur eine Übergangsstation sein. Im Sommer 1941, nach dem Angriff Deutschlands auf die Sowjetunion, sollten sie zur nächsten Station ihrer Umsiedlung aufbrechen. Der Warthegau war das Ziel. Dort, im Westen des von den Deutschen eroberten Polen, sollten sie die Häuser und Bauernhöfe der ins Generalgouvernement umgesiedelten Polen beziehen. Annis Vater bekommt eine Lehrerstelle in Ostrowo, zwischen Lodz und Posen gelegen, zugewiesen. Annis Großmutter saß sowohl in Schönlinde wie im von den deutschen Besatzern frisch geschaffenen sogenannten Warthegau immer auf gepackten Koffern. Sie räumte, was ihr geblieben war, nie mehr richtig aus. »Hier liegt kein Segen drauf«, sagte die alte Dame gebetsmühlenartig immer wieder. Mit 67 starb sie »an Heimweh«. Eine Nervenlähmung machte ihr ohne ersichtlichen Grund das Schlucken unmöglich. Die nächste Verpflanzung der Familie erlebte sie nicht mehr.

Ende Januar 1945 »ging die Reise ins Ungewisse los«, schreibt Anni Waiblinger in ihren Erinnerungen. Die Rede ist von der Flucht, die in diesen letzten Kriegsmonaten für die Bewohner des gesamten Ostens des Deutschen Reiches zur Handlungsoption wurde. Auch die Waiblingers entschieden sich für den Aufbruch. In der Familienchronik Anni Waiblingers nehmen Umsiedlung und Flucht breiten Raum ein. Auf Bitten einer ihrer Töchter hat sie diese Chronik verfasst. Das mutet zunächst seltsam an. Denn Kathrin, die jüngste der drei Töchter, ist ausgerechnet jenes Kind, das vor dem Grauen im Leben der Mutter immer wieder weggelaufen war. »Das war für mich der Horror pur, wenn sie von der Flucht erzählt haben«, erinnert sie sich. »Wenn dieses Thema kam, musste ich immer das Zimmer verlassen. Ich bin einfach rausgegangen. Auch später noch. Wann immer die Verwandtschaft zusammenkam, landeten die Gespräche der Onkel und Tanten immer früher oder später beim Thema Flucht. Wenn Heimat nicht mehr da ist, um identitätsstiftend zu wirken und eine verbindende Klammer um

Menschen zu legen, übernimmt die Verlusterfahrung diese Aufgabe. Flucht und Vertreibung hatten sie alle erlebt. Bei diesem Thema wussten sie, wovon sie sprachen. Das neue Leben mochte sie auseinanderführen, an verschiedene Orte, in getrennte Milieus, und mochte ihnen unterschiedliche Perspektiven verschaffen. Wenn es aber um die Vergangenheit ging, fanden sie eine gemeinsame Erfahrungswelt. Die, die es nicht erlebt hatten, konnten da einzig zuhören oder fragen. Oder sich abwenden. So wie Kathrin. Das Ausweichen vor der Geschichte ihrer Mutter ist ihr sichtlich unangenehm. Denn der Verstand sagt: »Interessier' dich! Irgendwann bekommst du auf deine Fragen keine Antworten mehr!« Das hat sie selbst bei ihrem Vater erlebt. Er starb mit 52 – als viele Fragen noch nicht einmal gestellt waren. Die Furcht, auch die zweite und letzte Chance zu vertun, kann sehr belastend sein. Im eigenen Leben nistet sich das schlechte Gewissen ein, der Lebensgeschichte der Eltern möglicherweise nicht gerecht zu werden. Aber vielleicht ist Vergessen, Missverstehen, sich provisorisch und brauchbar Zurechtlegen, was man an Relikten behalten hat. Für Kathrins Sohn »kommt die Oma eben aus Bessarabien und der Opa aus der Pfalz«. Stimmt schon. Eigentlich. Kathrin selbst überforderten die Erlebnisse ihrer Familie als Kind und die Vorstellung davon, was Menschen erleiden können. »Für mich ist das alles ein Alptraum. Ich bin sowieso ein Mensch, der sich schlecht von irgendetwas trennen kann. Der Gedanke, dass man vertrieben wird, ohne zu wissen, wo man landet, ist für mich eine Vorstellung, die ich nicht aushalte.« Es ist nicht nur das Bild der eigenen Mutter als schutzlos in die Zeitgeschichte geworfenes Kind, das in ihr Unruhe auslöst. »Ich sehe meine Mutter auch stellvertretend als Beispiel für uns alle. Das kann jeden treffen, auch uns. Wir haben es unverschämt gut. Und doch ist da der Gedanke: Wir haben es jetzt gut. Es kann ja bei uns gerade andersherum sein: Erst haben wir es gut. Dann ändert sich das«, erklärt Kathrin. Der Gedanke, wie ihre Mutter von einem Tag auf den anderen ins kleine Handgepäck die Dinge einpacken zu müssen, die man in einem neuen Leben brauchen könnte, ist Kathrin unerträglich. »Ich weiß nicht, was ich einpacken würde. Ich glaube, ich würde vor Verzweiflung auf der Stelle durchdrehen. Nicht wegen der Sachen. Sondern generell. Aber ihnen blieb ja nichts anderes übrig. Ich hätte von Anfang an gedacht, das überleben wir alle nicht. Ich bin da pessimistisch.«

Selbst die vorsichtigsten Flucht-Erzählungen der Mutter konnte sie nie ertragen. Sie konnte als Kind allerdings stundenlang zuhören, wenn die Mutter von der versunkenen Welt der Kindheit erzählte. Diese Gegend lag außerhalb jeder Erreichbarkeit, nicht nur außerhalb der Atlanten für reale Orte, sondern auch außerhalb jener Geschichte, in der es Flucht und Vertreibung gab. Eben weil auf der Landkarte Rumänien, Ukraine, UdSSR verzeichnet waren, wo diese Mutter-Welt hätte sein sollen, wirkte sie entrückt in eine Sphäre bitter-süßer Fiktion. Beim Zubettbringen die Geschichten vom Dorfbrunnen zu hören, an dem Mutter und Großmutter Wasser holten, war exotisch für ein Kind, das mit der Selbstverständlichkeit fließenden Wassers aufgewachsen war. Und dass es in der Heimat der Mutter Licht nur aus Petroleumlampen gegeben hatte, erinnerte an die wilde Romantik der Ausflüge aufs Wochenendgrundstück. Die Mutter erzählte von Paprika und dem unendlich flachen Land, und ihre Tochter hatte das Gefühl, sie wüsste, wie es gewesen sei, »als sie klein gewesen war«.

Aber die Tochter erinnert sich auch an die heruntergeschluckte Wut ihrer Mutter, als diese später den Führerschein machte. Nach bestandener Prüfung sagte der Prüfer abfällig generös zu der jungen Frau: »Na, das ist ja erstaunlich gut gegangen. Dafür, dass sie aus Bessarabien kommen.« Eine Frau, die aus Bessarabien stammte, konnte in seiner Vorstellung offenbar keine Alltagsmaschinerie der Moderne bedienen. Bessarabien, das klang für den Prüfer wohl nach Mittelalter unter der Käseglocke, nach einem Ort ohne Anknüpfung ans Weltgeschehen. Diese Episode geschah nicht etwa kurz nach dem Krieg – sie trug sich Ende der 1960er Jahre zu. Die Vorurteile gegenüber ehemaligen Flüchtlingen hielten sich lange. Und Anni Waiblinger selbst nahm sich wie so oft zusammen. Nicht auffallen, lautete die Devise – selbst dann, wenn einem nach dem Austeilen einer Ohrfeige zumute war.

Exotische Folklore aus einem unerreichbaren Land – ist das die Rolle der Geschichten aus Bessarabien im Leben von Anni Waiblingers Tochter? »Bessarabien gehört zum früheren Leben meiner Mutter. Mit mir hat es nichts zu tun«, sagt Kathrin nach einigem Nachdenken. Von der Mutter ist sie früher trotzdem geneckt worden, sie sei halbe Bessarabierin. »Ich fand, das steht mir nicht zu. Das bin ich nicht. Ich habe außer dem halben Blut nichts abbekommen. Ich kenn' die Gegend nicht. Ich kenn' die Leute nicht. Ich spreche nicht mit diesem rollenden R.« Bessarabierin zu sein, das hätte für sie früher auch bedeutet, eine komische Figur abzugeben. Als Kind fand sie die Verwandten, die der Generation ihrer Großeltern angehörten, stets schrullig und verschroben. Lachend erzählt sie von den Anrufen, bei denen, kaum dass man den Hörer abgenommen hatte, eine Stimme rief: »Anni, bist du's?« Diese Verwandtschaft war eben nicht nur tragisch. Sie war manchmal auch erheiternd. Kathrin erinnert sich an Besuche von Onkeln und Tanten, denen man stets sagte, an welchem der beiden Bahnhofsausgänge man sie abholen werde. Aber »die Verwandtschaft aus Bessarabien stand trotzdem nie am richtigen Ausgang«. Sie macht eine Pause. »Sie waren einfach alt.« Sie will nicht hämisch wirken, wenn sie von den wunderlichen Gestalten aus ihrer Kindheit erzählt, die nichts dafür konnten, dass sie so seltsam waren: Menschen, die aus ihrer Geschichte, aus allem Vertrauten, aus allen Zukunftsgewissheiten gefallen waren.

Was bei diesen oft so ulkig beginnenden Besuchen später gesprochen wurde, versetzt Kathrin noch als erwachsene Frau in Angst und Schrecken und verursacht ihr körperliches Unwohlsein. »Nicht von der Flucht erzählen«, hatte sie schon als Kind immer gebeten, wenn ihre Mutter in Alltagssituationen eher harmlose Vergleiche wählte: »Auf der Flucht hätten wir uns gefreut, wenn wir das gehabt hätten.« Das war nicht etwa schwarze Pädagogik. Anni Waiblinger bediente sich nur der Vergleiche, die sie aufgrund ihrer Erfahrungen parat hatte. Ihr Bezugssystem war von der Flucht geformt worden. Ob sie das nun wollte oder nicht. Und dieses Bezugssystem war eines Tages aus den Fugen geraten. Anni Waiblinger hat ihre Erinnerungen daran aufgeschrieben. Als Leitmotiv hat sie einen Ausspruch John Lennons gewählt: »Leben ist das, was passiert, während du eifrig dabei bist, andere Pläne zu machen.«

Die Nichtigkeit der persönlichen Pläne angesichts äußerer Eingriffe ist ein Generalmotiv nicht nur ihrer Erinnerungen. So mochte ihr Vater schon ans Ende des Krieges gedacht haben, als er am 18. Januar 1945 seinen Einberufungsbefehl erhielt. »Bitterschwerer Abschied«, notiert die Tochter dazu knapp und doch vielsagend. Kurz darauf war sie mit Mutter, vier Tanten und fünf kleinen Kindern auf zwei vollgepackten Wagen unterwegs.

Die Richtung der Waiblinger'schen Flucht war klar: »westwärts! Nur westwärts! Es hieß, dass es hinter der Oder große Auffanglager gäbe – und dass man hinter der Elbe in Sicherheit sei. Es stimmte weder das eine noch das andere. Aber es war ein Ziel für uns alle auf den Straßen, die wir nun völlig heimatlos waren«, schreibt Anni Waiblinger in ihren Aufzeichnungen. Die einzigen Männer des kleinen Flüchtlingshaufens waren ein Onkel und der Großvater. Bei 20 Grad minus trug Anni die Stiefel ihres Vaters, die ihr viel zu groß waren. Aber mit drei Lagen Socken entging sie Erfrierungen, die vielen anderen zusetzten. In einer mondhellen Nacht machte Anni eine Beobachtung, die das Mutter-Tochter-Verhältnis auf den Kopf stellte. Plötzlich fühlte sie sich für ihre Mutter verantwortlich. In beißender Kälte hatte die Mutter ihren Mantel weit aufgeknöpft. »Was machst du denn da? Dir kann's doch nicht zu heiß sein«, fragte Anni irritiert. Die Mutter schaute geistesabwesend und antwortete: »Weißt du, ich will nur, dass die Russen mich gleich richtig treffen.« Anni nahm die Mutter in den Arm. Ihre Memoiren halten fest: »Ich wusste, dass ich nun auf sie aufpassen musste.«

Dass sie den Vater gar nicht wiedersehen würden, hatten sie wohl fast alle heimlich befürchtet. Dass sie ihm bald wiederbegegnen würden, hatte keine zu hoffen gewagt. Aber in Christianstadt, auf dem Markplatz, begegneten sie einem anderen Treck – mit dem der Vater zog. Er war entlassen worden und hatte sofort den Weg nach Westen angetreten. »Seither glaube ich nicht mehr so sehr an Zufälle«, hat Anni Waiblinger später über diese so beglückende Wiederbegegnung geschrieben.

Die wiedervereinten Waiblingers zogen im Frühjahr 1945 zunächst ins Sudetenland, wo sie im Rahmen ihrer Umsiedlung schon einmal für ein paar Monate gelebt hatten. Dort fehlte es wie überall an Lehrern. Vater Waiblinger bekam sofort eine Anstellung, und Anni ging sogar wieder auf ihre alte Schule. Aber Schönlinde war nicht mehr wie früher, alles wirkte zerbrechlich, nicht mehr solide. Schönlinde war einer der vielen Orte im Reich, an denen man zwar das Ende des NS-Regimes spüren, sich darüber hinaus aber nicht vorstellen konnte, wie die Zukunft des Ortes aussehen mochte: Man ahnte genug vom Wüten der eigenen Truppen im Feindesland, um sich die Rache des Feindes ausmalen zu können, auch ohne die Gräuelpropaganda der Nazis. Mit letzter Konsequenz daran glauben mochte man indes nicht.

Annis Vater beschloss trotzdem: »Wir machen uns auf.« Die Waiblingers wussten mittlerweile, dass ein Teil ihrer Verwandtschaft in Sachsen angekommen war. »Anfang Mai sind wir los«, erzählt die Achtzigjährige, die damals 16 Jahre alt war. Wieder kannten sie nur die grobe Richtung. Diesmal hieß sie Nordwest. Ihr Kartenmaterial war uralt. Zuverlässiger war der Orientierungssinn des Vaters, der in fremden Orten rasch und sicher entschied, welches Sträßchen hinaus auf die Felder das richtige war.

Noch wurde gekämpft, auch wenn man das Chaos zurückweichender Wehrmachtskreise und in den Tod geschickter Volkssturmhäuflein kaum Front nennen konnte. Und trotz dauernder Fliegerangriffe fuhren im Mai 1945 noch immer Züge. Die Waiblingers wählten dieses Verkehrsmittel, ungeachtet des unguten Gefühls auf freier Strecke und der noch ärgeren Beklemmung, wenn der Zug, ein leichtes Ziel, auf einsamen Bahnhöfen ohne viel Flakdeckung hielt. Die Angst vor Tieffliegern wich zwar, als Deutschland am 8. Mai endlich kapitulierte. Aber nun griff eine neue Sorge nach den Reisenden. Die Machtverhältnisse im Sudentenland kippten. Viele Tschechen ließen dem lange angestauten Hass auf die Deutschen freien Lauf, es kam zu grausamen Ausschreitungen. In einem stehenden Zug kamen sich die Waiblingers wie auf dem Präsentierteller vor, wie eine abzuholende Lieferung für den nächsten Mob der Rachedürstenden. »Wir müssen weg von den Bahnhöfen«, entschied Annis Vater. Noch einmal kontrollierten die drei ihre Rucksäcke, prüften, »was man noch zurücklassen konnte«. Eine Dose Schuhcreme war das Einzige, aber weil diese Dose den Rucksack auch nicht übermäßig schwerer machte, »blieb sie dann doch drin«.

Mit solchen kleinen Gesten wollten sie sich Mut machen, dass die Regeln der Zivilisation auch in ihrer neuen Lage Geltung behielten. Die Erniedrigungen der kommenden fünf Wochen aber würden auch durch geputzte Schuhe nicht zu lindern sein. Als Anni Waiblinger weiterspricht, ist die Verzweiflung, die sie damals ergriffen hat, in ihre Stimme zurückgekrochen: »Hunger war unser ständiger Begleiter. Wir hatten zwar Geld, aber es war nutzlos.« Nirgends gab es etwas zu kaufen, es ließ sich höchstens ein Rest Wurst bei einem Metzger, ein Kanten altes Brot beim Bäcker erstehen.

Wenigstens das Wetter meinte es gut mit den Flüchtenden. Der Mai war heiß, so dass sie auch im Wald übernachten konnten, obwohl sie keine wärmenden Decken besaßen. Denn das Schlimmste an dem strapaziösen Marsch war die allabendliche Suche nach einem Platz für die Nacht. »Manchmal wurden wir aufgenommen«, fasst Anni Waiblinger das zusammen, »doch meistens nicht. Die sesshaften Leute waren halt schon sehr vorsichtig und sehr oft abweisend«, sagt sie und versucht, Gründe für diese ablehnende Haltung zu finden. »Wir waren ja nicht die Einzigen, die unterwegs waren.« Und: »Wir sahen zwar nicht so doll abgerissen aus. Aber wenn man nicht die Gelegenheit hat, sich richtig zu waschen …« Sie spricht den Satz nicht zu Ende.

Ab und zu gab es Ausnahmen, die wieder ein wenig Kraft gaben zur Bewältigung der Scheußlichkeiten. »Ich erinnere mich an eine Familie in Thüringen. Bei der haben wir auch vorsichtig gefragt, und die haben uns eingeladen und gesagt: Ja, kommen Sie nur rein.« Anni Waiblinger freut sich noch heute über so viel Menschlichkeit. »Die haben uns erst mal ein Bad gerichtet. Das war herrlich. Und dann gab es weiß bezogene Betten. Wir kamen uns wieder vor wie Menschen. Der junge Mann der Familie, der erst einen Tag zuvor mit einem amputierten Arm aus dem Krieg heimgekommen war, gab uns eine Landkarte. Die war Gold wert.«

Im Erzählen breitet sie wieder das Gefühl von Erleichterung und Geborgenheit aus, das damals wenigstens für ein paar Stunden die Strapazen und die demütigenden Erfahrungen in den Hintergrund drängte. Und die gab es reichlich: Als der Vater einmal beim Kirschenpflücken half und von seinem Lohn ein paar Früchte kaufen wollte, beschied man ihn rüde: »Nee, die brauchen wir selbst!« Und als er ein anderes Mal auf einem großen Gut nach etwas Milch fragte, beschied man ihn, das sei nur Magermilch. »Das macht uns nichts aus«, konterte Annis Vater. Und wurde mit einem klaren Hinweis auf die Rangordnung abgewiesen: »Wir brauchen die Milch für die Schweine.«

War es Dummheit oder Bosheit, die den Flüchtlingen da entgegenschlug? »Wir haben ja selbst nichts!« und »Ihr habt doch heim ins Reich gewollt. Nun seid ihr im Reich«, waren Sätze, die sie in diesen Wochen oft gehört haben. Man begrüßte sie damit und rief sie ihnen nach. Durchatmen konnten die Waiblingers erst wieder, als sie im Sommer bei ihren Verwandten im heutigen Sachsen-Anhalt ankamen. Auch in dem kleinen Örtchen, in dem sie sich auf dem Bürgermeisteramt meldeten, war man zunächst wenig willig, noch mehr Flüchtlinge aufzunehmen. Aber der Bürgermeister ließ sich überzeugen, dass hier eine Familie wieder zusammengefunden hatte, die er nicht wieder trennen durfte. Die Waiblingers bekamen also ein Quartier in einem zum Schlafsaal umfunktionierten Klassenzimmer zugewiesen. Die 17-jährige Anni fand Arbeit beim Pfarrer, der eine Kinderfrau für seinen Nachwuchs suchte. Es schien, als sei man angekommen.

Aber Annis Vater, dem die Angst vor den Russen noch aus ganz anderen Gründen als anderen Deutschen im Nacken saß, drang schon im Herbst wieder darauf, mit einem Transport von Rheinländern weiter in den Westen zu ziehen. Er hatte als 19-Jähriger, als Bessarabien zu Russland gehört hatte, das Zarenpalais gegen die Oktoberrevolution verteidigt. Nun fürchtete er die buchhalterische Akribie der russischen Behörden und eine späte Rache. Noch im Württembergischen offenbarte er seiner Tochter eine hinter Zuversicht getarnte Sorge: »Du glaubst nicht, was das NKWD für Zeugnisse und für Kenntnisse hat. Natürlich habe ich hier keine Angst vor dem NKWD. Bis hier werden seine Arme nicht reichen.« Hinter seinem Lachen, ahnte Anni, steckte eine Angst, die der Vater nie mehr ablegen würde.

Im Sauerland, in der Nähe der Möhnetalsperre, gingen die Schikanen weiter. Anni wohnte hier getrennt von ihren Eltern, an ihrem Arbeitsplatz auf einem Bauernhof. Dort bekam sie auch zu essen. Entsprang die ständige Ermahnung aus dem Mund des Kindes der Bauern – »Iss nicht so viel, sonst reicht es für uns nicht mehr« – wirklich dessen eigener Gedankenwelt? Anni Waiblinger bezweifelte das schon damals. Aus dem Kindermund kam wohl das, was die jungen Ohren von den Erwachsenen aufgeschnappt hatten. Und das alte Großmütterlein auf dem Hof stellte dem Flüchtlingsmädchen einen riesigen Korb mit Wäsche zum Flicken hin, mit dem beißenden Kommentar: »Man kann nicht nur essen. Man muss auch arbeiten.« Sehr viel mehr verstand das Mädchen nicht von dem Sauerländer Platt der Alten. Das mag ein Glück gewesen sein.

Auch die Eltern scheinen sich kein bisschen aufgehoben gefühlt zu haben. Jedenfalls war man sich in der Familie bald einig, dass man diese Gegend verlassen musste. Wie der Vater den neuerlichen Umzug bewerkstelligte, weiß Anni Waiblinger nicht mehr. Aber es gelang ihm mit viel Überredungskunst, seine Familie durch die verschiedenen Besatzungszonen ins Herz Württembergs nach Stuttgart zu dirigieren. Im Dezember 1945 kamen sie dort an und wurden, »wie alle Leute, die nicht wussten, wohin«, in einem Massenlager in einem Schulgebäude am Hauptbahnhof untergebracht. Dort gab es morgens einen Kaffee und mittags eine Suppe, Ungeziefer in den Schlafsälen und regelmäßige Polizeirazzien. Doch der nicht nur vielgerühmte, sondern auch gelebte Zusammenhalt der Bessarabier holte sie dort heraus. In der Nähe hatte ein Landsmann eine Holzbaracke gebaut, wo er Leidensgenossen versammelte. Den

Waiblingers gelang es, eine Umquartierungserlaubnis dorthin zu bekommen. »Gleich nach dem Krieg gab es die Solidarität der Menschen, die eine gemeinsame Geschichte hatten«, erinnert sich Anni Waiblinger. Auch in Bessarabien hatten die Neuankömmlinge einst keine Infrastruktur vorgefunden. Das, was über die Kräfte des Einzelnen hinausgegangen war, das hatte die Gemeinschaft bewältigen müssen.

Nach der zügigen Entnazifizierung des Vaters, der in Polen in die NSDAP eingetreten war, um weiter Lehrer sein zu dürfen, begann nach der Phase der Notunterkünfte endlich der Prozess der Sesshaftwerdung. Der Vater bekam eine Anstellung auf dem Land, etwa 50 Kilometer von der Landeshauptstadt entfernt. Die Waiblingers zogen nach Mühlacker, wo Ilse in Anni Waiblingers Leben trat und mit ihrer Natürlichkeit und Neugierde für ein bisschen Normalität sorgte. Wenngleich Anni, wie so viele, Reste des vergangenen Regimes mit in die neue Zeit trug: Ihr rotes Dirndl hatte ihre Mutter aus einer ausrangierten Hakenkreuzfahne genäht. Stoff war Mangelware und Mütter waren erfinderisch. Es hat in dieser Zeit viele rote Kleider gegeben. Anni durfte wieder in einem eigenen richtigen Bett schlafen, und zu Ostern und zu Weihnachten schickten Angehörige eines anderen Zweigs der Familie, die in die USA ausgewandert waren, Pakete mit Erdnussbutter, Schokolade, Dosenmilch und Mehl. »Das war die erste Schokolade, die ich seit Bessarabien zu sehen bekommen hatte«, sagt Anni Waiblinger. Wenn je, galt der vollmundige Werbespruch damals: Schokolade macht glücklich.

Das misstrauische Beäugtwerden der Neulinge hielt dennoch lange an. Für die Abiturprüfung hatte Annis Mutter ihr einen braunen Rock und eine beige Bluse, die in einem der Pakete aus Amerika gekommen waren, passend abgeändert. »Das sah recht hübsch aus.« Der Prüfer kam aus Stuttgart angereist.

Als alles vorbei war und Anni den Raum schon wieder verlassen wollte, hörte sie noch deutlich, wie der Prüfer – voreilig oder achtlos oder gar verunglückt lobend – zu ihrem Klassenlehrer sagte: »Na, bei Ihnen sind ja die Flüchtlinge besser angezogen als die Schwaben.« Anni Waiblinger klingt dieser Satz noch immer böse in den Ohren. Sie wollte nicht mehr länger verglichen, bewertet und an den Einheimischen gemessen werden. Was gab denen das Recht, sich selbst zum Maßstab aller Dinge zu machen?

Einen allerdings gab es, der maß nicht alles mit der Elle des einheimischen Hausbesitzers. Dem muss die junge Frau selbst wie das Maß aller Dinge vorgekommen sein. Bis 1949 war er in russischer Kriegsgefangenschaft gewesen. An seinem zweiten Tag in Mühlacker traf der Spätheimkehrer Anni. Seine Schwester hatte ihre Freundin aufgefordert: »Komm doch mal vorbei und lern Paul kennen.« Anni und Paul verstanden sich auf Anhieb. »Er war aber viel schneller davon überzeugt, dass ich die Richtige für ihn war«, sagt Anni Waiblinger. Immerhin, Paul hatte selbst eigene leidvolle Russlanderfahrungen, er verstand mehr als die, denen man dauernd so vieles erklären musste und die dann immer noch nicht begriffen. Bald sagte er zu Anni: »Dich hab' ich Hitler zu verdanken!« Trotz solch makaberer Komplimente schickte sie ihn erst mal für ein paar Wochen aus ihrem Leben, damit er, wie sie sagt, »sich Vergleichsmöglichkeiten schaffen konnte«. Nach der probeweisen Trennung war Paul noch viel überzeugter von seiner Wahl und befand, er habe genug geprüft. Diesmal stimmte Anni Waiblinger ihm zu. Mit Liebe und Partnerschaft kehrte das Gefühl zurück, über das eigene Leben bestimmen zu dürfen, den Risiken der Zukunft gewiss gewachsen zu sein. Sie lachten beide über solche genussvollen Anmaßungen.

Das Flüchtlingsgefühl trat nun, da sie auf die Ehe mit einem echten Württemberger zusteuerte, in den Hintergrund. »Das war eine ziemliche Zäsur«, beschreibt Anni Waiblinger den An-

Drei Generationen der Familie Waiblinger auf Familienausflug

fang des Abschieds vom Fremdsein. Doch was sie an neuem Zugehörigkeitsgefühl gewann, das verlor sie ein paar Jahre später an alten Bindungen. Sie machte sich unbeliebt bei etlichen Verwandten, deren Blick aufs Leben sie nicht mehr teilte, deren Klagen sie nicht mehr zustimmen konnte. Auch diese Verwandten hatten sich äußerlich gut eingefügt, hatten es mit ihrer Variante des rundum herrschenden Pietismus und mit jenem Fleiß, den ihre schwäbischen Nachbarn in Form der sogenannten Schaffigkeit für die ureigenste Landestugend hielten, zu eigenen Häusern gebracht. Aber ein belastbares Heimatgefühl hatte besonders die ältere Generation nicht mit aufgebaut. Irgendwann konnte Anni nicht mehr an sich halten. Als wieder einmal Sehnsucht nach Bessarabien das Gespräch bestimmte und wie so oft das bessere Leben dort gepriesen wurde, entfuhr ihr eine Provokation: »Ja, würdet ihr denn zurückgehen, wenn alles wieder so wär' wie früher, wenn ihr eure Häuser zurückbekommen würdet?« Es herrschte betretenes Schweigen. »Die Frage war nicht erwünscht.« Sie wurde von manchen auch nie ganz verziehen.

Anni Waiblinger wollte die Vergangenheit loslassen dürfen, ohne das als Verrat begreifen zu müssen. Paul und dessen Familie, die sie »mit offenen Armen aufgenommen haben«, gaben ihr das Gefühl, dazuzugehören. »Das tat mir unendlich gut.« Während sie eine Lehre als Buchhändlerin absolvierte, steckte ihr Verlobter all seine Energien in ein Pharmaziestudium, um bald in die Apotheke seines Vaters einsteigen zu können. 1956 heiratete das Paar. Trotz aller Entbehrungen und jener großen Sparsamkeit, die nötig war, um mit 400 Mark drei Kinder zu versorgen und den obligatorischen VW-Käfer zu finanzieren, zogen in die kleine Drei-Zimmer-Wohnung der Familie Glück und Zufriedenheit mit ein. Die Tage waren anstrengend. Vor allem, wenn alle drei Töchter auf einmal krank waren. Aber sie waren auch ereignisprall, und Anni empfand bei aller Anstrengung Lebensfreude. Sie versorgte die Kinder, Paul – der die Apotheke beim Rathaus bald ganz übernahm – brachte das Geld ins Haus: bundesrepublikanische Normalität dieser Jahre. Die leisen Sehnsuchtsgefühle nach Bessarabien, die hie und da vielleicht einmal heranschwebten, wurden kulinarisch besänftigt: mit gefüllten Paprika und Käseknöpfchen.

Würde Anni Waiblingers Leben verfilmt, dann wäre dies die Phase, in der die Produzenten nach knapp zwei Stunden die Figuren und den Zuschauer ins Happy End entließen. Der Abspann mit den Namen der Mitwirkenden könnte rollen, während die Kamera uns einen der Familienurlaube in Schweden zeigte oder eine der Geburtstagsfeiern, zu denen regelmäßig so viel Familie aufmarschierte, dass die Stühle nicht ausreichten. Auf die Schrecken der Zeitgeschichte, würden diese Bilder suggerieren, folgt – für die Geduldigen, für die Findigen, für die vom blinden Schicksal Bevorzugten – das kleine private Glück, beschirmt vom soliden Schutzmantel des neuen deutschen Friedensstaates.

Aber Anni Waiblinger ist eben keine Filmheldin. Ihr Leben ist weitergegangen, nachdem die Urlaube vorbei und die Festtagsreste weggeräumt waren. Und das Glück hat nicht dableiben wollen, bis die allerletzten Lichter gelöscht werden. Der Vater starb, das ist der Gang der Dinge, ein Abschied war möglich gewesen, so schmerzlich er auch war. Die Mutter aber wurde pflegebedürftig, so unselbständig und auf Hilfe angewiesen, dass Anni die ständige Versorgung nicht mehr gewährleisten konnte. Sie musste ihre demente Mutter 1974 in ein Heim geben. Ein gutes Heim, wie sie sagt, in langer Suche sorgsam ausgewählt. Glückliche Umstände kamen hinzu: Der Heimleiter war ein ehemaliger Schüler des Vaters und stammte selbst aus Bessarabien – wie sämtliche Bewohner des Hauses. Dort gab es das aus der Jugend vertraute Essen und Gottesdienste, abgehalten wie die in der alten Heimat. Ein gutes Heim also, besser hätten sie es kaum treffen können, sagt Anni Waiblinger und weiß mit dem Verstand, dass sie recht hat. Dass sie ihre Mutter bis zu deren Tod im Herbst 1977 in die besten Hände gegeben hatte. Aber etwas in ihr wühlt das Gefühl auf, versagt zu haben. Nachts scheucht es seit langem die Alpträume hoch. Als sei ein Treck auseinandergerissen, als sei jemand auf dem harten Weg im Stich gelassen worden.

Tagsüber weiß Anni Waiblinger, dass das Unsinn ist. Sie und ihr Mann haben sich damals immer wieder davon überzeugt, dass es der Mutter gutging. Und sie haben, wenn die Arbeit Zeit ließ, versucht, mit allem ins Reine zu kommen. Im Frühjahr 1976 besuchten Anni und Paul mit Freunden, mit denen Paul Waiblinger die Kriegsgefangenschaft in Vilnius verbracht hatte, auch die Orte ihrer frühen Irrmärsche. Es waren ergreifende Momente, Tage voller Weinen und Lachen. Vor den ehemaligen Gefangenenlagern liefen die Tränen. In ihrem Hotel tanzten sie die Osternacht durch, getragen von dem Gefühl, damals davongekommen zu sein.

Doch verschont werden ist kein Zustand auf Dauer, nur eine bestimmte Wendung der Ereignisse an einem Punkt der eigenen Biografie. Stattdessen gibt es andauernd Momente, an denen sich das Schicksal anders entscheiden kann. Paul und Anni haben einen solchen erlebt, als 1978 einer medizinischen Untersuchung keine Behandlungsvorschläge mehr folgten. »Nehmen Sie«, sagte der Arzt zu Anni – auch so können Todesurteile formuliert werden –, »Ihren Mann heim und pflegen sie ihn gut!« Es blieben noch viereinhalb Monate Gemeinsamkeit. Für Anni Waiblinger begann mit fünfzig Jahren noch einmal eine neue Zeitrechnung. Die Trauer, zehrender Kummer, dauernder Schmerz hatten sie wieder eingeholt.

Nicht der Verlust der Heimat ist es, der sie jetzt im Alter beschäftigt. Damit hat sie ihren Frieden geschlossen. Anders als viele aus ihrer Verwandtschaft, ist sie nie wieder hingefahren. Ein einziges Mal hatte sie sich für eine Fahrt nach Bessarabien angemeldet, aber dann doch wieder »kalte Füße bekommen«. Andere sind bis jetzt siebenmal »runtergefahren« – mit Koffern voller Feinstrumpfhosen und Kugelschreibern. Anni Waiblinger wollte nicht die reiche Tante aus dem Westen spielen. Das ist ihrem Wesen fremd. Sie hat sich Berichte angehört. Sie weiß, dass ihr Elternhaus nicht mehr steht, so wenig wie die beiden großelterlichen Häuser. Die Kirche, so haben ihr Reisende berichtet, wurde lange Zeit als Pferdestall genutzt. »Es ist alles völlig anders. Über das Land ist zweimal der Krieg hinweggefegt«, sagt sie. Und dass sie es so in Erinnerung halten wolle, wie es einmal war. Andere Abschiede, andere Vertreibungen aus dem Glück, der Verlust des Mannes, der so beherzt schnell wusste, dass das Vertriebenenmädchen die Richtige für ihn sei, beschäftigen sie heute. Als habe ein Schmerz den anderen ausgelöscht.

Selma Wagner (links) mit einer Freundin
aus Hindenburger Tagen

Gefangen in der Zeitschleife

Wie Selma Wagner die Grausamkeit der deutschen Provinz erlebte

Am 15. September 1958 sind wir rausgekommen.« Andere würden vielleicht sagen, sie hätten an diesem Tag vor einem halben Jahrhundert endlich die Ausreisegenehmigung erhalten. Selma Wagner beschreibt in der Verknappung ein intensives Gefühl, das noch heute jeden Winkel ihres Lebens erfüllt. Die Worte und der Tonfall, in dem sie von der langersehnten Wendung spricht, legen das Ende großer Not, die Rettung aus unmittelbarer Gefahr nahe. In ihnen schwingt mit: Lange hätten wir es nicht mehr ausgehalten. So war es wohl auch. »Ich war nervlich fertig. Zum Schluss konnte ich fast nichts mehr essen. Wenn ich Eintopf gekocht habe, konnte ich keine Einbrenne machen. Das habe ich nicht vertragen. Ich konnte kein Fleisch essen. Ich habe am Schluss nur noch von Milch und trockenen Brötchen gelebt.« Nicht nur ihr Verstand, auch Selma Wagners Körper empfand den permanenten Ausnahmezustand. Sie erinnert sich noch genau an den Moment, als ihre 13-jährige Tochter sie von der Arbeit in der Stahlhütte abholte, wo sie in der Werkzeugausgabe beschäftigt war. »Mamuschka«, hatte das Mädchen gesagt, »Mamuschka, wir haben die Ausreise bekommen.«

Am 15. September kehrten Selma Wagner, ihre Tochter Anna und ihre Schwester Irene Polen für immer den Rücken. Sie war zu diesem Zeitpunkt 36 Jahre alt, ihre Schwester 33. Die Frauen ließen eine volleingerichtete Wohnung zurück und die erste Hälfte ihres Lebens. Kleider, Bettwäsche und ein bisschen Geschirr packten sie in eine Kiste, die als Fracht aufgegeben wurde. Mit einem Koffer in der Hand verließen sie eine Existenz, aus der es, das sollten sie später merken, doch keinen wirklichen Ausstieg gab.

Selma Wagner entwickelte großen Ehrgeiz, ihrem Kind gute Startbedingungen zu schaffen. Bereits im Auffanglager Friedland bläute sie ihrer Tochter ein: »Und wenn du dir die Zunge brichst, jetzt sprichst du kein Wort Polnisch mehr. Jetzt sprichst du nur noch deutsch.« Die Zunge selbst sollte eine Schranke zwischen Vergangenheit und Gegenwart sein und den Weg in die Zukunft ebnen. Selma wusste: Die Sprache, die man spricht, entscheidet über die Chancen, die man bekommt. Darum finanzierte sie Nachhilfestunden und übte selbst mit ihrer Tochter. Anna sollte die deutsche Grammatik beherrschen, als hätte es in ihrem Leben nie eine andere gegeben.

Die Anstrengungen waren von Erfolg gekrönt. Heute spricht Anna kein Wort Polnisch mehr. Zumindest beteuert sie das. Sie hat, sagt sie, auch keine Erinnerung mehr an ein Leben vor dem in Deutschland. Sie will auch keine mehr haben. Mehr als einmal hat sie ihre Mutter in Gesellschaft gedrängt: »Bitte sag nicht, dass wir aus Polen kommen.« Das scheint wie eine verkehrte Welt, denn die Erinnerungen an Polen, die Anna nicht mehr haben will, sind nicht ihre eigenen. Eigentlich hat sich Selma Wagner die Welt so eingeteilt: Schlesien, das bedeutet gute Zeiten an einem guten Ort. Polen, das ist der Horror schlechthin. Aber sie redet darüber. Eine Begegnung beim Einkaufen reicht, um ihr Herz zum Überlaufen zu bringen. Für Tochter Anna sind Polen und Schlesien eins, vor allem eins darin, ihr unangenehm, unheimlich, peinlich zu sein. Sie scheint zu erschrecken, dass ein Ort, mit dem sie nichts zu tun haben mag, zu ihrer Definition herangezogen werden könnte. Anna will um nichts in der Welt für eine Polin gehalten werden. Vielleicht muss man es anders sagen, weil die Horrorerzählungen ihrer Mutter erfolgreich waren: Anna will keine Polackin sein. So nennt ihre Mutter im Jargon einer untergegangenen Zeit noch immer gerne die Menschen, die sie für ihre Peiniger hält. Eine Bezeichnung, die später für sie gebraucht wurde, als sie in den Westen kam. Anna lebt heute eine Tagesreise von ihrer Mutter entfernt. Das schafft Distanz – auch zu den eigenen Ursprüngen.

Geboren wurden Annas Mutter und ihre Tante, die beiden Schwestern Irene und Selma, im oberschlesischen Hindenburg, einer Stadt der Hütten und Gruben, einem Zentrum der Schwerindustrie mit einem selbst in der Kriegszeit ansehnlichen Freizeitangebot mit Kino, Theater und Varieté. Verlassen haben sie 1958 einen Ort, der seit 1945 Zabrze hieß, einen Ort, in dem sie ihre Kindheit, Jugend, den Krieg, die Einnahme durch die russische Armee und die Verwandlung einer deutschen in eine polnische Stadt erlebt hatten. Von dort kamen sie als sogenannte Aussiedler in ein Land, das sie in seinem damaligen Zustand gar nicht kannten. Das Deutschland ihrer Kindheit war ein anderes gewesen. Sie setzten trotzdem alle ihre Hoffnungen auf diesen Neustart. Rauszukommen, um in den Worten Selma Wagners zu bleiben, war der erste Schritt. Auf ihn mussten viele weitere folgen, um ein neues Leben beginnen zu können. Wer weggeht, muss irgendwo ankommen. Wer neu anfängt, muss alles im Kopf und Herzen Mitgebrachte überprüfen, ob es an den neuen Ort passt, ob es sich verknüpfen und verbinden lässt mit dem, was hier den Alltag ausmacht.

Selma Wagner aber hat nichts aufgeben wollen von dem, was sie mitgebracht hatte. Ihr Bezugsystem blieb trotz Ortsveränderung und vorangeschrittener Zeit noch immer Hindenburg. Das machte es für sie dauerhaft schwierig, Fuß zu fassen. In Selma Wagners Leben gibt es auch heute noch ein Drinnen und ein Draußen. Das Drinnen ist so sicher wie einsam. Es ist der

Die Schwestern Selma und Irene Wagner

imaginäre Schutzraum, das imaginäre Hindenburg, das sie sich schon in Hindenburg gezimmert hat. Wie man in so einem Innenraum mit sich selbst zurechtkommt, das kann man selbst bestimmen und planen. Hier herrscht, um den Preis von Austausch, Geselligkeit und Nähe, beruhigende Gewissheit. Vorausgesetzt, man wagt sich nicht zu weit hinaus. Den Rückzug, die Bunkerflucht in dieses Drinnen von Selma Wagner hat die Besetzung ihrer Heimatstadt durch die russische Armee ausgelöst. Kein anderes Ereignis hat dieses Leben mehr bestimmt, keines dominiert mehr als dieser Machtwechsel. Die 86-Jährige mit dem kurzen weißen Haar hat für diese Zeit nur eine einzige Formulierung. »Das war, als die Russen reingekommen sind.« Im Kalender heißt das Datum 28. Januar 1945.

Das Draußen in Selma Wagners Ordnungssystem ist feindlich und deshalb unberechenbar. Es versucht permanent, ins Innere vorzudringen: »reinzukommen«. Es nagt und zerrt und bereitet Leiden und Kummer. Und so wurde vieles im weiteren Leben von Selma Wagner zum Kampf gegen Gefühle der Ohnmacht und des Ausgeliefertseins.

Auch das Arrangement, das sie mit ihrer Schwester traf, folgte dieser Aufteilung in Draußen und Drinnen. Irene übernahm das Draußen. Sie wurde die beruflich Erfolgreichere. Selma wirkte im Inneren. Diese Schicksalsgemeinschaft hielt bis vor wenigen Jahren. Sie war durch nichts zu erschüttern, sie endete erst, als ein Schlaganfall die Schwester traf. Seit dem Jahr 2000 liegt Irene im Wachkoma in einem Pflegeheim, der Gegenwart entrückt. Der einzige Mensch, der wie kein anderer weiß, wovon Selma Wagner spricht, ist für sie nicht mehr erreichbar. Es scheint wie eine düstere Spiegelung, als hätte auch Irene sich nun in ihr Inneres zurückgezogen. Das anstrengende Draußen geht sie nichts mehr an.

Nur eine Freundin und ein Freund aus der alten Heimat sind Selma Wagner geblieben. Beide wohnen weit entfernt. Aber mit ihnen kann sie wenigstens stundenlang telefonieren. »Labern« nennt sie das, abwertend gegenüber ihrem eigenen Versinken in der Vergangenheit. Neulich hat Hans, der Freund aus Jugendtagen, zu ihr gesagt, wenn er noch gesund wäre, würde er gerne noch mal nach Gleiwitz fahren. »Jetzt ist es zu spät. Jetzt kannst du nicht mehr fahren«, hat sie ihm geantwortet.

Verstehen kann sie ihn, denn auch sie hat sich schon bei der Überlegung ertappt, noch einmal durch Hindenburg laufen zu wollen: als ihre Tochter Prospekte studierte, die Busreisen ins ehemalige Schlesien anboten. Aber das, winkt sie ab, sei pure Neugierde gewesen. Der Verstand sage ihr: »Wir haben dort ja keine Verwandten mehr. Wir haben ja niemanden zurückgelassen. Nur die Gräber von meiner Mutter und meinem Bruder.« Er starb, kurz nachdem er aus der Kriegsgefangenschaft nach Hause zurückgekommen war, an den Folgen einer Malariaerkrankung. Bei der Erwähnung der Toten, die sie in Hindenburg zurückgelassen hat, wird Selma Wagner nachdenklich. Es ist eben doch nicht nur Neugierde im Spiel. »Sagen wir, es war die Heimat. Irgendwie ist es doch ein Gefühl für die Heimat.« Und dieses Gefühl will Gestalt gewinnen. Im Reden verfestigt es sich zu Worten, die sich zu Sätzen ketten und sich zu einer Endlosschlaufe des Erzählens binden.

Seit sie alleine wohnt, ist die Heimat – oder das Gefühl für sie – noch weiter weg. Die Abende sind jetzt sehr lang. »Ich stricke, dann komme ich nicht ins Grübeln.« Die betagte Dame wählt komplizierte Muster, die ihre Aufmerksamkeit binden. Auch die Wochentage hat sie sich genau eingeteilt, sie braucht klare Strukturen im Draußen, »montags wird Wäsche gewaschen, drei Maschinen, dann ist der Vormittag zu Ende. Dann runter zum Aufhängen gehen, und wieder rauf und runter. Dann esse ich zu Mittag, dann wasche ich ab. Wenn ich Mittag gegessen habe, setzte ich mich auf die Couch, lege die Füße hoch, lese oder höre Musik. Dann trinke ich Kaffee. Und dann geh' ich zu meiner Schwester. Erst gegen halb sechs komme ich wieder nach Hause. Ich esse meinen Apfel und meine Kiwi und meine Banane und dann stricke ich. Dabei gucke ich fern und um zwölf Uhr gehe ich schlafen. Erst noch Zähne putzen, dann gehe ich ins Bett.«

In diesem dauernden Abwehrkampf gegen die Leere bleibt

nicht viel Raum für das Glück. Bei Selma Wagner hat es sich verflüchtigt, weil es nie eine Chance bekommen hat.

Was wäre wohl geschehen, wenn die 86-Jährige nicht als Jugendliche in den Kriegsjahren bei einer Dienststelle der NS-Volkswohlfahrt eingesetzt worden wäre? Wäre sie dann dem Leben weniger misstrauisch und furchtsam gegenübergetreten? Bei der Volkswohlfahrt arbeitete sie in einer Abteilung, die Kinder und deren Mütter betreute. Eher nebenbei suchte man dort im Büro auch Brieffreundinnen, die in Korrespondenz mit jungen deutschen Frontsoldaten treten wollten. Alle schrieben. Nur Selma wusste nicht, was sie einem Unbekannten von sich mitteilen sollte. »Früher ist man in diesem Alter ja noch nicht mit Jungen rumgezogen«, sagt sie, als habe man sie zu etwas furchtbar Unanständigem zwingen wollen.

Ihr fehlte damals schlicht jegliche Erfahrung im Plänkeln mit dem anderen Geschlecht. Aber sie durfte sich nicht drücken. Ihre Chefin setzte sich für sie an die Schreibmaschine und tippte einen Brief an einen der vielen Aspiranten. Die Wahl war auf ihn gefallen, weil er den gleichen Nachnamen hatte wie Selma Wagner. Nur die Unterschrift auf dem Brief an diesen Max Wagner stammte von ihr. Aber dieser geborgte Brief wurde zum Beginn einer schüchternen Kriegsromanze. Max schrieb zurück aus Frankreich. Es stellte sich heraus, dass er aus der Nachbarstadt Gleiwitz stammte. Er schickte auch ein Bild von sich. Und als er das nächste Mal auf Urlaub in seine Heimatstadt kam, stand er leibhaftig vor seiner Brieffreundin. Sie erkannte ihn sofort. »Max war meine erste Liebe«, sagt die 86-Jährige überraschend direkt. Auch das Drinnen will sich ab und an offenbaren.

Das junge Glück dauerte nicht lange. »Er ist aus Russland nicht zurückgekommen.« Sie war noch nicht einmal zwanzig und fühlte sich als Witwe, ohne offiziell als solche zu gelten. Damals lernte die junge Frau schnell, dass nicht aus dem Gleichgewicht gerissen wird, wer das Draußen nicht in sein Leben lässt. Die Liebe blieb ein Gedankengebäude, wurde nie ein Haus, in das sie wirklich einziehen musste. Als braves katholisches Mädel hätte sie vielleicht alle möglichen Illusionen über ein seliges Miteinander lange bewahrt. Aber als Helferin auf der Dienststelle der Volkswohlfahrt im oberschlesischen Hindenburg lernte sie viel über das Grauen, das sich zwischen Männern und Frauen abspielen kann, nicht nur in Zeiten des Krieges.

Eigentlich war die Arbeit auf dieser Dienststelle für ein Mädchen, das kurz zuvor noch als folgsame Ministrantin in der katholischen Messe gedient hatte und einer grundsoliden Mittelstandsfamilie entstammte, unzumutbar. Sie forderte Erfahrungen, Reserven, Abwehrtechniken, die Selma nicht hatte. »Die Frauen erzählten mir Dinge, die würde ich keiner 17-Jährigen erzählen«, sagt sie im harten Dialekt Oberschlesiens, der heutzutage so wunderlich klingt, so ganz und gar anachronistisch, weil man ihn kaum noch zu hören bekommt.

Männer, lernte das in sexuellen Dingen völlig unerfahrene Mädchen, sind zu Furchtbarem in der Lage. Bei Selma Wagner schütteten Frauen ihr Herz aus, die sich auf ein Verhältnis mit einem Soldaten eingelassen hatten, der nun irgendwo an der Front stand und vielleicht schon nicht mehr lebte. Viele der Frauen, die von einer kurzen Affäre im Schatten des Todes schwanger geworden waren, suchten über die NS-Volkswohlfahrt den Vater ihres Kindes. Selma Wagner schrieb dann Briefe an die Truppeneinheiten in Russland und an oft desinteressierte Männer, denen ihr eigenes Überleben nun wichtiger war als das Kind einer Frau, die sie kaum kannten. Viele erreichten ihre Briefe wohl auch gar nicht mehr. Selma Wagner erlebte verzweifelte Frauen, die nicht mehr weiterwussten. Eine ihrer Abteilungsleiterinnen hatte einen verwitweten Gutsbesitzer aus Ostpreußen geheiratet. Nach dessen Tod hatten ihre Stiefsöhne sie sofort wieder vom Hof gejagt. Sie hörte von großen Ehedramen, die sich in der kurzen Zeit eines Fronturlaubs entfalteten. Der Krieg, lernte sie schnell, macht Menschen nicht sanftmütig und geduldig. Er trägt die Gewalt auch in die Heimat. Mitunter bis in die Schlafzimmer. Opfer dieser Verrohung, das hörte sie in jedem Gespräch, waren die Frauen. Weder Mutterkreuz noch Propaganda schützten sie offenbar vor Gewalt und Demütigung.

Misstrauen, so entschied sie, war der einzige Schild, der eine Frau vor männlicher Rohheit schützen konnte. Noch Jahrzehnte später ertrug Selma Wagner weder die kleinen Anzüglichkeiten noch die zotigen Witze ihrer Kollegen. Sie musste oft den Raum verlassen und sich übergeben. Der Ekel vor männlicher Selbstherrlichkeit, das Empfinden latenter Gewaltandrohung in alltäglichem männlichem Gehabe wurden ihre ständigen Begleiter. Sie sind es noch, auch jetzt im Alter.

Vielleicht wäre auch ihr einstiger Brieffreund, ihre große Liebe, irgendwann an diesem sich Tag für Tag verstärkenden Misstrauen gescheitert. Selma Wagner weiß es nicht. Sie weiß nur, dass seit Max' Tod vieles anderes war. »Wir haben so viel durchgemacht in diesen Jahren«, sagt sie und fängt den Satz noch einmal von vorne an. Zurückgezogenheit wahren, immer das Schlimmste und nie etwas Gutes erwarten – für Selma Wagner waren das verlässliche Methoden, Schaden von sich fernzuhalten. Und dass andere ihr schaden wollen, hat sie immer wieder gespürt oder zu spüren gemeint. Gewiss in jenen Stunden, die sie zusammen mit ihrer Schwester und den anderen jungen Frauen und Mädchen auf dem Dach des Sechsfamilienhauses in Hindenburg saß. Auf das schützende Hausdach retteten sich die jungen Frauen immer dann, wenn unten wieder russische Soldaten das Haus betraten und nach Frauen suchten, ihr »Komm, Frau!« riefen. Oben kauerten sie selbst bei 25 Grad Kälte.

Über Verwundung und Demütigung hat sie auch viel gegrübelt, als ihre Schwester verhaftet wurde und für drei Wochen in einem Gefängnis unter russischer Verwaltung verschwand. Dass sie sich zum Amüsement ihrer Bewacher nackt ausziehen musste, hat Irene später berichtet. Aber was war noch geschehen? Hatte der junge russische Soldat, der sich angeblich immer schützend vor sie gestellt hatte, der den Wagners auch gemeldet hatte, wo Irene abgeblieben war, sie wirklich vor allem Furchtbaren bewahren können? Dieser junge Mann war für eine Weile der Lichtblick in dem verstörenden Geschehen. Er wollte Irene heiraten, er begleitete sie nach Hause, als sie nach drei Wochen wieder entlassen wurde. Und kam danach nie wieder. Die Schwestern Wagner wissen nicht, was aus ihm geworden ist. Die Geschichte hat ihn verschluckt.

Selma Wagner sitzt in ihrem akkurat aufgeräumten Wohnzimmer, in dem alles seinen Platz hat, und streicht während des Redens imaginäre Krümel von der Tischdecke. Immer wieder hat sie sich selbst dargelegt, warum sie stets genau so handeln musste, wie sie es getan tat. All diese Geschichten ist sie im Geiste tausendmal durchgegangen, hat alles noch einmal durchlebt im geschlossenen System ihrer Erinnerungen. Da wird schnell zum Störenfried, wer sich außerhalb dieses Schlussfolgerungssystems stellt und nicht begreifen mag, was sie zu der Frau gemacht hat, die sie heute ist.

Selma Wagners Leben pendelt zwischen zwei Polen. Vom einen drängt es sie zum andern. Der eine heißt »Bei uns« und ist weit weg. »Bei uns« meint noch immer Oberschlesien, Hindenburg und das Leben dort. Der andere Pol ist das Leben in der schwäbischen Kleinstadt – wo zufälligerweise, ein Kurzschluss zwischen den Polen, die Adresse den gleichen Straßennamen enthält wie einst in Hindenburg. In diesem Hindenburg hat sie ihren Rückzugsraum nach Max' Tod nur noch einmal verlassen. Max, der gefallene Liebste, hatte zwei Kameraden, die ihm nahe standen. Selma hatte die beiden ebenfalls kennengelernt. In einer Gartenwirtschaft, einer Gastschenke, wie man damals sagte, wo die beiden auf ihrem ersten Ausgang der verunsicherten Selma in die Arme liefen. Willi, der aus Duisburg kam und Maxens Stelle einnehmen wollte, verunsicherte sogar Selmas Mutter mit seinem schneidigen Blick. »Meine Mutter hat immer gesagt, ›der soll mir nicht in die Augen gucken, da wird mir ganz anders‹. Der hat solche leuchtenden Augen gehabt«, sagt Selma Wagner und klingt plötzlich schwärmerisch jugendlich. Ja, das alles gab es auch einmal für mich, lässt dieser Tonfall wissen. Wie hätte sie einem solchen Charmeur widerstehen sollen?

Selma und Willi begannen eine zurückhaltende Liebelei. »Das war eine komische Liebe«, leitet sie Erzählungen von gemeinsamen Varietébesuchen ein und von verpassten Straßenbahnen, die dem jungen Soldaten Ausgangssperre bescherten. Die Strafe dafür, dass er sich zu spät wieder in der Kaserne eingefunden hatte, wusste er zu seinem Vorteil zu nutzen. Er bat Selma, zur nächsten Verabredung in die Kaserne zu kommen. Entgegen ihrer Überzeugung gab sie nach und wundert sich noch immer über so viel Chuzpe. Damenbesuch beim Militär? Das galt als verwegen bis verwahrlost. »Ich war überhaupt nicht für so was«, erklärt Selma Wagner. Aber es kam dann auch nicht zu »so was«.

Vier Jahre war sie mit Willi verlobt, und all die Zeit blieb es eine Beziehung auf körperlichem Abstand. Sie fuhr zu ihm und seiner Familie nach Duisburg, er besuchte sie in Hindenburg. Brav trugen sie ihre Verlobungsringe. »Wir wollten heiraten. Das war schon die Idee.« Willi entsprach auch ganz ihren Vorstellungen. Er kam aus der Stadt und nicht vom Land. Damals wünschte sich Selma insgeheim fort von Hindenburg. Irgendwohin, wo das Leben pulste. Willi entstammte einer bürgerlichen Familie. Einen Gruben- oder Hüttenarbeiter wollte Selma Wagner keinesfalls zum Mann. Der Rheinländer Willi schien der passende Führer in jene Zukunft, in die Selma Wagners

Fantasie sich den Lärm von Autos sogar am Sonntag als Garant des prallen Lebens hineinimaginierte.

Doch diese Zukunft hätte Eintritt gekostet. Selma Wagner glaubte, sie müsse sich dafür dem unterwerfen, was sie für die generellen Gemeinheiten in der Beziehung zwischen Eheleuten hielt. Das ließ sie zögern, sich endgültig für Willi zu entscheiden. Sie lebte besser mit der Vorstellung, die Ehe sei nur ein Ja-Wort entfernt. Das reichte ihr vorerst. Auf der Arbeit bekam sie noch immer »von solchen Eheproblemen zu hören, dass ich richtig Angst hatte«, und Krieg und Kinder passten im Kopf von Selma Wagner ohnehin nicht zusammen. Dieses Kapitel der Beziehung zu Willi wollte sie noch aufschieben. Obwohl es ihr doch auch wieder bitterernst war mit ihrer Liebe zu Willi.

Selma Wagner bekam Angst um die gemeinsame Zukunft, als im Dezember 1944 die Nachricht eintraf, ihr Verlobter sei verwundet worden und liege in Bad Brückenau im Lazarett. Die 22-Jährige nahm allen Mut zusammen, beantragte Urlaub und setzte sich in den Zug, um durch das zerbombte Deutschland, durch neue schwere Bombenangriffe hindurch zwei Tage und drei Nächte ins Fränkische und zwei Tage und drei Nächte wieder zurück nach Hindenburg zu fahren. Andere machten sich in diesen letzten Tagen des Jahres schon auf, den Osten Deutschlands für immer zu verlassen. Sie hingegen wollte nach dem Krankenbesuch in Süddeutschland zurück in eine vertraute Umgebung, deren Endlichkeit ihr unvorstellbar war. Sie verbrachte eine Woche mit dem 28-jährigen Willi, der überzeugt war, der Krieg sei für ihn dank seiner Verletzung beendet. Er dachte sich schon ganz in die Zukunft mit Selma hinein – die nun schwach wurde, »nur ein einziges Mal«. In ihren Worten klingt das heute sehr schroff, als wolle sie die lebensbejahende junge Frau, die sie auch einmal war, aus ihrer Biografie tilgen. »Er hat mir ein Kind angehängt«, sagt sie brüsk. Er habe das mit

Absicht getan. Das letzte Mal, dass sie den Mann gesehen hat, der sie liebte und den sie damals wiederliebte, kam, als er sie zum Zug brachte. Ein letzter Blick zwischen Waggon und Bahnsteig. Das war's. Dann kamen die schlimmen Jahre – und als sie endlich hätte zu ihm reisen können, tat sie es nicht. »Das war dann so weit entfernt«, sagt sie. Zu viel Zeit war vergangen.

An Heiligabend nahm sie ihren Dienst wieder auf. An den Weihnachtsfeiertagen 1944 mussten wie in all den Jahren zuvor die Ledigen arbeiten. Punkt sechs Uhr morgens war Selma Wagner wieder in Hindenburg eingetroffen. Sie hatte nur kurz ihren Koffer zu Hause abgestellt, dann trat sie völlig übernächtigt ihren Dienst an. Und von da an jeden Tag aufs Neue. Auch der mutigen Heimgekehrten wurde nun bewusst, dass die allgemeine Reiserichtung eine andere war. Die Menschen drängten nach Westen. Fort von der sich auf Hindenburg zubewegenden Front. Selma Wagner war damit beschäftigt, Frauen, Alten und Kindern Reisegenehmigungen für diese Fahrt in den Westen auszustellen. Als der vermeintlich letzte Zug dorthin zusammengestellt wurde, bat ihre Abteilungsleiterin aus der NS-Volkswohlfahrt sie: »Komm doch mit!« Die Russen standen schon bei Auschwitz. Am 27. Januar befreiten sie das Konzentrationslager. Einen Tag später nahmen sie Hindenburg ein. Selma Wagner war geblieben.

Aus Verantwortungsgefühl? Selmas Mutter litt bereits in dieser Zeit aufgrund der Wechseljahre an schweren Blutungen. Dieses Leiden machte sie fluchtunfähig. Blieb Selma auch der Schwester zuliebe oder weil sie nicht ahnen konnte, was alles passieren würde? Fehlte ihr schlicht das Vorstellungsvermögen? Sie weiß selbst bis heute nicht, was für Gehen und was für Bleiben sprach. »Es war der Monat, in dem ich merkte, dass ich schwanger war. Ich war völlig durch den Wind.« Sie tastet nach einer Erklärung, ohne eine zu fassen zu bekommen. »Ich weiß nicht. Ich wollte nicht. Ich weiß selbst nicht, was ich wollte.«

Sie schrieb Willi zwar weiter, von der Schwangerschaft jedoch verriet sie ihm nichts. Das übernahm die Mutter, die ahnte, was mit ihrer ältesten Tochter los war. Heimlich setzte sie Willi davon in Kenntnis, dass er Vater wurde. Das war im Januar, ein paar Tage »bevor die Russen reinkamen«. Deren Ankunft nahm Selma Wagner die Entscheidung endgültig ab. Die Familie und andere Dagebliebene mussten nicht mehr länger darüber nachdenken, wie die Zukunft aussehen könnte. Anders als die deutsche Bevölkerung in anderen Gegenden wurden sie nicht vertrieben. Im Gegenteil, sie mussten bleiben. Sie wurden polnische Staatsbürger mit polnischen Familiennamen. Die Wagners wählten den des Lebensmittelhändlers von gegenüber. Es war ihnen egal, er war eben parat, augenfällig auf dem Schild an seinem Laden: Stanecek. Dieser Zwangsname hatte nach Selma Wagners Verständnis nichts mit ihrer Person zu tun.

Ihre Schwester Irene wurde in der Demontage der Stahl- und Hüttenindustrie eingesetzt. Doch auch die schwangere Selma arbeitete schwer für kargsten Lohn: am Abend eine Sauerkrautsuppe und einen Kanten Brot. Das war gerade genug, um nicht an Schwäche einzugehen.

Bereut Sie es, geblieben zu sein? »Ich weiß nicht«, sagt sie. »Sehen Sie, das ist die Zuzugsgenehmigung.« Sie zeigt ein Dokument und stürmt weiter durch ihre Lebensgeschichte. In der soll es keinen Platz mehr geben für ein Grübeln, das ohnehin nichts mehr ändern würde. Vom 27. Dezember 1946 stammt das Papier, das sie aufbewahrt hat. Willi muss viel unternommen haben, um es überhaupt erst zu bekommen. Denn diese »Zuzugsgenehmigung nach Duisburg für Selma Wagner infolge der erlittenen Kriegsschäden« stand ihr keinesfalls zu. Dafür hätte sie vor dem 1. September 1939 in Duisburg wohnen müssen. Und doch hatte »mein Verlobter«, wie Selma Wagner ihn noch immer nennt, das Kunststück zuwege gebracht. »Er musste eine eidesstattliche Erklärung abgeben, dass er mich heiratet.

Daraufhin hat er das bekommen«, sagt die alte Dame mit einem Anflug von Stolz in der Stimme.

Der Brief kam jedoch erst viel später bei ihr an. Fast zwei Jahre erreichte die Wagners keine Post. So blieb vieles ungeklärt und unerklärt. Einen eigenen Ausreiseantrag stellte sie vergeblich. Aber sie schrieb Willi weiter. Und erwähnte die Tochter, die im September 1945 zur Welt gekommen war, noch immer nicht. Auch nicht ihre Verzweiflung, als die Wehen einsetzten und sie allein zu Hause war. Das Kind befand sich noch dazu in der Steißlage. Die Hebamme, die sie noch alarmieren konnte, habe nur kurz getastet und wenigstens gesagt: »Die lebt.«

Die Geburt war fürchterlich. In die Erzählung davon schleicht sich wieder dieser die Gefühle verwehrende Ton. Die Versorgung des Kindes war fast unmöglich. Die Nachbarin schenkte ihr gebrauchte, selbstgestrickte Säuglingskleidung. Die trennte Selma auf und strickte neue Teile daraus. »Ich hatte nichts. Kein Hemdchen, keine Windel. Und kein Geschäft hatte geöffnet.«

Aber es gab weit drängendere Probleme. Wie ernährt man einen Säugling, wenn man selbst kaum zu essen hat? Wenn es keine Milch zu kaufen gibt? Selma Wagner stillte ihre Tochter. »Mir fielen alle Zähne aus«, erinnert sie sich an diese Zeit großen Mangels. Die Einschränkung, dass es vielen Menschen in diesem Nachkriegsjahr unabhängig vom Land, in dem sie lebten, so schlecht erging, macht sie nicht. Für sie ist das Geschilderte ein Willkürakt, der sich gezielt gegen ihre Person gerichtet hat. Vielleicht war es auch schwer, dieses Gefühl nicht zu entwickeln. Denn Selma Wagner hatte so vieles auszuhalten. Die stillende Mutter zog sich eine Brustentzündung zu, die sich mangels Medikamenten und Narkosemitteln nur brutal behandeln ließ: Mit einem heftig schmerzenden Schnitt in die Brust. Die Ärztin übersah dabei jedoch, dass die Wunde weiterblutete, weil sie eine Ader durchstochen hatte. Das Pflaster, das die Wunde notdürftig abdeckte, konnte diesen Strom nicht stillen.

Die ganze Hausbewohnerschaft stand um Selma Wagners Bett, die »blutete und blutete und blutete«. Die Hebamme versuchte es mit Essigumschlägen. Eine deutsche Hausbewohnerin, die polnisch sprach, machte sich schließlich auf ins nahe gelegene Krankenhaus. Mit den alarmierenden Worten »Es geht um eine junge Mutter, die verblutet« fand sie einen Arzt, der nach Stunden bangen Wartens nach Dienstschluss kam, die Ader abklemmte und die Wunde vernähte. Wieder ohne Narkose. Die 3000 Sloti, die der Arzt dafür verlangte – ein Liter Milch kostete damals sieben Sloti –, hätte Selma nicht gehabt. »Alle haben zusammengelegt.« Mühsam, aber ohne Murren stotterten die Wagners den Betrag bei ihren Nachbarn wieder ab, dankbar für diesen Akt der Solidarität gegen das feindliche Draußen.

Vom Vater war da schon die Nachricht eingetroffen, dass er im ehemaligen Konzentrationslager Auschwitz interniert war. »Es kommen jeden Tag Frauen aus der Umgebung. Wenn ihr etwas Essen oder Tabak bringen könntet, wäre ich euch sehr dankbar. Ich liege in Auschwitz Lager 2, Baracke 267, Kompanie Block 14. Vielleicht bleibe ich noch einige Zeit hier«, hatte er der Mutter geschrieben. Die machte sich trotz ihrer auszehrenden Blutungen im Dezember 1945 auf den Weg, um ihren Mann zu besuchen, in Begleitung ihrer beiden Töchter. Der Vater durfte als gebürtiger Deutscher nicht ins nunmehr polnische Hindenburg zurückkehren. Sein Ziel nach der Entlassung wurde schließlich Duisburg. Dort wollte er beim Verlobten seiner Tochter unterkommen. Aber er starb, völlig entkräftet, noch auf dem Transport im sächsischen Meißen im Januar 1946. Die Nachricht vom Tod des Vaters erreichte die Familie erst im November. Selmas Mutter erfuhr davon nichts mehr. Sie war im Juni 1946 gestorben. Selmas altes Leben löste sich immer weiter auf, sein Personal trat nach und nach ab.

Willi versuchte in dieser Zeit, zu seiner Verlobten und dem Kind nach Polen zu gelangen. Er glaubte noch an die Durchsetzbarkeit seiner Wünsche auch gegen die neu gezogenen Staatsgrenzen und weltpolitischen Konfrontationen. An der Grenze jedoch musste er klein beigeben. Nicht-Polen durften nicht einreisen. Und Selma, die von allem nichts ahnte, weil sie seine Briefe nicht erreichten, konnte in ihren Briefen nicht schreiben, dass sie nicht ausreisen durfte ohne Ausreisegenehmigung. Was Willi beschafft hatte, war nur die Zuzugsgenehmigung für seine Heimatstadt, eine innerdeutsche Angelegenheit. Auf Selmas Ausreise hatte dieses Papier keinen Einfluss.

Als die Geschäfte nach zwei Jahren wieder öffneten, ging Selma zum Fotografen und ließ ein Bild von ihrer Tochter und sich machen. Jetzt sollte er sehen, dass er ein Kind hatte, ein Mädchen. »Ich konnte ihm aber nicht schreiben, was ich dachte. Die Briefe wurden ja geöffnet.« Was sie dachte, kann sie knapp formulieren: »Ich wollte raus. Wir alle wollten raus!« Aber ihrem Ausreiseantrag wurde nicht entsprochen. Willi wartete weiter. Vier Jahre, fünf. Selma Wagner bezeugt Verständnis dafür, dass ihr ferner Verlobter sich irgendwann der Gewalt des Faktischen beugte. »Er war ja dann auch schon über dreißig. Er hat geglaubt, ich will nicht kommen, weil ich nicht gekommen bin. Von dem ganzen Zinnober mit der verweigerten Ausreise wusste er ja nichts.« Auch Willi trat eines Tages aus Selma Wagners Leben ab.

Aus ihrem neuen Leben als Polin versuchte die junge Mutter, das sie umgebende Fremde möglichst fernzuhalten. »Ich habe nur deutsch gesprochen«, sagt sie stolz. So hielten es alle in dem Haus, in dem sie noch immer wohnten. Auf dem Klingelschild der Wagners stand weiter »Wagner« und nicht »Stanecek«. Fast hätte diese stille Opposition gegen die Polnisierung ihrer Existenz die Tochter das Leben gekostet. Als das Kind schwer an Scharlach erkrankte und dringend ins Krankenhaus musste, hätten die Helfer das Kind beinah nicht gefunden. Sie suchten nach Stanecek. Und das stand an keiner Klingel.

Selma Wagners Festhalten an ihrer alten deutschen Identität brachte ihr später mehrere mahnende Gespräche mit Annas Lehrerin ein. Die redete ihr etwa ins Gewissen, der Tochter nicht länger »eine so deutsche Frisur zu machen«. Das blonde Mädchen trug die geflochtenen Haare zu Schnecken aufgesteckt. Auch wurde Annas Mutter ermahnt, nicht so viel Deutsch mit dem Kind zu sprechen. Ihr Polnisch sei so schlecht, dass man die mangelnde Übung merke. Aber Selma Wagner verteidigte den geschützten Innenbereich ihres Lebens weiter hartnäckig gegen das verhasste Außen, den aufgezwungenen Kulturwandel. Sie wollte den Heimatverlust mitten in der Heimat nicht akzeptieren.

Für die Außenkontakte wurde ihre Schwester zuständig. Die fügte sich und versuchte zumindest, sich den neuen Gegebenheiten zu stellen. Irene brachte sich durch konzentrierte Lektüre der Zeitung ohne fremde Hilfe die polnische Sprache bei. Sie wusste: Nur wenn sie die Sprache beherrschte, würde sie wieder in ihrem Beruf als Buchhalterin arbeiten können. Der Weg dorthin war steinig. In der Donnersmarckhütte, einer großen Eisengießerei, hatte sie fürs Erste Arbeit als Kranführerin gefunden. Erschöpft und ausgelaugt, kam sie oft weinend nach Hause. Die Hitze der Hochöfen stieg nach oben, hinauf zum Führerstand ihres Krans. Aber die Mühe des Sprachenlernens zahlte sich aus. Irene gelang der Wechsel in die Lohnbuchhaltung, wo sie zur Abteilungsleiterin aufstieg, im Büro der Knappschaft in Gleiwitz.

Selma Wagner begann in der Werkzeugausgabe der Donnersmarckhütte zu arbeiten. Sie lernte zumindest die polnischen Namen der Werkzeuge, die sie auch auf Deutsch nicht kannte. »Aber ich konnte mich bis zum Schluss hin nicht auf Polnisch unterhalten, weil ich es nicht wollte«, sagt sie triumphierend. Selma reiste mit ihrer Tochter in diesen Jahren »sogar in den Urlaub, obwohl ich nicht Polnisch konnte!« Kinder

Die Zeit in Polen: Selma Wagner (rechts)
bei einem Zoobesuch

waren in den Erholungsheimen eigentlich nicht erlaubt. Selma Wagner aber zeigte der feindlichen Heimat ihre Verachtung, indem sie diese Regelung durch ein bisschen zusätzliches Geld aushebelte. Für ein paar Sloti durfte Anna bei ihrer Mutter bleiben. Der frühere Verlobte Willi, der mittlerweile eine andere Frau geheiratet hatte, schickte Geld an eine nach Essen ausgewanderte Tante. Und Selma freute sich über die Post der Tante, Pakete mit Kinderkleidung aus dem Westen zum Beispiel, neue Kleider und abgelegte Sachen ihrer eigenen Töchter. Anna Wagner wurde durch diese Unterstützung schnell das Kind, das stets besser angezogen war als die anderen. Sie hatte den schöneren Wintermantel und die wärmeren Stiefel. Das weckte den Neid derer, die nichts hatten. Obwohl Selma Wagner sah, dass es ihr Kind dank solcher Gaben nicht nur leicht hatte, setzte sie alles daran, sich in nichts dem polnischen Alltag zu ergeben, den sie als trostlos empfand. Das kostete Kraft und zehrte an Seele und Körper. Ist es überraschend, dass sie noch über vierzig Jahre nach ihrer Ausreise unter Magenschmerzen litt, für die kein Arzt eine Ursache finden konnte?

Die Nachricht von der Ausreiseerlaubnis kam völlig überraschend. Die Schwestern durften mittlerweile – Selma Wagner kann sich nicht mehr erinnern, wie und warum – ganz offiziell ihren deutschen Familiennamen wieder führen. An ihren Arbeitsplätzen war dieser Wechsel absichtlich oder aus Schlamperei noch nicht bekanntgeworden, und offensichtlich auch nicht bei allen Behörden. Ein Bekannter auf dem Rathaus der Stadt, so versucht sich Selma Wagner die überraschende Wendung im Nachhinein zu erklären, wird einen Antrag mit ihrem neuen, alten Namen rasch genug weitergeleitet haben: Und so wurde eine Ausreisegenehmigung erteilt, wo so viele zuvor abgelehnt worden waren. Die dreiköpfige Kleinfamilie konnte sogar ohne die sonst üblichen Schikanen aufbrechen. Wer einen Antrag stellte, dem wurde üblicherweise sofort die Arbeitsstelle gekündigt – egal, wie lange es bis zur tatsächlichen Ausreise noch hin war. Wer keine Ersparnisse hatte, für den war dieser Weg schon daher nicht gangbar. Den Schwestern blieb diese Erschwernis nun erspart. Sie kündigten ihre Arbeitsstelle selbst und erst dann, als sie alle Papiere beisammenhatten. Zukunftsangst plagte sie keinen Moment. Ihr Motto: »Hauptsache, Deutschland!«

Sie fuhren in ein Land, das die Kriegsspuren emsig aus seinem Alltag getilgt hatte. Seit über einem Jahrzehnt war man mit dem Wiederaufbau beschäftigt. Den Wagners, die keine Polen hatten sein wollen, blieb die Rolle von Deutschen, die man als Unmenschen und Verlierer definierte. Jenseits der Grenze stießen sie auf ein ganz anderes Deutschsein, eines, dessen Kernsatz lautete: Wir sind wieder wer. Der Fußball hatte das Ersatzfeld geboten, auf dem sich alter Stolz neu entfalten konnte. Das Wunder von Bern 1954 hatte den Westdeutschen das Gefühl gegeben: Wir gehören wieder zu den Siegern. Nur war das ein sehr viel friedlicheres Siegertum als das von einst. Motorroller, Petticoat und Konrad Adenauer hatten Panzerkolonnen, Uniformen und Tyrannenfratzen ersetzt: Konsum als Lohn von Fleiß war nun der Leitwert, nicht mehr Rache für einen verlorenen Weltkrieg. 1955 waren die letzten Kriegsgefangenen heimgekehrt. Menschen wie die Wagners hatten ihre Zeit verpasst. Sie traten als ungute Erinnerung an vermeintlich abgeschlossene andere Zeiten in die neue Gesellschaft. Musste man diese Übersiedler etwa als noch immer nicht versorgte Opfer des NS-Staates sehen?

Dieses gereizte Misstrauen wurde von vielen Übersiedlern rasch beschwichtigt. Nicht einmal sie wollten sich als Opfer sehen und Schulddebatten führen. Stattdessen wollten auch sie schnellstmöglich am Wirtschaftswunder partizipieren. Da man den Wagners im Flüchtlingslager Friedland sagte, in Baden-Württemberg hätten sie als alleinstehende Frauen »am ehesten die Chance auf eine Anstellung«, stellten sie sich am Schalter der Arbeitsvermittlung für dieses Bundesland an. »Uns war das so egal«, sagt Selma Wagner. »Wir sind hier, weil es hier Arbeit gab.«

Und hier sind sie geblieben, ein halbes Jahrhundert lang. Aus ihrer Erklärung der Ortswahl spricht nicht nur wehleidfreier Pragmatismus, sondern fast schon Unbarmherzigkeit gegen die eigene Person. Als habe man sich, endlich im ersehnten Westen angekommen, selbst klarmachen wollen, dass alle Ansprüche an Glück nun übererfüllt seien. Als habe man dem Schicksal zeigen wollen, dass man den Westen verdient habe: indem man alles hier von vornherein und unbesehen für besser erklärte als irgendetwas, das man im Osten hätte haben können.

Irene Wagners Tochter Monika ist heute 46 Jahre alt. Auf sie wirkt die Entscheidung von Mutter und Tante »sehr kompetent und gar nicht gefühlsduselig«. Sie wundert sich über eine

Entschiedenheit, die auch so etwas wie emanzipatorische Züge trägt. Denn die beiden Frauen hätten es einfacher haben können. Im Rheinland war ja jener Zweig der Familie ansässig, der schon zu Kriegsende seine Heimat verlassen hatte. Aber Selma und Irene mieden diesen Familienanschluss. Sie suchten wirtschaftlichen Erfolg und Unabhängigkeit von allem, was sie wieder beschränken könnte. Mag sein, sie mieden auch alles, was sie zur Öffnung drängen mochte. Als hätten sie schon geplant, ihr auf zwei Paar Schultern verteiltes Einsiedlertum auch in der gelobten Bundesrepublik fortzuführen.

Dabei trennten sich ihre Wege zunächst. Vom Auffanglager Friedland zog Irene auf die Schwäbische Alb, die damals 36-jährige Selma mit ihrer Tochter weiter ins oberschwäbische Biberach. Im dortigen Schlafsaal, erinnert sie sich, schnarchten die Frauen um die Wette. Und, erzählt sie, junge Frauen aus der DDR hätten sehr gezielt die Männer aus der Gegend animiert. Vielleicht soll das auch nur heißen: Nicht alle waren so misstrauisch und verschlossen wie Selma Wagner. Wenn die jungen DDR-Flüchtlingsmädchen sich zum Waschen nackt auszogen, dann schickten manche Mütter, Selma ganz gewiss, die eigenen Kinder schamhaft weg. »Wir waren ja so was nicht gewöhnt«, sagt sie. So etwas: ein Leben, in dem man entspannt sein darf und nicht immer mit dem Schlimmsten rechnen muss. Schon gar nicht mit Stiefelgepolter und dem Ruf: »Frau, komm.« In Polen hatte Selma die Anspannung der ersten Besatzungswochen unter der Roten Armee nie ganz abgelegt. Und nun war sie so ausgehärtet, dass sie auch im ersehnten Deutschland als permanentes Misstrauen Teil von ihr blieb.

Selma Wagner kümmerte sich intensiv um ihre Tochter. Ziel des eigenen Lebens wurde das andere: Sie paukte mit Anna unablässig Deutsch, um ihr die Förderschule zu ersparen. Und sie mühte sich, das Bestmögliche auf den Tisch zu bringen, um ein starkes Kind zu haben. Um ein bisschen Geld zu verdienen, sammelte sie für einen Bauern Kartoffeln auf dem Acker. Aber irgendwann zogen Selma und Anna dem Kartoffelacker davon, weiter nach Ulm, wo das Flüchtlingslager in einer Kaserne untergebracht war. In der Stadt an der Donau bekam Selma Wagner ihr erstes Arbeitslosengeld ausgezahlt. Sie schildert das wie das Erreichen einer wichtigen Wegmarke. Sie war dort angekommen, wo man sich um ihr Wohl sorgte. Sie fühlte sich durch die Zahlung – Geld war der Grundwert der neuen Gesellschaft – verlässlicher in die deutsche Gemeinschaft eingebunden als durch Papiere. Man gibt nur denen, die man halten will. 50 Mark waren das. 35 Mark brauchte sie allein für Essen. Aber in Ulm konnte ihre Tochter wieder auf eine richtige Schule gehen. Selma borgte sich eine Schreibmaschine und übte das Tippen. Sie tastete sich auch wieder an das Stenoschreiben heran. »Das vergessen Sie ja sonst«, sagt sie fast nonchalant. Eine passende Arbeit aber fand sie nicht, weshalb die Kleinfamilie im Mai 1959 an den neuen Wohnort der Schwester zog. Zusammen mit Irene bewohnten sie im dortigen Übersiedlerheim auf der Schwäbischen Alb eine Drei-Zimmer-Wohnung. »Und am 1. Juni 1959 habe ich, obwohl ich fast 14 Jahre nicht im Büro gearbeitet habe, wieder eine Stelle in der Buchhaltung bekommen.«

Erhielt das Leben nun eine andere Farbe? Wich der düstergraue Schleier? Oder blieb er, weil man die Neu-Württemberger im Alltag spüren ließ, dass sie nicht dazugehörten? Ja, ja, sagt Selma Wagner schnell. »Das haben sie getan.« Für viele waren die zwei Schwestern Polinnen, die nur in den Wohlstand hatten wechseln wollen. Nicht allen war klar, dass die Wagners vor 1945 so deutsch wie die Menschen auf der Schwäbischen Alb gewesen waren. Oder wussten es alle, wollten es aber vergessen? Weil die Menschen in der Provinz schon zu oft die Hand gereicht hatten? Seit 14 Jahren lebten sie zunächst mit Flüchtlingen, dann mit Aussiedlern zusammen. Waren Neugierde und Freundlichkeit aufgebraucht, weil Hilfe scheinbar nur neue Hilfsbedürftige herbeibeschwor?

Selma Wagner mag sich nicht erinnern an ihre eigenen Gefühle von Enttäuschung und Zurücksetzung, die den Neuanfang von einer begleitet haben mögen, die harten Dialekt sprach. Sie schildert lieber das Außen, als sei es nicht nach drinnen gedrungen. »Die haben überhaupt keine Fremden gemocht«, beschreibt sie kategorisch die Einheimischen. Ein Urteil von schneidender Absolutheit, das die damalige Verletzlichkeit ahnen lässt. In der enteigneten Heimat hatte sie sich vorgestellt, irgendwann in eine neue Heimat fliehen zu können. Wenn es möglich war, dass der angestammte Ort die Heimateigenschaft verlor, dann musste es ja auch möglich sein, dass ein neuer Ort die Heimateigenschaft gewinnen konnte. Nun war sie an einem neuen Ort und täglich bei der Arbeit umgeben von Menschen, die ihr ganzes Leben in der gleichen Gegend verbracht hatten. Das grenzte Selma Wagner doppelt aus. Sie gehörte nicht schon immer hierher. Und sie hatte das Vertrauen verloren, dass Wurzeln etwas Dauerhaftes waren. Der Wagner'sche Erfahrungskomplex von Heimat- und Orientierungslosigkeit blieb den Einheimischen fremder als den Wagners das Schwäbische.

Selma Wagners Chef »war ein Urschwabe und Feldwebel. Da können Sie sich den Ton vorstellen, der da herrschte.« Es kommt einem offenen Bekenntnis tiefer Einsamkeit gleich, wenn Selma Wagner sagt: »Ich habe hier bis heute mit keinem Freundschaft geschlossen.« Auch ihre Tochter, sagt sie, »ist gern für sich alleine«. Erstaunlich nüchtern analysiert sie die Folgen einer alles andere als unkomplizierten Schwangerschaft: »Ein Kind wird schließlich schon im Mutterleib geprägt.« Die Angst, die sie in den eiskalten Nächten auf dem Dach des Elternhauses ausgestanden hat, soll demnach auch die Tochter im Mutterleib gespürt und ins Leben übernommen haben. »Sie hat die ganze Nacht gebrüllt«, erinnert sich Selma Wagner. »In der

Nacht war sie immer wach, immer auf der Lauer. Und tagsüber hat sie geschlafen. Sie hat den ganzen Tag geschlafen, und abends um zehn fing sie an zu brüllen bis morgens um sechs.« Das einmal Erfahrene, glaubt Selma Wagner, hat sich dem Säugling eingeprägt – so wie sich ihr Hindenburg eingeprägt hat.

Als sie sich noch hatte vorstellen können, von dort im Guten und freiwillig wegzuziehen, hatte ihr der Sinn nach Großstadt gestanden. 1959 aber lud sie der Zug in einer Gegend aus, die sie wenig einladend fand. Der anfängliche Drang, alles im Westen besser zu finden als alles im Osten, war in den letzten Wochen verflogen. »Ich habe gedacht, um Gottes willen, wo kommen wir hin, in welche Einöde!« Selma Wagner ist noch jetzt entsetzt. »Die Leute haben Wäsche aus den Fenstern gehängt. Das gab es bei uns nicht. Wenn ich die ersten Jahre mit dem Zug zur Arbeit gefahren bin, haben mich die Bäume und Wälder so bedrückt. Ich habe mich so zurückgesehnt nach einem Häusermeer. Nach einer Großstadt. Ich bin einfach ein Großstadtmensch.« Und Großstadt, das ist für sie Hindenburg. Selma Wagner hat ihre Vergangenheit schockgefroren. Als sei keine Zeit vergangen, kann die alte Dame die vergangenen Jahre hervorholen und vor sich ausbreiten. Immer unter Ausschluss der Nachgeborenen. Und der Nahestehenden.

Monika, die Nichte, kommt sich in solchen Momenten vor wie jemand, der zwar dazugehört, dem aber trotzdem das »Kein Zutritt für Unbefugte«-Schild vorgehalten wird. Eine Kindheit und Jugend lang sitzt sie mit am Tisch, hört die Geschichten von zu Hause, einem Zuhause, das Episode um Episode stets ein ganz anderer Ort ist als der, den sie ihr Zuhause nennt. Das Zuhause von Tante und Mutter entzieht sich fast provokant ihrem Zugriff. Sie gehört dort nicht hin und kann dorthin nicht folgen. Sie fühlt sich dann immer auch ein wenig fremd in der eigenen Familie und fröstelt beim Gedanken an die Erinnerungssitzungen der Hindenburgerinnen. Einmal schauten sie sich Bilder an, auf denen die kleine Monika in einem Funkenmariechenkostüm beim Kinderfasching zu sehen war. »Keine der beiden verlor eine Bemerkung darüber, wie schön dieses Kostüm gewesen ist.« Stattdessen wurde selbst dieses Bild zum Einstieg ins für Monika Unbetretbare. Zu Hause, so stellten Mutter und Tante fest, habe man keinen Fasching gefeiert. Von Oberschlesien kann man auch reden, indem man darüber redet, was es dort nicht gab. Monika kam sich in diesen Momenten so vor, als sei ihre Gegenwart völlig nebensächlich geworden. »Sie hätten doch eigentlich auch vom Hier reden können, wenn sie zu Hause meinten«, sagt sie. »Aber das Hier meinten sie mit zu Hause nie.«

Und dabei hätte Monika im Hier so viele Orte ihr Zuhause nennen können. Da war die Tagesmutter, Tante Emma, wie Monika sie heute noch zärtlich nennt, eine gemütliche alte Frau, deren letztes Ziehkind vor der Rente sie mit drei Jahren wurde. Mit ihr erlebte sie einen wesentlichen Teil ihrer Kindheit. Tante Emma ging mit ihr zur Schuluntersuchung. Für viele kleine kindliche Traurigkeiten und Katastrophen war sie die Problemlöserin. Sie war da, wenn Irene Wagner als voll berufstätige Frau abwesend sein musste. Ein sehr modernes Problem fasste damals schon nach den Frauen: der Widerspruch, als Alleinerziehende zugleich die beste aller Mütter sein und im Arbeitsleben die eigene Tauglichkeit durch makellose Regelerfüllung beweisen zu wollen. Als die Fremde aus Polen war Irene wahrscheinlich noch ein wenig zurückhaltender mit Urlaubsanfragen und Krankmeldungen als andere, wenn es ihrer Tochter nicht gutging. Das mag sie geschmerzt haben. Aber Nichtauffallen war zum Grundzwang ihres Lebens geworden.

Zu Monikas verteiltem Zuhause gehörte natürlich auch die Wohnung, in der sie mit ihrer Mutter und Tante Selma lebte. Dieser Ort und Tante Emmas Reich bargen ihr überschaubares Kinderleben, ohne dass sie sich zerrissen fühlte oder

Schwierigkeiten mit der Orientierung hatte. Oberschlesien hingegen verunsicherte sie fortwährend. »Meine erlebte Gegenwart existierte für meine Mutter fast nicht«, sagt sie angestrengt gleichmütig. Die Abgeklärtheit ist das Resultat langen, zähen Ringens um ein eigenes Leben. Eines, das nicht durch die Unkenntnis von Oberschlesien definiert war.

Im Dunkeln liegt auch Irene Wagners Schwangerschaft. Sie kommt in der Familiengeschichte nicht vor. Keinen Ton hatte sie ihrer Schwester davon verraten. Sie war 36, als sie eine ledige Mutter wurde – die zweite in der Familie. Die Gesellschaft reagierte damals wenig verständnisvoll auf Frauen wie Irene Wagner. Nichteheliche Kinder passten nicht in die sich als sauber, moralisch proper, frohgemut sittenstreng gebende Nachkriegswelt, die mit ihrer vordergründigen Wohlaufgeräumtheit vergangene Ungeheuerlichkeiten aus dem Bewusstsein drängen wollte. Gesellschaftlicher Konsens war: Zu einem Kind gehört ein Vater, zu einer Mutter ein Ehemann. Es sei denn, sie war Witwe, Kriegerwitwe etwa. Die frisch zugezogene Irene, deren Kind im Frieden, nicht im Krieg ohne Vater durch die Welt krabbelte, konnte das Etikett »anständig« in den Augen vieler nicht für sich beanspruchen.

Selmas Tochter Anna, die zu diesem Zeitpunkt 16 Jahre alt war, erinnerte sich später, dass sie während der verschwiegenen Schwangerschaft von Irene unter dem Bett der Tante ein Paket mit Babysachen entdeckt und sich darüber sehr gewundert hatte. Irene Wagner mag gehofft haben, dass nicht wahr wird, was man nicht ausspricht. Für das Kind, das einmal Monika heißen würde, gab es eigentlich keinen Platz und keine Erklärung in diesem Leben. Hat ihre Mutter es gehalten wie die biedere Schwabenwelt? Hat sie das Kind als Makel empfunden? Monika denkt oft darüber nach. Das Gefühl, nicht erwünscht gewesen zu sein, mehr Aufstiegshindernis als Glück und Erfüllung gewesen zu sein, wiegt schwer. »Im Grunde deines Herzens bist du dir nicht sicher, ob du etwas wert bist. Du gerätst immer wieder in Zweifel darüber«, erklärt Monika.

Der Zweifel muss umso heftiger sein, wenn die Mutter eine große Schweigerin ist. Die Strategie, die Irene während ihrer Schwangerschaft praktiziert hatte, lebte sie weiter: so tun, als sei da nichts. »Wir haben darüber nie gesprochen.« Monika meint die Zeit im Heim. Die ersten drei Jahre war sie dort. Nur an den Wochenenden holte ihre Mutter sie zu sich. »Ich weiß gar nicht, woher ich das weiß.« Monikas Mutter hielt die ferne Vergangenheit lebendig und beschwieg die Gegenwart. Paradoxerweise kann sich ihre Tochter erst jetzt, da die Mutter im Wachkoma liegt, dieser Vergangenheit nähern. Beim Aufräumen hat sie eine Kiste mit Briefen und anderen für die Mutter wichtigen Schriftstücken gefunden. Darin befand sich auch ein Zeitungsausschnitt. Er verrät, dass Irene Wagner vor über vierzig Jahren eine Kleinanzeige aufgegeben hat. Feinsäuberlich hat sie ihre Annonce aus der Tageszeitung ausgeschnitten: die Suche nach einer Kinderbetreuung für ihre drei Jahre alte Tochter. Diesem Schnipsel hat sie den Status des Aufbewahrungswürdigen eingeräumt, hielt ihn für wert, der Vergänglichkeit entrissen zu werden. Monika fand in der Kiste auch Briefe ihres mit einer anderen Frau verheirateten Vaters. Geburtstagskarten eines »dich liebenden Vaters«, der ein paar Briefe später mit Selbstmord drohte, sollte Irene irgendjemandem seine Identität enthüllen. Irgendwann musste Irene Wagner diesen Mann geliebt haben, dessen Identität sie ihrer Tochter bis zum Ende stets verheimlicht hat, der sie zu einem Versteckspiel zwang, das viel Kraft gekostet haben muss. Wie viel Selbstverleugnung verträgt ein Leben?

In Polen durfte Irene Wagner keine Deutsche sein. In Deutschland keine Liebende. Monika begann erst spät zu verstehen, was für hohe Mauern es im Leben ihrer Mutter gab. Eine riegelte die

Vergangenheit ab, die andere versperrte den Weg in die Zukunft. Und eine schützte Irene Wagner vor sich selbst. Lange
schmerzte es Monika, im Innersten der Mauer nicht voranzu-
kommen – und manchmal, wie es ihr schien, auch außerhalb
nicht. Weder bei einem Kuraufenthalt noch an ihrer letzten Arbeitsstelle vor der Pensionierung erzählte Irene Wagner Mitpa-
tienten, Personal und Kollegen, dass sie eine Tochter hatte.
»Wer sind Sie?«, musste Monika sich mit 22 Jahren am Krankenbett ihrer Mutter fragen lassen. Sie empfand das wie einen
lähmenden Schlag auf ihr Nervenzentrum.

Die in Polen einstudierten Maskeraden und Abschottungen
waren dauerhafter Teil der Wagners geworden, so dauerhaft
wie die Anhänglichkeit an Oberschlesien, dessen Manifestie-
rungen im gegenwärtigen Leben die per Abonnement ins Haus
kommende Vertriebenenzeitung »Unser Oberschlesier« war.
In jeder Nummer fanden die Wagner-Schwestern Fotografien
von zu Hause, deren Privatidyllen ihre verklärten Erinnerungen stützten. Dazu gab es dort eher rührend hilflos anmutende
Geschichten, etwa die vom großen Straßenschilderputzen in
Hamburg: Ein Ehepaar poliert das Schild mit der Aufschrift
»Oberschlesische Straße« und schaut dabei ernst in die Kamera.
Die Bildunterschriften verraten, dass nicht nur die Wagners
Heile-Welt-Erinnerung und Hader gleichermaßen schmerzend
bewahrten. »Mit der Elektrischen als Eilzug von Gleiwitz über
Hindenburg nach Beuthen im Jahr 1935« ist eine andere Fotografie betitelt. Und dann steht da noch zu lesen: »Rechts Schaffner Lempert (in Gleiwitz von den Russen erschossen)«. Neben
den Weihnachts- und Neujahrsgrüßen des Essener Bürgermeisters, der Partnerstadt Hindenburgs seit 1954, der Annon-
cierung eines »Ostdeutschen Liederbuchs« mit »alten Liedern
aus den Vertreibungsgebieten«, Geburtstagsglückwünschen
und Todesnachrichten finden sich Texte wie die »Gedanken
zum Advent eines Schlesiers«. Darin heißt es: »Wie war es da-

mals zu Hause – in Schlesien? Mit knirschenden Schritten gingen wir morgens zur Roratemesse. Wandernden Sternen gleich, schwangen wir unsere Stalllaternen, und der Lichtschein tanzte über das flimmernde Weiß. Eiskalt klirrte der Frost. Vom hohen Himmel strahlten die Sterne. Bis zur Nase in dicke Mäntel und Mützen gehüllt, stapfte einer hinter dem anderen. Oft waren die Schneeverwehungen haushoch, und man musste den Weg genau kennen, um die Richtung nicht zu verfehlen.« Der Schreiber fährt fort: »Unsere Kinder und Kindeskinder wissen immer weniger von den Härten der Vertreibung und den Entbehrungen der Flucht. Man hat sie politisch überrollt. Nur die Erwachsenen – und hier sind es wieder die Mütter, die erheblich stärker als die im Berufsleben stehenden Väter an die beschatteten Stunden zurückdenken. Durch viele Jahre sind die schreckhaften Bilder zwar blasser geworden, aber verlöscht sind sie nicht. Manchmal flackern sie zu einer hellen Empörung auf. Die Erinnerung wird wachgerufen und zwingt zum Besinnen und Verweilen.« Das ist kein Text aus den 1950er Jahren. »Der Oberschlesier – Organ der Landsmannschaft der Oberschlesier e. V.« brachte ihn in seiner Dezemberausgabe 1999. In weltabgewandt anmutenden Blättern mit Frakturtitel gab es Streicheleinheiten, Zeitreisen, Schmerzaufführung für 136 Mark im Jahr frei Haus. Praktische Lebenshilfe aber war das nicht.

Selma und Irene Wagner jedenfalls lernten nicht, die alte Heimat an einen Platz zu rücken, wo sie dem neuen Leben nicht im Weg war. »Sie haben vieles nicht rausgelassen. Das hat sich dann verknäult und ein Leben lang wehgetan«, sagt Monika mit sehr klarem Blick. Irene litt fortwährend unter Kopfschmerzen, Selma laborierte stets an einem nervösen Magen herum. Der Schmerz suchte einen Weg, sich körperlich zu manifestieren. »Sie haben das, was sie erlebt haben, nie verkraftet. Sie hatten niemanden, der ihnen dabei geholfen hat. Und selbst waren sie dazu nicht fähig. Das hat sie überrollt. Das hat keinen richtigen Platz in ihrem Leben gefunden«, meint Monika aus der Distanz. Diese Distanz ist mühsam erarbeitet. Sie speist sich aus dem eigenen Leben, der eigenen Familie – und vielen Tränen.

Zusätzlich zum Verschwiegenen und Verdrängten gab es das Wiedergekäute, die Dinge, »die sie mir hunderttausendmal erzählt haben«, sagt Irenes Tochter und muss dabei selbst lachen über das Missverhältnis zwischen dem endlosen Reden und dem vielen darin versteckten Verschweigen. »Immer wieder haben sie diese Geschichten erzählt, ob die Leute das hören wollten oder nicht.« Das Nichtloskommen von der einbalsamierten Vergangenheit, die ihre Tante überall als Ausstellungsstück präsentierte, wenn man ihr den geringsten Anlass bot, war Monika peinigend unangenehm. Bis zu ihrem 19. Lebensjahr lebte sie in diesem Drei-Frauen-Haushalt mit Mutter und Tante. »Das ist immer so zentriert. Immer geht es nur darum, was die Polen den Deutschen in Schlesien angetan haben«, sagt sie. Nie stellte die Tante das eigene Schicksal in einen größeren Zusammenhang. »Das ist das, was ich so unerträglich finde.«

Aber auch sie kann nicht einfach aus den Grenzen ihrer politischen Sozialisation treten. Die fand zu großen Teilen außerhalb der Familie statt. Als Freund nahm sie sich einen langhaarigen jungen Mann, der schlabbrige Wollpullis trug und sein Gesicht hinter einem Vollbart versteckte. Er wurde von den beiden Wagner-Damen mit Argwohn und Misstrauen bedacht. Dass das nicht die unausweichliche Normalität in einem Aussiedlerhaushalt war, sah Monika an einer Schulfreundin, die ebenfalls aus einer Vertriebenenfamilie stammte. Dort aber war es üblich, die Gegenwart zu akzeptieren, die Welt in den Kopf zu lassen und die Erinnerungen als Bild der Vergangenheit zu behandeln, nicht als Fluchtburg vor der Realität. Dort lasen schon die Kinder Zeitung. Monika erinnert sich, wie eine Freundin, den »Spiegel« lesend, an der Bushaltestelle saß: Das hat ihr imponiert. In diese Welt tauchte sie gerne ein.

Und so rieb sich Monika gerne an der Realität, um sie zu spüren. Und dies Realität hieß Nato-Doppelbeschluss, Protest gegen die Atomwaffen in Mutlangen und gegen Tschernobyl. Wenn ihre Tante heute immer noch, nach Jahrzehnten Bundesrepublik und bundesrepublikanischer Debatten, von Hindenburg, Hindenburg und Hindenburg loserzählt, breitet sich dasselbe drückende Unbehagen in Monika aus wie in ihren Teenagerjahren. Sie fühlt sich hineingezogen in dieselbe Zeitschleife, in der ihre Tante gefangen sitzt. Die Suaden belasten Monika, sie nehmen ihr die Luft zum Atmen. Zu tyrannisch haben sie ihre Kindheit bestimmt, haben ihr das Gefühl vermittelt, das fünfte Rad am Wagen zu sein. »Sie haben die Ereignisse nicht verarbeitet und dieses Nichtverarbeitenkönnen an mich weitergegeben. Aber ich sehe keine Möglichkeit, das stellvertretend für sie zu verarbeiten. Ich würde das zwar alles gerne für sie lösen, aber ich kann es nicht. Es macht mich kirre, immer wieder mit etwas konfrontiert zu werden, was ich nicht ändern kann. Gleichzeitig habe ich deswegen ein schlechtes Gewissen. Das ist der unauflösbare Widerspruch, den ich in mir spüre. Das muss doch Folgen haben, wenn eine Generation das an die nächste weitergibt. Ich finde schrecklich, was die Nazis getan haben. Ich finde die Vertreibung schrecklich. Aber ich kann die Geschichte nicht zurückdrehen.« Das sind nachvollziehbare Gedanken. Aber sie helfen nicht einmal Monika selbst, die Last der Familiengeschichte, die auch deutsche Geschichte ist, von ihrer Seele zu wälzen. Ist es Zufall, dass sie Integrationskurse für Ausländer gibt und dort selbst viel lernt über das Einleben in der Fremde? Kann man die eigene Identität auch auf Umwegen klären?

Eine Generation weiter haben die Geschichten ihre Kraft, den Zuhörer verletzend auszugrenzen, bereits verloren. In Monikas Sohn, der jetzt 17 ist, hat die Tante einen geduldigen Zuhörer gefunden. »Er findet die Geschichten spannend.« Und ihm ist klar, was auch Monika im Grunde ihres Herzens weiß: Selma braucht das Erzählen, es tut ihr gut. Aber der Enkel und Großneffe war während seines Aufwachsens nicht dem ständigen Zwang der Selbstbehauptung gegen Hindenburg ausgesetzt. »Vielleicht hört das Leiden an dem, was geschehen ist, ja wirklich erst in der nächsten Generation auf«, überlegt Monika. Vielleicht sind dann alle Tränen geweint und alle Geschichten nur noch exotische Kontraste zu den eigenen Erfahrungen und Erwartungen.

Über das Empfinden, in der Bundesrepublik nie richtig angekommen zu sein, hat keine der Wagner-Schwestern je gesprochen. Sie klagten nicht über die Arroganz jener Einheimischen, die hinter vorgehaltener Hand über die zwei Zugewanderten tuschelten, »die keinen abbekommen hatten«. Auch nicht über die launigen Bemerkungen bei der Arbeit, wo es, sobald die Kantine Kartoffeln servierte, hieß: »Heute gibt es wieder Flüchtlingsessen«, und auch nicht über den Vorschlag der Mutter einer Mitschülerin, Monika doch öfters zu ihr zu schicken. Das Milieu sei einfach besser als jenes, in dem die Wagners wohnten. Deren Nachbarn kamen aus dem Sudetenland oder Schlesien – das und nichts anderes nahm die Mutter der Freundin als Manko wahr. Diese Sichtweise ist entlarvend, weil die Ratgeberin – eine Lehrerin – selbst aus Ostpreußen kam. Wer glaubte, Anschluss gefunden zu haben, war zu extremen Verdrängungsleistungen und harschen Verleugnungen fähig. Auch wenn ein Viertel der Bürger des Ortes mittlerweile Vertriebene waren, der Lehrerin galten sie nicht als vollwertiger Bevölkerungsteil, sondern als Unterschicht. Wer fortkommen will, muss sich irgendwo abstoßen. Und sei es von der eigenen Identität, Herkunft und Lebensgeschichte. Diese Haltung bildet die ebenso sture Alternative zum Festklammern am Vergangenen.

Nicht nur die Erwachsenen, auch die Kinder ließen Monika Misstrauen und Verachtung spüren. Es trat in Fragen zutage: »Wo ist dein Vater? Wie heißt er? Warum ist er nicht bei euch?« Irene Wagner mag den Vater auch darum zur Unperson gemacht haben, weil sie glaubte, wenn er daheim nicht Thema werde, verschwinde er ganz aus der Wirklichkeit der Familie. Weil sie ihrer Tochter Monika so eine Lebensstrecke ohne erklärungsbedürftige Abschnitte geben wollte. Sie hat genau das Gegenteil bewirkt, nämlich Monika wehrlos gemacht gegen eine Neugier, deren kleine Vertreter ihren Erklärungsnotstand durchaus genossen. »Sie hat wirklich versucht, aus meinem Impfpass den Ort der Impfung auszuradieren«, beschreibt die Tochter das Ausmaß dieses Retuscheversuches.

Tante Selma demonstrierte ihr Verhaftetsein in einer anderen Welt dagegen ganz offen. Sie fand nichts dabei, wenn man ihr in der Außenwelt sofort anmerkte, dass alles Wichtige für sie nur in einer Innenwelt namens Hindenburg stattfand. Monikas Mutter hatte ihr eigentliches Leben zwar ebenfalls in dieses innere Hindenburg verlagert. Aber sie war noch um Tarnung bemüht, um Mimikry, sie wollte nicht, dass man ihr den Rückzug ansah. Sie wollte eine Fassade, die sich einfügte in die neue Umgebung, offerierte nicht jedem Gesprächspartner oberschlesische Anekdoten. Selma Wagner dagegen machte sofort klar, was das einzige Thema war, das sie des Wortemachens für wert hielt. »Es gibt wohl verschiedene Strategien, mit traumatischen Erlebnissen umzugehen«, sagt Monika.

Auch der Retuschierversuch im Impfpass diente wohl solch einer Angleichung an die Normalität ringsum. Denn der Eintrag im Impfpass dokumentierte etwas, das die Kindheit von Monika und die Mutterschaft von Irene von dem unterschied, was Irene nachträglich für unauffällig und normgerecht hielt.

Irene Wagner mag davon überzeugt gewesen sein, der Impfpass erinnere an ein Versagen. Denn in diesem halbamtlichen Dokument stand der Name jenes Kinderheims, in dem Monika die ersten drei Jahre ihres Lebens verbracht hatte. Fünf Tage die Woche war sie dort, am Wochenende holte die Mutter sie zu sich. Irene mag diese Entscheidung einer Berufstätigen, der kein Mann zur Seite stand, später bereut haben. Sie mag auch nur gefürchtet haben, Monika könnte ihr einmal Vorwürfe machen.

Die Tochter selbst aber hat an dieses Heim so wenig Erinnerungen wie daran, dass Irene sie in den ersten Wochen des Lebens im Kinderwagen mit zur Arbeit nahm und dort auf dem Gang abstellte. »Aber das geht ja nicht lange gut«, weiß die zweifache Mutter aus eigener Erfahrung. Sie kann sich auch den Kummer vorstellen, den ihre Mutter empfunden hat, wenn sie ihre Tochter nach einem Wochenende wieder ins Heim zurückbringen musste. Eine frühe Erinnerung hält etwas ganz anderes fest: wie die Mutter bei Monika im Bett lag und so lange bei ihr liegen blieb, bis die Tochter eingeschlafen war. Als wolle sie ihr Kraft geben für die Heimwoche, die vor ihr lag, interpretiert man dieses Bild nachträglich. Aber vielleicht sollte man diese stumme Geste der Gemeinsamkeit auch einfach für sich stehen lassen. Monika neigt zu Letzterem, nun, da sich die Rollen verkehrt haben und sie oft bei ihrer unerreichbaren Mutter am Bett sitzt und mit ihr spricht. »Ich habe meine Mutter nie als jemanden erlebt, der mich vernachlässigt oder mich im Stich gelassen hat oder so. Sie war eine warme Mutter, die Anteil genommen hat. Sie war eine Mutter, die mich in den Arm genommen hat, eine Kuschelige, weil sie immer ein bisschen dick war.« Es ist viel Wärme in diesen Worten.

Aber auch Hilflosigkeit und Wut. Über so viel Schicksalsergebenheit von Mutter und Tante. Denn insbesondere Monikas Mutter muss unter der Gleichzeitigkeit ihrer beiden Leben gelitten haben: Im Umgang mit ihrer Tochter war sie die warmherzige Beschützerin. Nach außen verleugnete sie ihr Kind jedoch konsequent. »Man muss nicht immer nur Opfer der Geschichte sein. Man kann auch …« Der Satz bricht ab. Handeln? »Ja. Vielleicht das. Ich weiß es nicht.«

Der alte Mann aus dem Ort, der für Monika ein Nennonkel wurde, ein von den Nazis ins KZ verschleppter, danach in die Schweiz emigrierter Kommunist, »der hat für mich nie wie ein Opfer gewirkt«. Hatte er es leichter mit der Integration? Mit ihm mussten die Dörfler – zumindest äußerlich – ihren Frieden schließen. So viel pflichtschuldige Anerkennung des Antifaschismus hatten sie gelernt. Doch mit den anderen mussten sie nicht Versöhnung spielen. Mit jenen, die sich so wenig wie sie selbst gegen den Naziterror gestellt hatten. Die ihren mehr oder weniger erzwungenen Frieden mit dem Regime geschlossen hatten. Die womöglich wie viele Deutsche im Osten wie im Westen sogar Profiteure des NS-Staates gewesen waren. Diese Durchschnittsdeutschen erinnerten jene, die schon längst alles vergessen wollten, zu sehr an die eigenen Kompromisse und die persönlichen Niederlagen. Diese Zugezogenen waren im Jahre 14 nach dem Zusammenbruch eher Sündenböcke als Gleichgestellte.

Monika will keine bitteren Erinnerungen, keine Abrechnungen, keine Vorwürfe. Sie hat sich einen Ausspruch der Schriftstellerin Françoise Dorner notiert. Die Lebensfreude derer, die am Anfang gelitten haben, die sich aber nie mehr unterkriegen lassen wollen, sei ein unfehlbares Heilmittel. Die heitere Kraft derer, die begriffen haben, dass das selbst eroberte Glück die einzig gültige Antwort auf das anfängliche Unglück ist.

Monika gefällt an diesem Zitat ganz besonders, dass es ein selbst erobertes Glück für möglich erklärt. Eines, das Vergangenes nicht ungeschehen machen, aber in seiner Wirkung mildern kann. Für sie birgt das die Hoffnung, zu genesen.

*Ursula Hartwig vor dem Haus im
ostpreußischen Schuttschenofen*

»Ich wollte, dass andere auf mich neidisch sind!«

Wie Ursula Hartwig Schauspielerin werden wollte und erst spät über Ostpreußen geredet hat

Eine Stunde ist nicht viel. Und doch kann sich in einer Stunde alles ändern. In einer Stunde kann eine alte Ordnung auch jene zerbrechen, die an ihr festhalten möchten, die ihre Verantwortung ernst nehmen. Diese alte Ordnung, die Ursula Hartwig richtig fand, sieht so aus: Um das schutzbedürftige Kind kümmert sich die Mutter. Im Alter verkehren sich die Rollen. Um die bedürftige Mutter kümmert sich das erwachsen gewordene Kind. Lange hat Ursula Hartwig sich an diese Regel gehalten und hat ihre demente, pflegebedürftige Mutter versorgt. Sie war für sie da, auch in Stunden, in denen sie nicht sicher sein konnte, ob sie mit irgendetwas zu ihr durchdrang. Sechs Jahre lang hat sie die am Ende 99-Jährige gepflegt, und diese Jahre waren ein Zugehen auf einen entscheidenden, unwiederholbaren, unkorrigierbaren Moment, auf das Erleiden des Todes. In der Stunde ihres Sterbens, hatte sich Ursula Hartwig geschworen, sollte die Mutter nicht allein sein, nicht unter Fremden im Heim oder Krankenhaus. Sie hatte ihr Leben ganz auf das der alten Dame abgestimmt und sie zu sich in die große Wohnung genommen. Die Kinder waren aus dem Haus, der eigene Ehemann war schon vor zehn Jahren gestorben. Jeden Tag, jede Nacht stand die selbst 72-jährige Ursula Hartwig bereit. Dann dämmerte sie eine Stunde lang weg. In dieser Stunde ist ihre Mutter gestorben.

Ursula Hartwig hatte die Rolle der Beschützerin bereitwillig angenommen. Aber Rollenverteilungen sind selten eindeutig. In diesen letzten Lebensjahren ihrer Mutter war sie, die nun klar Überlegene, auch wieder in die Rolle des kleinen Mädchens geschlüpft. Sie war mit der rückwärts Blickenden durch die Flusslandschaft ihrer Kindheit spaziert, hatte die hochbetagte Frau glauben lassen, sie sei zurück in Ostpreußen, im Kreis Neidenberg. Der winzige Ort Schuttschenofen mit seinen 130 Einwohnern war wieder zur Lebenswirklichkeit der alten Frau geworden. Die Menschen von früher bevölkerten ihn wie einst, grüßten und plauschten auf diesen imaginären Spaziergängen. Sie erkundigten sich bei Ursula Hartwigs Mutter, wo denn Gustav, ihr Mann, sei. Behutsam und geduldig erklärte die Tochter dann der Mutter, die solche Fragen weitergab, Gustav sei dort, wo sich auch der Schwiegersohn schon hinbegeben habe. Bei den Toten. Solche Erklärungen klangen der alten Dame absurd. In ihrer inneren Wirklichkeit waren beide äußerst lebendig. Pforzheim, der Ort, an dem die Greisin seit über vierzig Jahren lebte, konnte mit Schuttschenofen nun nicht mehr mithalten. Die Jahre in der neuen Umgebung waren unbedeutend geworden, aufgegangen in der Nebellandschaft des Vergessens. Sie hatten Wichtigerem Platz gemacht.

In der Zeit des Abschieds von der Welt liegen Anfang und Ende offenbar ganz nah beieinander. Ein Menschenleben schnurrt auf die beiden Endphasen des Daseins zusammen. Kindheit und Jugend schließen nun direkt an die greise Gegenwart an. Das Dazwischen hat keine Bedeutung mehr. Das kann sich auf die Menschen rundum übertragen. Für die schnurrt das Leben auf die Phase des Abschieds zusammen. So auch für Ursula Hartwig. Sie brauchte lange, bis die immer wiederkehrenden Träume von ihrer toten Mutter weniger wurden. Bis in den Schlaf hatte sie das schlechte Gewissen verfolgt, ihre Mutter in den letzten Momenten ihres Lebens im Stich gelassen zu haben.

Die Mutter, rechnete eine anklagende Instanz in ihr auf, hat ihren Teil des Schutz- und Sorgepaktes zwischen den Generationen immer eingehalten. Du nicht. Die Mutter hat dich, bohrte das Gewissen, sicher durch die Flucht aus Ostpreußen gebracht. Sie hat die Gefahren der letzten Kriegsmonate von dir ferngehalten und dir immer ein Gefühl der Geborgenheit vermittelt. Nun hatte sie ohne ein letztes Streicheln der Wange, ohne einen Händedruck von dieser Welt gehen müssen. Der Verstand konnte Ursula Hartwig tausendmal mit dem Trost beispringen: Du hast mehr getan, als andere getan hätten. Das Gewissen gab dennoch keine Ruhe und stellte unablässig Verbindungen her zwischen dem Tod der Mutter und jener Zeit, in der die Rollenverteilung noch eindeutig gewesen war.

Der nagende Kummer überraschte sie selbst. Denn eigentlich glaubte Ursula Hartwig, die angstvollen Erlebnisse ihrer Kindheit bewältigt und hinter sich gelassen zu haben. »Gibt es nicht bei jedem eine Phase der Normalität?«, fragt sie. Es klingt, als wolle sie sich bestätigen lassen, dass es nicht illoyal sei, wenn die Gegenwart das Denken bestimmt. Wenn die eigene Ehe, die Fürsorge für die eigenen Kinder und der eigene Beruf alle Kraft und Aufmerksamkeit binden. Im Leben von Ursula Hartwig war lange kein Raum für das Hadern über den Heimatverlust. Die regelmäßigen Besuche auf den Ostpreußentreffen sah sie damals als rituelle Auffrischung ihrer Erinnerungen, als eine Art netten, aber nicht existentiellen Unterricht in verpasster Folklore für ein wenig zu spät Geborene.

Die Welt, aus der sie als knapp Achtjährige nur ihren Teddybär mitnahm, existiert einzig noch in den Fotoalben, die sie von ihren Eltern geerbt hat. Wobei nicht einmal der Teddybär real ist. Dass sie den mit auf die Flucht genommen habe, entstammt der Fantasie ihrer Tochter Thea. Wenn die heute 41-jährige von diesem Abschnitt der Familiengeschichte erzählt, braucht sie selbst offenbar ein bisschen Trost. Ihre Tochter kommt in diesem Jahr in die Schule – eine wichtige Wegmarke für das Mädchen, aber eine ganz andere als die, an der ihre Großmutter in ähnlich jungen Jahren gestanden hatte. Das Plüschtier, das Thea der Mutter als Gefährten für die Flucht dazuerfindet, ist eine Hilfe vor allem für die Erzählerin. Dieser fiktive Teddy, der sich nicht im Fundus der Fluchtüberbleibsel ihrer Mutter befindet, zeigt, wie sich die nachfolgende Generation müht, die Verletzungen ihrer Eltern im Erzählen zu lindern.

Viel war es nicht, was Ursula Hartwigs Mutter in Wirklichkeit mitnehmen konnte. Nur das, was sich in einer Tasche tragen ließ und was in ein Paket passte, das per Post auf den Weg geschickt wurde, blieb ihr und ihrer Familie als Überrest einer kompletten, wenn auch bescheidenen Existenz. Im Wäscheschrank liegen heute noch ein paar wenige Bettlaken und Bezüge, auf die ihre Mutter als junge Frau ihre Initialen gestickt hatte. Das ist auch schon fast das ganze Übriggebliebene von dem einfachen Häuschen mit Garten, vor dem sich die Familie stolz zur Einschulung der kleinen Ursula für ein Foto aufgestellt hatte. Man schrieb das Jahr 1943. Mit einer großen weißen Schleife im Haar blickt Ursula Hartwig gespannt in die Zukunft. Nun würde sie endlich Lesen und Schreiben lernen. Auch wenn der Ort, an dem sie lebte, ein kleiner und verträumter Flecken in Südmasuren war, von dem ihr Vater, ein Bahnbediensteter, zur Arbeit pendelte und oft drei Wochen am Stück wegblieb: Wer lesen und schreiben konnte, dem stand die Welt offen. Es fällt leicht, in Ursulas erwartungsvolles Gesicht auf dem Foto solche Gedanken hineinzuinterpretieren.

Doch die Reise in eine offene Welt sollte nicht von Aufbruchsfreude, sondern von traumatischer Entwurzelung, Schrecken und Demütigung bestimmt werden. Seinen achten Geburtstag feierte das Schulkind bereits fern seines Geburtsortes irgendwo in Pommern, diesmal ohne Geburtstagskuchen und Freundinnenschar. Das war im März 1945. Diesen Tag hat freilich niemand auf einer Fotografie verewigt. An jenem 19. März waren die Hartwigs bei einer alten Dame untergekommen, die sie freundlich aufgenommen hatte, obwohl sie einander fremd waren. Dass Ursulas Großmutter und deren Schwester zu diesem Zeitpunkt bereits nicht mehr lebten, wussten Mutter und Tochter damals noch nicht. Sie waren ohne die beiden Frauen aufgebrochen, als es hieß, Mütter mit Kindern dürften die Provinz verlassen. Was genau den Zurückgelassenen geschehen ist, bleibt für immer ungewiss. Was man von ihrem Schicksal weiß, hat man durch einige Nachbarn erfahren, die nach Hause zurückgekehrt waren, darauf vertrauend, die russischen Truppen würden sich auch diesmal, wie im Ersten Weltkrieg, bald wieder zurückziehen. Diese Heimkehrer fanden die Leichen von Ursulas Oma und Großtante im bitterkalten Januar 1945 steif gefroren, die Gesichter zur Erde gewandt, am Wegrand liegend. Beide waren von hinten erschossen worden. Hatten sie fliehen wollen? Hatte man sie exekutiert? Wofür? Es gab keine Instanz, die diese und viele andere Todesfälle am Ende des Krieges aufklärte. Der Tathergang bleibt ungewiss, der oder die Täter anonym. Von dem Mord erfuhr die Familie erst, als Krieg und Flucht längst überstanden waren.

Über dreißig Jahre später standen die Hartwigs an einem Ort ohne Kreuz oder Gedenkstein. Hier, in einem kleinen Waldstück, seien die Toten zur letzten Ruhe gebettet worden, erzählt die junge Polin, die die Hartwigs auf dem Weg in die Vergangenheit begleitete. Auch wenn Ursula eigentlich nicht daran glaubte, wirklich an der Grabstelle ihrer Großeltern zu stehen, gab ihr dieser Moment ein wenig Trost. »Ich denke, dass uns die junge Frau eher aus Verlegenheit dorthin geführt hat, nicht aus der Kenntnis der Ereignisse.« Dass sie einfach nur einen beliebigen friedlichen Winkel benannt hat. Fotografien dokumentieren den Besuch am vermeintlichen Grab im Heimatdorf der Hartwigs. Sie zeigen das Entsetzen in den Gesichtern der Besucher aus Deutschland. »Mein Vater war total schockiert«, sagt Ursula Hartwig und berichtet von »ihrem« Dorf, in dem fast alle Häuser zerstört worden waren. Ihr Elternhaus war eines der wenigen, die nicht niedergebrannt worden waren. Ein großer Trost war das nicht. Die Reisegruppe begriff, dass es etwas ganz anderes war, sich bei den jährlichen Landsmannschaftstreffen in die Heimat zurückzuträumen, die Vergangenheit minutiös zu rekonstruieren und in Einwohnerlisten und Lageplänen festzuhalten, als die heutigen Heimatorte wirklich zu bereisen und den romantischen Bildern die wenig pittoreske, graue, trostlose Gegenwart gegenüberzustellen. Ursula Hartwig verlor auf dieser Reise fünf Kilo Gewicht. Viele Heimwehtouristen berichten, dass sie im Moment der Rückkehr krank wurden.

Aber auch die junge Polin, die zur Fremdenführerin durch die Ex-Heimat wurde, mag diesen Besuch mit bangem Herzen erlebt haben. Vor dem Gang in den Wald hatte die hilfsbereite Frau den Besuchern aus Deutschland einen Grundbuchauszug gezeigt. Er sollte dokumentieren, dass sie die rechtmäßige Bewohnerin des kleinen Häuschens war, das vor ihr den Hartwigs gehört hatte. Bei einem kurzen Blick ins Hausinnere sah Ursula Hartwig, wie ärmlich die Frau mit ihren Kindern lebte. Der Mann, so hatte jemand aus der Reisegruppe aufgeschnappt, saß aus politischen Gründen im Gefängnis. Man schrieb das Jahr 1977. Die Hartwigs waren zu Besuch in einem kommunistischen Land und Ursula Hartwig wurde schmerzlich bewusst, dass dies nicht mehr ihr Zuhause war.

Das Schicksal von Ursulas Oma und Großtante erinnert daran, dass Flucht und Vertreibung hauptsächlich eine Erfahrung von Frauen und Kindern war. Der Großteil der wehrtüchtigen – und selbst der kaum noch wehrtüchtigen – Männer war eingezogen. Auch die Dame, bei der Ursula und ihre Mutter im

März 1945 unterkamen, lebte ohne Mann. In dieser Wohnung beging die Notgemeinschaft einen sehr provisorischen Geburtstag. Die Freundlichkeit der Hausherrin kam nicht an gegen die Anspannung und Bedrückung der Fliehenden. Die Gastgeberin servierte Kaffeeersatz in Tassen, die keine Henkel mehr hatten. Die stark zitternde Parkinsonkranke hatte sie wohl zerschlagen. Das sind die Erinnerungen Ursula Hartwigs an ihr achtes Wiegenfest. Sie mag noch heute keine Geburtstage.

Per Zug und Pferdewagen ließ das kleine Grüppchen Frauen und Kinder, zu dem sich Ursula Hartwig und ihre Mutter ein paar Tage später gesellten, die Ostprovinz hinter sich. Aber wo es viele eilig haben, kommt keiner mehr voran. Der Treck stockte. Karren verkeilten sich und kippten um, Tiere verletzten sich, brachen zusammen, hingen am Ende ihrer Kräfte in Zügeln und Deichseln. Menschen ließen ihr Gepäck fallen und brachten andere zum Stolpern, Entkräftete lagen umher wie Koffer, die keiner mehr für sich beanspruchen mochte. Die kleinen Straßen waren überfordert mit dem großen Leid und der noch größeren Angst vor der Rache der Roten Armee. Weil sich bald kein Gefährt mehr voranwinden konnte durch Hindernisse und Straßenschäden, marschierten auch Ursula Hartwig und ihre Mutter. Aber sie wussten auch: Auf dem Landweg gab es kein Entkommen. Nur wenn sie sich dem Massenexodus über die Ostsee anschlossen, gab es für sie eine Chance, sich vor der vorrückenden Front in Sicherheit zu bringen. Hier werden Ursula Hartwigs Erinnerungen undeutlich. Sie verwischen sich zu einer abenteuerlichen Seepassage. Ein kleiner Fischkutter brachte sie endlich von Swinemünde über die Ostsee in den Westen. Den Gang auf eines der großen Schiffe hatte die Mutter – aus welchen Gründen auch immer – verworfen. Eng wie die Heringe im Fangnetz drängten sich die Flüchtlinge allerdings auch auf dem Schlepper. Sie froren, obwohl sie alle Kleidung in mehreren Schichten trugen. »Das waren furchtbare anderthalb Tage«, erinnert sich Ursula Hartwig an diese Überfahrt. Aber zusammengepfercht unter Deck und mit Seekrankheit und Übelkeit kämpfend, entgingen sie doch den Truppen, die sie fürchteten. Hinter sich am Horizont sahen sie Brände leuchten. Ursula Hartwig formuliert das Bewusstsein der Errettung in dem knappen Satz: »Wenigstens hat uns der Feind nie eingeholt.«

Zwei Millionen Menschen überlebten die Flucht aus den damaligen deutschen Ostgebieten in den Westen nicht. Sie kamen auf dem Weg um oder starben an dessen Ende. Überleben hatte mehr mit Glück als mit Planung zu tun. Der letzte Anstand schwand, es galt das Recht des Stärkeren. Aber auch die Starken brauchten Glück, das manchmal auch die Schwachen beschirmte. Du bist die geringste Kraft von all denen, die über dich bestimmen, lernten die Fliehenden. Aber ohne deinen Anteil Kraft trägt dich keine andere.

In Deutschland reisten die Hartwigs mit einem Zug weiter, der die zahllosen Flüchtlinge auf die verschiedenen Auffanggebiete verteilte. Der wahnwitzige Endkampf des Dritten Reichs war noch in vollem Gange. Nach vielen Tagen und Bombenalarmen hielt der Zug in der Nähe von Osnabrück. Ein Dorf im Umfeld wurde zum vorübergehenden Aufenthaltsort. Bei einer Bäuerin und ihren Töchtern kamen die Hartwigs unter. »Die waren eigentlich ganz nett zu uns«, erinnert sich Ursula Hartwig. Zu Ostern bekamen die Flüchtlinge einen Korb mit Eiern und anderen Lebensmitteln. Andere Flüchtlinge haben in ähnlicher Lage einen weniger freundlichen Empfang erdulden müssen.

Für Ursula ist das Gefühl der Ausgrenzung, des Andersseins mit anderen Dingen verbunden. Mit ihrem blauen Mantel etwa, der Trainingshose und der Zipfelmütze mit weißem Pelzbesatz, die sie bei ihrer Ankunft getragen hat. An sie kann sich die 72-Jährige noch erinnern, als habe sie die Kleidungsstücke erst gestern zur Wäsche gelegt. Mit dieser Kleidung begann, kurz vor dem Eintreffen britischer Soldaten, ihr Leben im Westen.

An dieser Kleidung erkannten die Kinder im Dorf, dass sie zu den Neuankömmlingen aus Polen gehörte. Damit gebührte ihr der Schimpfname Polackenkind. Wahrscheinlich plapperten die einheimischen Kinder nach, was sie am Mittagstisch der Eltern aufschnappten. Und riefen es der achtjährigen Ursula auf der Straße immer wieder nach, was sie trotz aller Wiederholungen jedes Mal traf, als hätten die Kinder mit Steinen nach ihr geworfen. Die wunde Stelle schmerzte von da an bei der geringsten Berührung. Jahre später etwa, an ihrem Hochzeitstag, als ihr neuer Schwager beiläufig sagte, sie komme ja aus Polen. Dass niemand in der Familie das mehr ertrug, zeigte sich an der Reaktion des Vaters, der den Bruder ihres Mannes mitten im Fest anfuhr, er habe wohl in der Schule nicht richtig aufgepasst. Fragen der Geographie waren zu Fragen der Wertschätzung geworden.

Als Kind schon hatte Ursula ihre Konsequenz aus offenen und subtilen Demütigungen gezogen und sich zur Verringerung der Angriffsfläche entschlossen, zum Verstecken und Verschweigen ihrer Herkunft. Sie erinnert sich noch gut an eine der Szenen, die sie in ihrer Strategie bestätigten. Ursula war mit der Straßenbahn auf dem Weg zu einem Vertriebenentreffen in Bochum, der Partnerstadt des Kreises Neidenburg. Eine Dame, die das gleiche Ziel gehabt haben mochte, hatte keinen Sitzplatz mehr abbekommen, musste sich an der Haltestange anklammern, wurde hin und her gerüttelt und von anderen bedrängt. Als der Schaffner sich durch den überfüllten Gang zu ihr vorgearbeitet hatte, herrschte sie ihn in einer Explosion des Dünkels an: »Was glauben Sie, wer ich bin? Ich bin Gutsfrau!«, und hieb dem armen Mann einen Namen um die Ohren, der ihm gewiss nichts sagte. Ursula war der Vorfall enorm peinlich. In diesem Moment verstand sie, warum die Einheimischen mitunter so abfällig über die Flüchtlinge und Vertriebenen sprachen. Es gab eine stehende Spottformel, um das Pochen auf vergangenen Status hämisch zu beschreiben und den Betroffenen zugleich der Lüge zu verdächtigen: »Was ham wer jehabt!« Bei den Einheimischen hatte sich schnell die Überzeugung festgesetzt, die Habenichtse aus dem Osten würden ihren verlorenen Besitz aufbauschen oder ganz und gar erfinden. So viele Großgrundbesitzer, wie nun im Westen seien, könne es in Ostpreußen und Schlesien gar nicht gegeben haben.

Zu dieser jammernden und verlachten Kaste wollte Ursula Hartwig nicht gehören. Dabei half ihr, dass sie keinen Dialekt sprach. So kam sie als Kind und Teenager auf die Frage nach der Herkunft mit der Antwort »Aus dem Ruhrgebiet« durch. Das war noch nicht einmal gelogen, schließlich lebte die Familie seit 1948 in Gelsenkirchen. Die elfjährige Ursula nutzte nicht nur den Ortsnamen als künftige Referenz – »da komme ich her« –, sie gewöhnte sich ganz bewusst die Dialekteinfärbung ihrer neuen Heimatstadt an.

Ursula Hartwig erlebte die typische Nachkriegskindheit, in der Entbehrung, Schufterei und das Abenteuer des noch nicht friedlich Geregelten durcheinandergingen, das Hin und Her zwischen dem Spiel in Häuserruinen und dem mühsamen Steineklopfen am selben Ort. Der Hunger in der Ruhrpottstadt war für alle Bewohner gleich groß, für die Einheimischen wie für die Zugereisten. Manche Warteschlangen hielt einer allein körperlich nicht durch. Mehr als einmal wechselte sich Ursula mit ihrem aus der Kriegsgefangenschaft entlassenen Vater ab, um ein Maisbrot zu ergattern: Sechs Stunden konnte das dauern. Weil sie sichtlich völlig unterernährt war, bekam sie regelmäßig einen Achtelliter Magermilch zugeteilt.

Es war nicht nur Materielles, worauf man verzichten musste. Ursula konnte zum Beispiel nicht aufs Gymnasium gehen, weil selbst dafür das Geld nicht reichte. Wenn sie sich an Lichtblicke erinnert, dann geht es dabei vor allem um anderes. Der größte hat einen Namen: Helene. Und noch einen zweiten. »Ich nannte sie Bruni. Warum, weiß ich gar nicht.« Bruni alias Helene wurde eine Freundin fürs Leben. Mit ihr verbündete sich die Herverwehte aus Ostpreußen. Vielleicht war deren Herkunft aus Westpreußen das entscheidende Etwas, das die Anziehung schuf. Bruni wusste, was Sache war, wenn es darum ging, sich im Pott neu zu orientieren. Sie hatte drei Geschwister und eine Mutter, die es allesamt nicht störte, wenn Ursula auch noch mit durch die Behausung turnte. Das Einzelkind der Hartwigs genoss diesen Familienanschluss sehr.

Mit den alten, heruntergekommenen Fahrrädern ihrer Väter erkundeten die Freundinnen das Gelsenkirchener Umland. Die Drahtesel waren derart alt und klapprig, dass sie sich auch in einer Welt des Mangels für sie genierten. »Ich hab' zu Bruni gesagt: Weißt du, was wir jetzt machen? Wir tauschen die Fahrräder. Dann hab' ich das von deinem Vater, und du hast das von meinem Vater. Und keine muss sich schämen, weil sie ja mit einem fremden Fahrrad unterwegs ist.« Dieser Trick mag absurd klingen, den Mädchen hat er geholfen. Ursula und Bruni fuhren so glücklicher auf ihren eisernen Veteranen.

Ein Ersatz für das unerschwingliche Gymnasium ließ sich nicht so leicht herbeimogeln. Nach der Volksschule ging Ursula auf die Frauenfachschule, deren Abschluss damals als eine Art mittlerer Reife für Mädchen galt. Bei einem Praktikum in einem Waisenhaus merkte die 16-Jährige, dass ihre Vorstellung des Wunschberufs Kindergärtnerin wenig mit den auf sie wartenden Realitäten zu tun hatte. Sie besann sich auf ihre Freude am Lesen und nahm eine Lehre in einer Buchhandlung auf. Doch auch hier war die Wirklichkeit ganz anders als die Fantasie. Ursulas Vorgesetzte war Kauffrau, keine Literaturtippgeberin, und so wurde aus Ursula Hartwig eine kaufmännische Angestellte. Noch einen Wechsel konnte sie sich nicht leisten.

Es hieß nun, die Wünsche den Möglichkeiten anzupassen: Sie musste endlich Geld verdienen.

Ihre Herkunft zu verschweigen, das war ihr dann als Lehrmädchen Anliegen und wurde später Gewohnheit. »Es ist noch nicht so lange her, dass mir das egal ist«, sagt sie. 25 Jahre blieb Ursula Hartwig auf ihrer letzten Arbeitsstelle. Aber außer ihrem Chef wusste niemand, woher sie kam. Der mitunter aufwallende Kummer um nicht mehr zugängliche Orte durfte allenfalls auf Vertriebenentreffen unter Gleichgesinnten Thema werden. Verdrängung und Tarnung hielt sie durch, bis die letzten Verwandten starben, mit denen sie noch über die Heimat reden konnte: erst der Vater, dann die Tante, schließlich die Mutter. »Meine vielen Toten« nennt Ursula Hartwig sie. Seitdem sie die letzte Überlebende der Flucht ist, geht sie offener mit ihrer Herkunft um. Fühlt sie eine Verpflichtung, nicht zu kneifen? Weil in ihrer Umgebung nur sie noch von dieser untergegangenen Welt erzählen kann? Gleichwohl reagiert auch sie zögerlich, wenn sie sagen soll, was sie als Heimat und was als ihre Wurzeln sieht. »Die sind dort, wo meine Familie ist«, lautet die Kompromissformel. »Meine Familie würde ich als meine Wurzeln bezeichnen.«

Heute kann sie Schuttschenofen so aussprechen, als verdiene der Name Zuneigung. Damals war ihr der Name peinlich, als bürgten die niemandem im Westen geläufigen Silbenfolgen für eine Verschrobenheit ihrer eigenen Existenz. Die Heranwachsende wünschte sich, wie andere auch, keinen vermeintlichen Makel, sondern Vorzüge. »Ich wollte, dass andere neidisch sind auf mich«, sagt sie und glaubt, dass dieser allgemeine Wesenszug ganz spezifisch aus ihrer Vergangenheit rührt. Aber vielleicht war er bei ihr ja stärker, drängender, quälender. Muss jemand, dessen Welt in Asche liegt, besonders glänzen? Für Ursula Hartwig scheint dies zuzutreffen. Eine Bühne dafür fand sie auf Schulfesten oder in der Tanzstunde. »Ich konnte zum Beispiel gut Balladen vortragen«, erinnert sie sich. »Manchmal war ich schon ziemlich rücksichtslos. In der Tanzstunde«, so gesteht sie, »hab ich den andern die Tanzpartner ausgespannt, wollte aber gar nichts von denen.« Nicht einmal Bruni blieb davon verschont. »Ja, manchmal hast du mich schon beiseitegestoßen«, hat die ihr jüngst in einem Telefonat bescheinigt. Aber ihre Freundschaft hielt das aus, diese aggressive Suche nach Selbstbestätigung des Polackenkinds.

Wenn Ursula Hartwig von der Clique spricht, zu der sie und ihre Freundin Bruni damals gehörten, ist die wilde Unbekümmertheit wieder gegenwärtig, die sie gesucht und dort gefunden hat. Die Gruppe setzte ungeheure Energien frei – und gab Ursula das Gefühl, Provinzialität gegen urbanes Leben einzutauschen. Man ging zu siebt ins Theater, auch wenn nur zwei aus der Clique Karten hatten. Erst mogelten sie sich mit der Ausrede durch die Kontrolle, die anderen hätten die Karten, dann kamen die wirklichen Kartenbesitzer, die ihre Tickets dann heimlich wieder für das nächste Paar nach draußen schmuggelten. Irgendwie schafften es immer alle, die Vorstellung zu sehen. Sie tanzten Rock 'n' Roll, gingen in Jazzclubs und ins Leichtathletikstadion, wo einer aus der Clique seine Rekorde auf der 800-Meter-Distanz lief. »Das war eine sehr schöne Zeit«, sagt Ursula Hartwig. Die 1950er Jahre in Gelsenkirchen klingen bei ihr nach fortwährendem Aufbruch.

In der für sie aufregenden Ruhrpottstadt mag sich die 19-jährige Kauffrau Ursula manches Mal gefragt haben, ob sie auch in einem kleinen ostpreußischen Dorf auf die Idee gekommen wäre, Schauspielerin zu werden? Hier fiel sie die Überzeugung an, dies sei ihre Berufung. Als die Jugendzeitung »Bravo« zu einem Vorsprechen aufrief – die Gewinnerin sollte eine Filmrolle bekommen –, ließ auch Ursula sich ein Gedicht aus der Redaktion zuschicken. Durch ihren Freund, den Sohn einer Opernsängerin und eines Maskenbildners, sowie durch ihre

Ursula Hartwig (links) mit ihrer Busenfreundin Bruni

vielen Theaterbesuche kannte sie mittlerweile einige Schauspie-
ler. Gerüstet durch Privatunterricht in Sachen richtige Betonung, fuhr sie nach Düsseldorf, trug ihr Gedicht vor, überzeugte
bei der Pantomime-Aufgabe – und siegte. Doch sie hatte die
Pläne ohne ihren Vater gemacht. Der war zwar selbst begabter
Hobbygeiger, die künstlerischen Ambitionen seiner Tochter

jedoch – damals war man mit 19 noch nicht volljährig – erstickte er im Keim. Ihn interessierte herzlich wenig, wie weit die Erfüllung des Herzenswunsches gediehen war: Daheim lag die Anmeldung für die Folkwangschule, die Schauspielschule in Essen. »Lumpenpack, Hungervolk«, lautete sein Kommentar, als Ursula um seine Erlaubnis bat, zur nächsten Ausscheidung nach Köln fahren zu dürfen. »So weit war ich noch nicht, dass ich das einfach durchgezogen hätte«, erinnert sie sich. Ursula Hartwig blieb Kauffrau.

Ein bisschen Rebellion wagte sie dennoch. Denn Ursula richtete ihre Pläne nicht einfach, wie vom Vater gefordert, auf die Sicherung von Einkommen und bürgerlicher Akzeptanz. Sie verfiel ins nächste Extrem und verordnete sich das Gegenstück zum Großstadtkribbel, Landleben nämlich. Allerdings nicht ganz ohne zusätzlichen äußeren Anstoß. Ursulas Bronchien vertrugen die vom Wirtschaftswunder rußige Luft im Ruhrgebiet nicht mehr. Die 22-Jährige bekam den ärztlichen Rat, aufs Land zu ziehen. Zusammen mit Freundin Bruni brach sie auf – und ein ganz klein bisschen auch aus. Sie gingen aufs Arbeitsamt, ließen sich in Frage kommende freie Stellen vorlegen und landeten im Schwarzwald, Bruni in Freudenstadt, Ursula in der Nähe von Calw. Dort arbeiteten sie in der Gastronomie, aber sie konnten sich nicht gleichermaßen damit anfreunden. Bruni zog es rasch zurück ins Ruhrgebiet, zurück ins vertraute Leben. Ursula dagegen arrangierte sich und konnte einen Teil des alten Lebens um sich sammeln. Bei einem Besuch konstatierte ihr Vater: »Hier gefällt es mir auch.« Vielleicht meinte er den Schwarzwald, vielleicht auch nur die Nähe zu seiner Tochter. Der Bahnbedienstete ließ sich versetzen. Mutter Hartwig folgte nach.

Dass Ursula ihrem Freund, dem Theater, den bühnenbegeisterten Bekannten so leicht den Rücken kehrte, verstand damals keiner. Sie kann es heute selbst nicht mehr erklären. Als sie später mit ihren Eltern in einen kleinen Ort bei Pforzheim zog, vermisste sie das kulturelle Angebot des Ruhrgebiets und die alte Clique durchaus. Fast scheint es, als habe sie damals – unter selbstgewählten Bedingungen, umkehrbar und risikogedämpft – Entwurzelung geprobt, sich dem Gefühl eines großen Schnitts durchs Leben angenähert, wie man bedenklich schadensneugierig mit dem Daumen die Schärfe eines Messers prüft.

Anfang der 1960er Jahre begann Ursula Hartwig ihr drittes Leben. Sie heiratete, bekam zwei Kinder, arbeitete aber weiter, damit Wohl und Wehe der Familie nicht allein an der kleinen Autowerkstatt ihres Mannes hängenblieb. Ihre Eltern wohnten in all der Zeit immer in ihrer Nähe. Zuletzt wohnten sie nur ein paar Querstraßen von der Wohnung ihrer Tochter entfernt. Enkelin und Enkel hörten vom Großvater viele Geschichten über Ostpreußen. Außerdem wurden sie, als sie alt genug waren, mit zu den Ostpreußentreffen genommen. Ursulas Tochter Thea, die bei den Treffen auf dem Klavier vorspielen durfte, »Für Elise« und leicht Gefühliges von Richard Clayderman, erinnert sich an ihr Befremden. »Als Kind habe ich gar nicht begriffen, was die vielen Menschen da machen.« Sie sieht noch vor sich, wie auch ihre Familie mit den alten Fotoalben unter dem Arm regelmäßig in die Stadthalle pilgerten. »Sie saßen da und redeten. Erstaunt war ich immer, wie viele Menschen da zusammengekommen sind. Ich fand das stinklangweilig.« Die Geschichten, die Opa und Oma erzählten, schienen ihr dagegen sehr spannend. In ihnen übernachtete die Großmutter als Kind noch im Wald, schweifte der Großvater durch die Natur seiner Heimat und durch die fremde Stadt Königsberg, die in den Erzählungen zugleich prachtvoll, geheimnisvoll und verwunschen wirkte. Thea ist rückblickend sehr verwundert darüber, dass sie keine Verbitterung in diesen Erzählungen bemerkt hat. Dabei ist sie sicher: Richtig angekommen sind ihre

Familienglück – vom Amateurfotografen festgehalten

Großeltern nie im neuen Leben. »Mit einem Bein standen sie immer in Ostpreußen. Das war für sie Heimat.«

Wo aber ist die Heimat der Enkelin? Die 41-Jährige erzählt gern und strahlend von ihren Praktika im Personalmanagement in Japan, New York und London, für die sie sich durch Können und Einsatz qualifiziert hat. Diese Erfolge sind für sie auch ein »Ätsch-Ruf« an die Adresse des Schicksals, das nicht allen die gleichen Startvoraussetzungen beschert. Aber vielleicht war Hartnäckigkeit das Vermächtnis der Großeltern und der Mutter an die Enkelin. Heimat, das ist für Thea der Ort ihrer Kindheitserinnerungen. Äußerlich ist das Pforzheim, innerlich aber ganz stark noch der Ort, den die Großeltern mit ihren Geschichten gebaut haben. Und den sie beim Blättern durch die alten Fotoalben immer wieder gemeinsam haben lebendig werden lassen. »Mein erster Gang führte immer zu meinen Großeltern. Ganz egal, ob ich mein Abizeugnis in der Hand hatte oder mein Diplom oder ob ich aus Japan zurückkam. Sie waren auch die einzigen Menschen, denen ich Karten aus dem Urlaub geschrieben habe. Die haben sich immer so gefreut. Mit ihnen habe ich meine Freude so gern geteilt. Heimat, die ist bei meiner Familie.« Das sieht sie wie ihre Mutter. Beide wissen, die eine aus eigener Anschauung, die andere aus Erzählungen, dass es besser ist, sein Herz nicht an einen Ort zu hängen. Orte kann man verlieren. Vielleicht ist Heimat auch das Rezept für den Frankfurter Kranz, den es bei den Familienzusammenkünften erst bei der Großmutter, dann bei der Tante gab und den nun auch Ursula Hartwig auf den Tisch stellt. Vielleicht ist alles ganz einfach.

Hat Schuttschenofen deshalb nie auf der Liste der Reiseziele gestanden? »Ich wollte immer in den Süden«, bekennt Thea. Wer will schon dorthin fahren, wo die Eltern herkommen, wenn er raus in die Welt will? »Aber seit einigen Jahren denke ich, dass mein Bruder und ich mit meiner Mutter nach Polen fahren sollten.« Als Studienexkursion in die Familienhistorie verstünde sie diese Reise. Sie möchte den Ort sehen, an dem sich die Großeltern beim Tanz auf einem Fest kennengelernt haben. Die Vorstellung rührt Thea so sehr, dass ihr beim Erzählen Tränen in den Augen steigen. Sie hat ihre Großmutter wie auch ihre Mutter als sehr positive Frauen kennengelernt. Die Großmutter hat sich dem neuen Leben gestellt, so wie ihre Tochter nach dem plötzlichen Tod von Theas Vater die Rolle des Familienoberhaupts übernommen hatte. Thea fehlt jede Erinnerung daran, dass ihre Großmutter oder ihre Mutter auf die für sie alles bestimmende Etappe ihres Lebens mit Depressionen reagiert hätten. »Ich glaube, sie sind gestärkt aus dieser Katastrophe der Vertreibung hervorgegangen«, sagt sie. »Wenn ich mir vorstelle, wie die Menschen heute schon depressiv werden, wenn sie mit einem Schnupfen aufwachen oder das Auto nicht anspringt.« Für Thea bedeutet Erbe nicht Weitergabe von Verlust. Großmutter und Mutter sind für sie echte Mutmacher.

Lothar Emmer

Die Vermessung der Heimat

Wie Lothar Emmer sich Elternhaus und Heimat am
Computer rekonstruierte

Jeder in der Familie kann das Datum im Schlaf aufsagen: Am
17. Januar 1947 ging es nicht mehr weiter für die Emmers. Sie
wollten auch nicht mehr weiter. Sie hatten genug von Sammel-
lagern und dem Leben aus dem Koffer. Hatten Sehnsucht nach
einem eigenen Bett, einem warmen Bad und ein wenig Privat-
heit. Sie wollten wieder eine Tür hinter sich zumachen. Hätte
man sie damals gefragt, wo sie hinwollten, hätten sie einstimmig
gerufen: »Zurück!« Bis dahin hatte ihre dreimonatige Reise nur
eine einzige Richtung gekannt: fort vom Vertrauten, vom Böhmerwald im damaligen Protektorat Böhmen und Mähren. Hin,
wie sich zeigen würde, ins Württembergische. Ein Zurück aber
war unvorstellbar geworden im Prozess der europäischen Neu-
ordnung und Grenzverschiebungen, der auf noch so beklem-
mend aufsummierte Einzelschicksale keine Rücksicht nahm.

Auf dem Höhepunkt ihre Macht hatten die Nationalsozialisten die Jahrhunderte umspannende gemeinsame Geschichte
deutsch-tschechischen Zusammenlebens aufgekündigt, hatten
die Tschechoslowakei erpresst, überfallen, zerstört. Nun waren die Nazis am Ende, der tschechoslowakische Staat formte
sich neu und entledigte sich der deutschen Bewohner seines
Staatsgebietes, die er als künftige Bürger nicht haben wollte.
Wer Wind sät, wird Sturm ernten. Ernten wird auch, wer beim
Säen nur dabeistand. Die Emmers wurden vom Sturm davon-
gerissen – eine Familie unter rund 2,7 Millionen Menschen, die

nach Ende des Zweiten Weltkriegs aus Böhmen, Mähren und dem Sudentenland ausgewiesen wurden.

Am 17. Januar 1947, dem Tag, an dem die Emmers »Halt« sagten, hatte ein Lastwagen die zwölfköpfige Familie wieder einmal an einem Ort abgeladen, den keiner von ihnen kannte, der ihnen so wenig vertraut war wie die anderen Orte zuvor. Kein Plan hatte sich je auf diesen Ort gerichtet, nichts an ihm selbst lud zum Bleiben. Es war die schiere Erschöpfung, die Familie Emmers einwilligen ließ in blindem Zufall und bürokratischer Willkür, in dem Bleistifthaken eines unbekannten Verwaltungsbeamten, der diesen Ort zum geeigneten neuen Zuhause erklärte.

Mit der Zeit wurde aus Fremdheit Vertrautheit. Hier haben ihre Kinder Familien gegründet, hier kennen sie Straßen und Wege, Nachbarn und Händler, Histörchen und Klatsch. Hier haben sie sich Respekt erworben, sind Mitglieder im Musikverein geworden, haben mit den anderen Jungs Fußball gespielt und sind mit jedem Tor ein wenig mehr hineingewachsen in die neue Gemeinschaft. Dieser Ort ist Teil ihrer Identität. Aber trotz all dem: Das Städtchen im Stuttgarter Umland im 61. Jahr ihrer Anwesenheit ihre Heimat zu nennen, scheuen sie sich. Dieses Wort kommt ihnen nicht über die Lippen.

Lothar Emmer ist ein rational denkender Mensch und ein Tüftler. Bei Bosch hat er in der Versuchsabteilung gearbeitet, wo man auf Logik setzt und auf das Beweisbare, Wiederholbare, Nachprüfbare und weiß, dass kleine Unterschiede große Wirkungen haben können. Lothar Emmer macht einen feinen Unterschied: den zwischen Zuhause und Heimat. Das ist keine Einteilung, die ihm zur Ruhe verhilft. Ihn treibt um, dass er sein Zuhause in- und auswendig kennt, an seine Heimat jedoch keine Erinnerungen hat. Er ist Jahrgang 1944, das Nesthäkchen unter den tatsächlich noch Zugezogenen. Seine Geburtsurkunde gibt den Böhmerwald als seine Heimat an, aber das ist nur eine papierne Amtsgewissheit. Er war zwei Jahre alt, als er die Gegend an der deutsch-tschechischen Grenze verließ. Seine eigenen Erinnerungen setzen erst zwei oder drei Jahre später ein. Sein Heimatbild entstammt dem Gedächtnis seiner Geschwister. Es speist sich aus Geschichten, die ihm die Eltern und Großeltern erzählt haben.

Dass ein Teil seines gelebten Lebens so fern liegt, dass die Zeugnisse dafür in seinem Kopf nur geborgte Platzhalter für das vergessene Eigene sind, hat den Tüftler in Lothar Emmer nicht ruhen lassen. Mit einem Grafikprogramm hat er im Computer ein dreidimensionales Modell seines Elternhauses entworfen. Bei einem Besuch in Tschechien hat er die noch vorhandenen Grundmauern vermessen und die Daten in den Computer eingegeben. Per Mausklick kann er nun am Bildschirm durch die Zimmer laufen. Das mutet sehr futuristisch an für ein so archaisches Bedürfnis wie das nach Heimat. Aber man kann sich dem Kern einer Sehnsucht wohl auch über mathematische Vermessung nähern. Lothar Emmer hat sein virtuelles Elternhaus sogar möbliert, nach den Beschreibungen seiner Tante. »Ich wollte eine Vorstellung von den Räumen bekommen«, sagt er zufrieden. Denn egal, wie viele Fahrten in den Kreis Krummau er noch unternehmen wird, dort kann er sein Elternhaus nicht mehr besuchen. Der Bauernhof mit dem Torbogen und dem landesüblichen Innenhof steht nicht mehr. Dutzende böhmische Ortschaften hat die tschechische Regierung nach Kriegsende sprengen lassen. Manche lagen im neu festgelegten militärischen Sperrbezirk, manche dort, wo jetzt der Lipno-Stausee die Trümmer überdeckt. Lothar Emmer hatte Glück. Der Stausee hätte ihm keine Chance gelassen, Maß zu nehmen.

Die Emmers hatten in Böhmen ein streng geordnetes Leben hinter sich gelassen. Jeder hatte seinen festen Platz. Jeder war gewohnt zu gehorchen, aber auch, wenn es hart auf hart ging,

Lothar Emmers Geburtshaus

Verantwortung zu übernehmen. Als überzeugte Katholiken beteten sie täglich den Rosenkranz. Schummeln galt nicht. Darauf standen weitere Rosenkränze und Vaterunser als Strafe. Erzogen wurden sie im Geist ihrer Zeit: im Zweifel um vieles zu hart als ein wenig zu milde. Wenn die Kinder zu übermütig wurden, wenn sie Unsinn machten, fingen sie sich Ohrfeigen ein. Der Gewissheit der Strafe – besonders die Großmutter reagierte gereizt auf Flegeleien und Lausbubenstreiche – stand die Ungewissheit der Verteilung gegenüber. Weil sie so viele waren, war nie ausgemacht, dass der gerade Gemaßregelte auch der tatsächlich Schuldige war. Die Eltern setzten auf ausgleichende Ungerechtigkeit: Die unverdiente Strafe von heute war der Kontoausgleich für die entgangene Züchtigung gestern. Sechs Kinder und eine Landwirtschaft sind eine Aufgabe, die fordert. Trotzdem hatten Lothars Eltern keinen Moment gezögert, die drei Kinder ihrer Schwester aufzunehmen, als erst deren Mann und dann die Schwester selbst starben. Zu den

Das Haus, das die Emmers 1955 bezogen.
Noch heute wohnen sie dort.

zwei eigenen Buben und der Tochter kamen noch einmal ein
Mädchen und zwei Buben dazu. So nah lagen sie vom Alter her
beieinander, dass die sechs in der Familie als drei Zwillingspär-
chen liefen.

Bewältigen, was auf einen zukommt, rücken, teilen, Platz
schaffen – das haben die Emmers gelernt. Aber all das hat die
Familie nicht auf das vorbereitet, was von ihnen verlangt wurde,
als die Tschechoslowakei keine Deutschen mehr wollte: innerhalb weniger Stunden eine kleine Handvoll dessen auszuwählen
und zu packen, was sie bislang besessen hatten: 50 Kilo Hei-
matfetzchen. »Unsere Eltern haben Heiligenbilder eingepackt«, erinnert sich Eva Neumaier, Lothar Emmers große
Schwester. Unhandlich für die Reise – 60 auf 120 Zentimeter –,
aber wichtig fürs emotionale Überleben. Ebenso sperrig war
der Herrgott, der ins Reisegepäck kam. Dazu Holzschuhe, ein
Spinnrad, selbstgewebter Flachs, Schüsseln und Töpfe. Vieles
davon nahm zu viel Raum ein, nicht alles wurde unmittelbarer

Verwendbarkeit wegen eingepackt. Ein Teil davon steht noch heute im Esszimmer der Emmers. Eva Neumaier schüttelt über die Relikte aus Böhmen den Kopf. Es gibt praktischere Dinge. Aber was, dieser Gedanke fällt viele Vertriebenenkinder immer wieder an, würde sie einpacken, stünde sie heute vor der gleichen Entscheidung? Fragt man sie direkt, verstummt sie, versinkt in Gedanken und wiederholt die Frage: »Was würde ich einpacken? Das ist schwer. Richtig schwer.« Es arbeitet in ihr. »Bilder von den Enkeln vielleicht. Das ist was fürs Herz, das braucht man wahrscheinlich mehr als alles andere.« Franz Neumaier, ihr Ehemann, grübelt ebenfalls. »Kleidung vielleicht?«, fragt er in die Runde. »Töpfe würde ich nicht mitnehmen, die kann man überall kaufen«, verwirft Elisabeth Emmer wenigstens eine Habeseligkeitengruppe und geht im Kopf durch, was die Schwiegereltern der Familieüberlieferung zufolge damals noch eingepackt haben.

»Ich würde eine CD mitnehmen«, sagt schließlich Lothar Emmer. »Eine CD mit allen Familiefotos.« Die ist leicht und nimmt nicht viel Platz weg. »Dann würde ich Dinge einpacken, die ich tagtäglich zum Überleben brauche. Man muss an den nächsten Tag denken. Wenn ich jetzt in einer Stunde gehen müsste, würde ich überlegen, was ich brauche, um die Nacht zu überstehen. Vielleicht eine Luftmatratze oder eine Liege, eine Decke und etwas Kleidung. Wenn ich die nächsten Tage überlebe, dann sehe ich weiter.« Man merkt, dass er sich, sehr ernst, sehr konzentriert, nicht zum ersten Mal in die Situation hineinversetzt, in der sich einst seine Eltern fanden.

Was sie alles zurücklassen mussten, listete der Vater 1952 für den sogenannten Lastenausgleich auf. Die Aufstellung umfasste unter anderem ein bäuerliches Anwesen mit acht Hektar Wald, zwei Pferde, sechs Kühe, zwei Ochsen, acht Kälber, drei Rinder, sechs Schweine, 13 Gänse, zwanzig Hühner und neun Bienenvölker. Die Maschinen und Geräte reichten von der Nähmaschine und Flachsrauf- und Flachsentstammungsmaschinen über Eggen und Pflüge, Leiterwagen, Sensen, Äxte und Beile bis hin zu Schubkarren. Die Einrichtung des Wohnhauses taucht in der Liste nicht auf. Auf 9675 Mark belief sich der materielle Schaden. Eine Zahl, die nichts sagt über den wahren Verlust. Zwei Männer benannte Josef Emmer als Zeugen dafür, dass er nicht übertrieben, keine nie vorhandene Habe dazugelogen hatte. Die neun zurückgelassenen Bienenvölker – die scheinen ersetzbar. Aber nie wieder widmete der Vater sich der Imkerei. Die Vorliebe dafür war erloschen.

Dort, wo einmal Lothar Emmers Elternhaus gestanden hat, wachsen heute über 20 Meter hohe Bäume in den Himmel. Wildschweine wühlen sich hier durchs Unterholz, ihre Spuren sind überall. Wer diesen vergessenen Ort erreichen will, muss zwei Kilometer querfeldein laufen – ein Weg, nicht ohne Tücken. Bei einem der letzten Besuche ist Lothar Emmer beim Fotografieren rückwärts in einen alten Brunnenschacht gefallen. Der Ort ist in seiner Verwahrlosung auch ein wenig unheimlich. Trotzdem zieht er die Emmer-Geschwister magisch an. Denn Lothar Emmers Baukasten der Erinnerungen, die Mixtur aus Erzähltem und akribisch am Computer Rekonstruiertem ist eben doch nur eine Heimat zweiter Klasse. Der reale Landstrich, der gleich hinter der Grenze im Bayrischen Wald liegt, ist etwas ganz anderes. Auch wenn er ihn nie kennengelernt, auch nicht vermisst habe – der Landstrich hat ihn doch ein Leben lang beschäftigt. Dazu mag beigetragen haben, dass auch sein Leben im Württembergischen nicht in geordneten Bahnen begonnen hat.

Lothar Emmers eigene Erinnerungen setzen ein, als seine Familie wohl schon das zweite Quartier in dem kleinen Städtchen bezieht. Er sieht sich als Bub, der während des Packens für den Umzug unbemerkt auf dem Wagen unter den Hohlraum eines hochbeinigen Herdes klettert. Dunkel glaubt der 64-Jährige noch zu wissen, dass die Erwachsenen neben dem Küchenherd noch eine Truhe verstaut haben. Auch sonst türmte sich bald allerlei Gepäck über dem Vierjährigen. So viel, dass Lothar der Mut verließ und er in seinem Versteck bitterlich zu weinen anfing. Die Erwachsenen räumten die Kisten und Bündel zwar wieder vom Wagen, aber getröstet wurde der kleine Lothar nicht. Vielmehr wurde er, ganz in der Tradition von böhmischem Schelten und dazugehörigen Vernunfterwartungen, donnernd ausgeschimpft. Seine Aktion hatte Vater und Großvater jede Menge zusätzliche Arbeit beschert – und in harten Zeiten keine zusätzliche Mühe zu bereiten war oberstes Gebot in einer überstrapazierten Schicksalsgemeinschaft. Lothars Leben im neuen Zuhause beginnt wie sein Eintritt ins verwinkelte Gebäude der Erinnerungen mit der Drohung von Ausgrenzung: Wer wiederholt der Familie Ungemach bereitet, den wird die Familie vielleicht bald nicht mehr als einen der Ihren begreifen. Bei einem Jungen, der sah, dass alles in der Welt in Unordnung und Auflösung geraten konnte, löste die Wut der Erwachsenen eine neue, tiefe Verunsicherung aus.

Lothars Schwester Eva ist vier Jahre älter als er. Anders als ihr Bruder, kann sie sich an das Zuhause in Böhmen, das sie als Sechsjährige zurückließ, noch erinnern. Auch an die Tränen der Erwachsenen, die sie damals nicht zu deuten wusste. Für sie unterschied sich die letzte Fahrt vom Bauernhof auf dem Wagen nicht von all den anderen Fahrten davor. Außer dass die Erwachsenen diesmal weinten. Sie weiß noch, dass ein Erwachsener ganz wilde Späße machte, um die Kinder bei Laune zu halten. Weinen und Lachen liegen in Extremsituationen oft nah beieinander. Vielleicht hat der Spaßmacher damals nicht nur an die Kinder gedacht, sondern auch ein Ventil für seine eigene Verzweiflung gesucht. Bei Eva Neumaier jedenfalls kam der Schrecken des endgültigen Abschieds nicht auf. Bei ihr funktionierte die Ablenkung. Als Erwachsene fühlt sie sich beim Er zählen peinlich berührt von ihrer kindlichen Sorglosigkeit. »Es hat ja damals keiner mit uns Kindern geredet. Es hat uns keiner erklärt, warum wir fortmüssen«, entschuldigt sie sich. Wahrscheinlich hätte auch mancher Erwachsene Schwierigkeiten gehabt, das Geschehen im Moment des erzwungenen Abschieds irgendwie in Worte fassen. Die Situation war für alle Beteiligten quälend fremd, sie lag außerhalb jeder Erfahrung und allen Vorstellungsvermögens. Konnte es denn etwas Sichereres geben als das Land, das die eigene Familie seit Generationen bebaute?

»Wo man herauskommt, da kann man auch wieder hineinkommen«, lautete eine Grundüberzeugung des Großvaters. Daran hielt er lange fest. »So können die doch nicht sein, dass sie uns für immer ausweisen.« An diese Sätze erinnert sich Lothar Emmer noch gut. »Wir haben ja nichts verbrochen. Wir haben nichts gestohlen. Uns kann man doch nicht einfach fortjagen«, sagte der Großvater immer wieder, als die Realität jede Hoffnung auf Rückkehr utopisch gemacht hatte. Auch wenn er die Augen nicht vor der Wirklichkeit verschloss, fühlte er sich ohne eigenes Zutun von der Weltgeschichte beiseitegeschoben: ein Hauptdarsteller in einem Stück, das für immer vom Spielplan genommen worden war. Sein Enkel Lothar sieht die Ereignisse aus der Distanz zwangsläufig in größerem Zusammenhang. »Die Deutschen haben ja das Unrecht angefangen«, sagt er. »Die Familien, die gelitten haben, als Hitler einmarschiert ist, haben auch nichts dafür gekonnt. Ich würd' einfach mal sagen, das war deren Recht, so zu handeln, obwohl wir die Leidtragenden waren.«

Die Tränen, die sie beim Abschied nicht geweint hat, holt Eva Neumaier heute nach. Dabei wirkt sie nicht wie eine Frau, die das Leben täglich vor unlösbare Aufgaben stellt. Sie hat früh geheiratet, drei Töchter erzogen, ist längst selbst Großmutter. Aber wie die eigene Oma hat sie in Sachen Heimat »nah am

Wasser gebaut«. Regelmäßig fährt sie über die bayerische Grenze in den Böhmerwald. »Das ist wie ein Sog«, sagt sie. Aber auf jeder Fahrt, »jedes Mal wenn ich heute reingehe«, ergreift sie ein Gefühl, das sie weder beschreiben noch bezwingen kann. Dann kullern die Tränen. »Das packt einen. Ich weiß auch nicht, was das ist.«

Auch ihr Mann stammt aus dem Böhmerwald. Fünfzig Jahre sind die beiden miteinander verheiratet. Gemeinsam kamen sie am 17. Januar 1947 an der Endstation ihrer Odyssee an. Er ist Schreiner geworden, ein Handwerker, der weiß, wie und wo man hinlangen muss, damit etwas im Lot steht. Große Worte sind seine Sache nicht, und er kann sich Schöneres vorstellen, als etwas zu Papier bringen zu müssen. Aber für seine Kinder hat Franz Neumaier auf drei Seiten niedergeschrieben, über welche Stationen der Weg heraus aus dem Böhmerwald führte. »Nach dem Krieg im Mai 1945 übernahmen die Tschechen im Sudentenland die Herrschaft«, beginnt die kurze Abhandlung. Sie endet zwölf Jahre später. »1957 kauften wir uns einen Bauplatz und bauten ein Haus. Ein Jahr später sind wir in das neue Haus eingezogen.« Dass er sich die Mühe des Aufschreibens gemacht hat, zeigt, dass Franz Neumaier diesen Erinnerungen große Bedeutung beimisst. Dass er dabei mit drei Seiten für zwölf Jahre auskommt, zeigt vor allem, dass er nicht wehleidig wirken, dass er Gefühle heraushalten, dass er die Fakten sprechen lassen will.

Franz Neumaier kam als Halbwaise mit seiner Mutter, dem Opa, der Oma, einer Tante und zwei Onkeln nach Württemberg. Sein Vater war in Ungarn gefallen. Franz war das einzige Kind dieser Ehe. Seinen Vater hat er jahrelang kaum gesehen, bis der Krieg dann nicht mal mehr Fronturlauber mehr freigab, sondern wie einen höhnischen Pfandschein ohne Wert die Gefallenenmeldung nach Hause schickte. Im Württembergischen angekommen, sah der Junge auch die Mutter nicht mehr viel.

Die und seine Tante mussten als Mägde auf einem Bauerhof arbeiten. Die Auflösung und Atomisierung der Familie ging auch nach dem Krieg stetig weiter. »Nach zwei Tagen waren sie schon weg«, erinnert Franz Neubauer sich. Der damals 16-Jährige wuchs unter Aufsicht der Großeltern weiter auf.

Oft sitzen Lothar Emmer, Eva und Franz Neumaier so wie heute zusammen. Bis vor ein paar Wochen, bis zu ihrem Tod, war auch noch die Mutter dabei. Nun steht ihr Bild mit auf dem Tisch. Im Alter hat sie von fast nichts anderem mehr geredet als dem Leben im Böhmerwald. Vom Essen, von den Bekannten, von der Musik, die sie dort gemacht haben. Sie war in der nicht selbstverständlichen Lage, dass ihre Kinder diese Erinnerungen geduldig mit ihr teilen wollten. Nun lebt von denen, die im Böhmerwald aufgewachsen sind, nur noch eine Tante. Sie ist die letzte echte Brücke der großen Familie in die Vergangenheit. Und die war den Emmers bislang stets präsent. Zu sehr hat der Lauf der Geschichte die gemeinsame Geschichte geprägt, als dass nicht immer wieder Gespräche zu ihr hinübergeführt hätten. Zu den großen Umwälzungen des 20. Jahrhunderts, aber oft auch zu den ganz alltäglichen Dingen von damals. Zu den Schokoladenkeksen der Amerikaner etwa, an deren Köstlichkeit sich Eva Neumaier so deutlich erinnert wie an die Nudelsuppe, die ihre Mutter aus Teigwaren und Wasser in einer der Sammelunterkünfte im Winter 1946/47 gekocht hat. Nie mehr schmeckte eine Suppe für Eva Neumaier so köstlich. Obwohl später vermutlich niemand den Begriff Suppe an so eine geschmacksneutrale Wasserbrühe verschwendet hätte. Die Tochter hat sie als kulinarische Offenbarung im Gedächtnis. Wann immer sie heute eine noch so feine Suppe löffelt, muss sie an diese andere als Maß aller Mahlzeiten denken.

Lothar Emmer kennt die Einbrennsuppe, die seine Mutter für ihn kochte, nur noch vom Hörensagen. Auch dass sie ihn einer Rachitis wegen schon so gut wie verloren gegeben hatte und ihn mit der Mehlsuppe dann doch wieder aufpäppeln konnte, weiß er nur aus den Erzählungen der anderen. Sein Kampf mit dem Tod und die Gewissheit der Großmutter, »dass wir den wohl dreingeben müssen«, ist ihm selbst nicht im Gedächtnis geblieben. Er wollte verdrängen, was die Erinnerung der anderen bewahrte: dass er beinahe den Anschluss an das neue Leben verpasst hätte. Dafür weiß Lothar Emmer noch genau, dass er mit einer hölzernen Kiste, die mit Schnüren auf dem Rücken befestigt wurde, als Ranzenersatz eingeschult wurde. Bequem sei das nicht gewesen, aber immer noch besser als gar kein Schulranzen. Und ein erster Schultag ist schließlich eine wichtige Wegmarke. Dem Tüftler in ihm mag diese Geschichte improvisierter Anspruchserfüllung gefallen.

Beim Erinnern spielen Schwester, Bruder und Schwager einander die Bälle zu. Alles ergänzt sich zu einem großen kollektiven Familiengedächtnis. Der Einzelne kann manchmal nicht mehr sagen, ob er selbst Erlebtes oder nur Erzähltes weitergibt. Elisabeth, Lothar Emmers Ehefrau, ist die Einzige am Tisch, die erst durch ihre Heirat mit Böhmen in Berührung kam. Sie stammt von der schwäbischen Alb, hat ihren Geburtsort als junge Frau aus freien Stücken verlassen, könnte jederzeit für immer zurück und versteht nicht ganz, wie Heimat einen so zerreißen kann. Wenn sie gelegentlich ihren Geburtsort besucht, wirft sie das nicht aus der Bahn. »Für mich ist der Ort, an dem wir jetzt leben, meine Heimat«, sagt sie. »Vielleicht wäre es anders, wenn du dort mit Gewalt hättest fortmüssen«, versucht Eva Neumaier, die Emmer'sche Ergriffenheit bei den regelmäßigen Besuchen in Tschechien zu erklären.

Es ist beileibe nicht so, dass Emmers im Württembergischen kein Bein auf den Boden bekommen hätten. Sie fanden ihren Platz – wie der Großvater, der schon im Böhmerwald mit dem Uhrmacherhandwerk begonnen hatte und auch am neuen Wohnort stockende Unruhen und erstarrte Räderwerklein

wieder in Gang brachte. Von Demütigungen, wie sie an der Ta-
gesordnung waren, wenn die Gedankenlosigkeit und die gele-
gentliche Arroganz der Einheimischen auf die Verletzlichkeit
und den Stolz der Entwurzelten trafen, ließen sich die Emmers
nicht unterkriegen. Zumindest ließen sie sich Gram nicht anmerken. So wie Eva Neumaier, die sehr die Zähne zusammen-
beißen musste, als der Baucr, bei dem sie in Stellung war,
sie einem Besucher mit den Worten vorstellte: »Das ist unsere
Eva, die passt auf die Kinder auf, daheim hat sie einen ganzen Bauernhof gehabt.« Eva stand stumm daneben. »Ich frage
mich noch heute, warum er das gesagt hat.« Achtlosigkeit?
Nicht alle Einheimischen begriffen, wie demütigend ihr Auf-
treten mitunter war. Manche dagegen wussten es sehr wohl –
und genossen das verzweifelte Schweigen, die Verletztheit der
Flüchtlinge.

Die Jungs in Lothar Emmers Alter fanden einen anderen
Weg, ihre Wut über Ausgrenzung und Missachtung zu kanali-
sieren. Sie führten spielerische Bandenkriege gegen die einheimischen Kinder. Zur Flecken-, Bahnhofs- und Lammbande
stieß mit dem Bau der Baracken auch noch die Altache-Bande,
so benannt nach dem Gewann, auf dem die weißgekalkten
Holzbaracken mit den Giebeldächern standen. »Wir hätten uns
gegenseitig schneller kennengelernt, wenn wir nicht so ghetto-
artig gewohnt hätten«, sagt Eva Neumaier über die Wohnver-
hältnisse der späten 1940er und frühen 1950er Jahre. Die Stadt
hielt sich die sogenannten Rucksackdeutschen auf Abstand.
Erst wohnten sie in Behelfsheimen – und blieben unter sich.
Dann konnten sie sogenannte Nebenerwerbsgrundstücke
kaufen. Auch sie lagen wieder dort, wo man Neubaugebiete
ausweist – am Rande der Stadt und abseits des gewachsenen
Ortskerns mit der einheimischen Bevölkerung. Es war nur natürlich, dass die so Ausgegrenzten zusammenhielten wie Pech
und Schwefel. Zumindest die aus der Altache-Bande.

Episoden wie die folgende mögen wie Lausbubengeschichten aus einem Jugendbuch klingen. Aber wer genau hinhört, der findet auch in ihnen die bittere Erfahrung der Ausgrenzung. Lothar war der Späher der Altache-Bande. Befand er sich im Bandenkrieg, saß er auf einem Baum, um herannahende Mitglieder anderer Banden mit Erdklumpenwürfen aufzuhalten und die eigene Gruppe durch Alarmgeschrei zu warnen. Die Fehden hatten ausgeklügelte Formen angenommen, hatten Taktiken veritabler Lausbubenguerilla ausgeprägt. So hatten die Jungs der Altache-Bande das Führseil, an dem man sich entlanghangelte, während man auf einem weiteren Seil über ein Flüsschen balancierte, heimlich losgebunden. Es hing nur noch an einer Schnur, die zwar das Seil, aber keinen Menschen mehr am Seil halten konnte. Den Feinden war der Sturz ins Wasser zugedacht.

Den Bandenkriegspimpfen war dabei völlig aus dem Sinn geraten, dass diese waghalsige Behelfsbrücke aus zwei Seilen kein Element ihrer kleinen Abenteuerfantasien, sondern ein Stück reale Infrastruktur war. Sie führte zu dem Gelände, auf dem die Barackenbewohner Hühner hielten und Gemüse anbauten. Und so war es Lothars Großmutter, keine gegnerische Vorhut, die sich als Erste auf die Falle zubewegte. Der Späher Lothar brüllte wohl »Nicht die Brücke benutzen«, aber ob sie ihn überhaupt hörte, ist ungewiss. Sie ließ sich nicht aufhalten, trat auf das untere Seil, wollte sich mit einer Hand am oberen halten, und fand nur einen Halt, der selbst keinen mehr hatte. In voller Böhmerwaldtracht fiel sie ins Wasser. Die vielen Unterröcke blähten sich neben ihr auf wie seltsame Schwimmringe. Nur die Blumen, die sie gerade in ihrem Garten gepflückt hatte, wurden nicht nass. Die hielt die alte Dame in die Höhe, als habe der Fluss es gezielt auf diese Beute abgesehen. Schimpfend und prustend hangelte sie sich ans Ufer. Für Lothar war damit der Kampf gegen die feindlichen Banden fürs Erste ver-

Lothar Emmer mit seiner großen Schwester Eva

tagt. Der Grimm der Großmutter, schon in Böhmen gefürchtet, war jetzt das größere Problem.

Die gefährlichen Streiche sind längst ulkige Anekdoten geworden, die großmütterlichen Ohrfeigen lang schon verschmerzt. Aber über diese Anekdote hinaus ragt dieses Brückenprovisorium hinein in die Realität wie ein verpflanztes Stück Improvisation aus einem sehr viel ärmeren Land. Es wirkt fast ein wenig symbolisch, wie der Inbegriff des härteren Weges, den die Vertriebenen in ihrer neuen Heimat beschreiten mussten. Eines Weges, der abseits der Mehrheitsgesellschaft und oft unbemerkt von dieser verlief und auf dem jeder Schritt ein wenig schwerer fiel als auf den klar strukturierten, gepflasterten Pfaden der Einheimischen.

Die Emmers berichten auch davon, wie ihr Großvater frühmorgens zur Erntezeit in den Feldern patrouillierte. Er schaute, wo gerade gemäht wurde. Ährenlesen nannten sie das, wenn sie mit Kind und Kegel aufs Feld gingen und die übriggebliebenen Getreidekörner sammelten. Meist war dort ein ziemliches Gedränge, weil sie nicht die Einzigen waren, die auf der Suche nach überschüssigen Naturalien waren, wie kleine Schwärme übergroßer Stare, die zu scheuchen nach der Ernte nicht mehr lohnte. Sammelten sie besonders fleißig, reichte es am Ende für einen ganzen Sack Mehl, mit dem sie über den Winter kamen. Um in den kalten Monaten einheizen zu können, kauften sie sogenannte Stumpen im Wald. Das waren die Wurzelreste der Bäume, die nach dem Fällen übrig blieben. Ein Sprengmeister legte sie durch kleine Explosionen frei. Meist waren diese Stumpen noch feucht, vom aufsteigenden Saft aus den Wurzeln getränkt, denkbar schlechtes Brennholz also. Die Emmers fanden einen Bäcker, der das feuchte Holz auf seinen Backofen legte und über Nacht trocknete. Und wenn er Brot übrig hatte, legte er das dem zurückgegebenen Holz obenauf. »Der war sozial eingestellt«, weiß Eva Neumaier diese Großzügigkeit noch heute zu schätzen. Es gab eben auch die anderen Begegnungen, die mit hilfsbereiten, freundlichen, verständnisvollen Einheimischen.

Mit jedem Jahr wuchs die Normalität. Mit jedem Jahr wuchsen die Kinder. Auf den Vertriebenentreffen bekamen normale Floskeln des Großfamilienlebens eine neue, unterschwellige Bedeutung. »Bist du aber groß geworden«, wurden auch dort Kinder und Jugendliche von denen begrüßt, die sie länger nicht gesehen hatten. Bei den sechs Kindern der Emmers und vielen anderen Kindern, die in der Nachkriegszeit aufwuchsen, hatte der verhasste Ausspruch – der ans Kleinsein von gestern erinnerte – den Beiklang des Herauswachsens. Die Worte benannten nicht nur das Fortschreiten der Zeit. Jeder Zentimeter, den die sechs zulegten, jede weitere Bleistiftmarkierung am Türrahmen, bezeugte den Erwachsenen, wie weit sich ihr Leben und wie weit sich ihre Kinder von der alten Trostidee entfernten, es könne eine Rückkehr dorthin geben, von wo sie in den Jahren 1945 und 1946 unfreiwillig aufgebrochen waren. Und dort wür-

Die Großfamilie Emmer im Württembergischen

den dann alle in die noch intakten, nur vorübergehend ungenutzten Formen des früheren Lebens passen.

»Bist du aber groß geworden«: Das war auch die Formel, mit der die Erwachsenen ihr großes Erstaunen darüber ausdrückten, dass das Leben den Charakter des Provisorischen verlor und das Dasein in der neuen Heimat zum Dauerzustand wurde. Irgendwann spürten die Menschen, dass aus der Übergangslösung ein Neubeginn geworden war. Für Vertriebene wie die Eltern und Großeltern Emmer war das eine sehr ernüchternde Entdeckung. Lothar Emmers Vater sah ein, dass er nie mehr auf der Geige spielen würde, die er im Garten seines Hauses vergraben hatte. Seine Frau wusste, dass sie nie mehr mit der Nähmaschine nähen würde, die sie in einer Wand eingemauert hatten. Niemand aus der Familie würde je mehr von dem feinen Geschirr speisen, das in der Erde auf die Rückkehr ans Tageslicht wartete.

Für die Kinder wie Lothar Emmer und seine Geschwister

war es jedoch gar keine so düstere Perspektive, dieses Größer-
werden. Sie hatten ja auch nicht geweint, als sie den Auswei-
sungsbescheid in der Hand hielten. Sie wussten nur, dass Heimat irgendetwas ganz Wichtiges war. Warum sonst rückte der
Großvater immer ganz nah den Schemel an seinen Lieblingsen-
kel Lothar heran und erzählte ihm in den dunklen Wintermo-
naten die immer gleichen Geschichten aus dem Sudentenland.
Das war selbst diesem Enkel, der seinem Großvater sehr zugetan war, manchmal zu viel.

»Der letzte Blick in unser Heimatdorf und der Schmerz und
der ungewollte Verzicht auf die Heimat bleibt unvergessen und
ist unbeschreiblich«: Mit diesen Worten hat Vater Josef Emmer
den 25. Oktober 1946 in seiner Chronik festgehalten. Verglichen mit der Beschreibung der Jahre danach, gibt er sich an dieser Stelle regelrecht sentimental. Es blieb tatsächlich der letzte
Blick auf seinen Heimatort. Josef Emmer fuhr nie mehr zurück
in die Tschechoslowakei. Er bekam nie zu sehen, was die
Sprengungen der tschechischen Armee von seinem Heimatdorf
übriggelassen hatten: nichts als ein paar Grundmauern. Lothars
Großvater begründete seine Weigerung mit dem schlichten
Satz: »Meine D-Mark bekommen sie nicht!« Ein Satz, in dem
viel Verbitterung mitschwingt.

Das Geld der Emmers floss ja auch in ein Haus, wenn auch in
ein viel kleineres, als es der alte Hof gewesen war. Schon um den
Kredit zu bekommen, mit dem er auf dem Nebenerwerbsgrund-
stück bauen wollte, brauchte der einst selbständige Landwirt
einen Bürgen. Der Bauer, bei dem er arbeitete, war so großmütig
und gab seine Unterschrift. Wenn Josef Emmer nun sein neues
kleines Stück Land bestellen wollte, musste er Urlaub nehmen
und sich Pflug und Pferde ausleihen. Trotzdem stellte das Haus,
in das sie im Dezember 1955 einzogen, eine der großen Kapitel-
überschriften in der Familiengeschichte dar. Eine Bleibe zur
Miete, das war im Bewusstsein der Emmers immer eine kündbare

Bleibe gewesen. Die neue Adresse gab ihnen vielleicht nicht das alte Gefühl von Dauerhaftigkeit zurück, aber doch eine schwächere Variante davon. Das »Seid ihr aber groß geworden« der Sudetentreffen klang nun auch ein wenig verheißungsvoll.

Der Umzug ins neue Haus in der Ostlandstraße, wie sie vielsagend hieß, beendete manches Provisorium. Lothar und sein Bruder mussten nicht mehr zu zweit in einem 80 Zentimeter breiten Bett auf einem kratzigen Strohsack schlafen. Die äußerst korpulente Oma würde Eva, die mit ihr das Bett teilen musste, nicht mehr länger im Schlaf an die Wand drücken. Vorbei war es vor allem mit dem Wanzengewimmel in der Behelfsbaracke. Das war so quälend geworden, dass auch die Heimatvertriebenen ihre Demut aufgaben und um Abhilfe baten. Das Bürgermeisteramt warf ihnen prompt Unsauberkeit vor. Mit einem Mal trat der Riss zwischen den Hierherverschlagenen und den Altansässigen hässlich zu Tage. Die Antwort der Barackenbewohner – die sieben Familienoberhäupter der Baracken B und C schrieben gemeinsam – bebt vor verletzter Würde und mühsam gezügelter Wut: »Wir müssen leider die Feststellung machen, dass man nicht für uns, sondern gegen uns eingestellt ist«, schrieben sie. »Dass wir ohne Mahnung und Beanstandung auf unbedingte Sauberkeit in den Baracken größten Wert legen, ist uns schon von Haus aus eine Selbstverständlichkeit. Der Platz um die Baracken war durch die durchgeführten Grab- und Bauarbeiten bei der Übergabe der Wohnungen in einem solchen Zustand, dass durch blankes Handanlegen ohne irgendwelche Materialien das Bild nicht zu verschönern ging. Es wäre jedoch bei etwas gutem Wollen schon längst möglich gewesen, Abfälle des hiesigen Steinbruchs heranzuschaffen, um diese Mängel zu beheben. Es hätten sich bestimmt alle Barackenbewohner bereitgefunden, mit Hacke und Spaten diesen unschönen Fleck sauber und gangbar zu machen.«

Der Brief stammt vom März 1950. Mehr als fünfeinhalb

Jahre mussten die Emmers es danach in dieser Unterkunft noch aushalten. Eine Zeit, in der sie sich an der Aussicht auf ein eigenes Heim aufrichteten. Der Kampf, den sie kämpften, war der ums Geld. »Wenn man anfängt zu investieren, dann gibt es kein Zurück mehr«, beschreibt Lothar Emmer den Hausbau seiner Eltern. 35 000 Mark kostete das neue Eigenheim damals. Lothar war elf Jahre alt, als die Familie in das Steinhaus einzog – wieder in eine Siedlung für Vertriebene, wenn man so will, in die Wirtschaftswundervariante der Barackenunterbringung. Aber die Emmers waren zufrieden. Sie genossen die soliden Wände, die sie umgaben – auch wenn sie den modernen Widerpart dazu noch gar nicht vorausahnen konnten: die virtuellen Wände eines Computermodells, das versucht, ein kleines Gerüst und Zuhause für Träume und Erinnerungen zu sein.

Edith Gärtner und ihr Bruder Anton

Der Rucksack fürs Leben

Wie die Nachkriegskinder Edith und Anton im Schatten der Vertreibungsgeschichte ihrer Eltern weiterleben

Vererbt sich Erlebtes von Generation zu Generation? Geht es über von der Mutter auf die Tochter? Übertragen sich die Heimatlosigkeit und die Trauer der Eltern auf die Kinder? Kann eine Szene eine andere spiegeln, auch wenn ein ganzes Menschenleben zwischen den Ereignissen liegt? Erst spät ist Edith Gärtner der Gedanke gekommen, dass es so sein könnte. Im Laufe der Jahre war in ihr die Gewissheit gewachsen, die Traurigkeit, die sie manchmal empfand, ähnele dem Phantomschmerz, den ein längst amputiertes Glied durch Nerven aus Luft und Fasern aus Fantasie in den real vorhandenen Körper sendet. Denn was sie quälte, was das Kribbeln des Entbehrten auslöste, gab es längst nicht mehr – und hatte es in ihrer Lebensrealität auch nie gegeben. Ihre Geburtsurkunde lässt daran keinen Zweifel. Sie ist in Bayern geboren, in Illertissen. Als sie 1948 zur Welt kam, da war dieses Etwas, das sie nun zu vermissen glaubt, schon nicht mehr vorhanden: Dieses Etwas hatte einst Südmähren geheißen.

Die großen Bevölkerungsverschiebungen auf der europäischen Landkarte waren weitgehend abgeschlossen, als Edith Gärtners Leben in dem kleinen Ort bei Ulm begann. Die Potsdamer Beschlüsse der Alliierten aus dem Jahr 1945 waren umgesetzt, Edith Gärtner kein Kriegskind mehr. Vielleicht kann man sie ein Heimkehrerkind nennen. Neun Monate, nachdem ihr Vater aus der Kriegsgefangenschaft zurückgekehrt war, war sie zur Welt gekommen. Vielleicht kann man sie aber auch nicht Heimkehrerkind nennen, weil der Vater, der seine Familie mit Hilfe des Roten Kreuzes wiedergefunden hatte, in dieses Bayern, das ihm völlig fremd war, nicht heimgekehrt war und es lange nicht als Zuhause sehen konnte.

An einem Tag im Jahr 2001 tat Edith Gärtner, was ihre Mutter im Mai 1945 getan hatte: Sie packte die Fülle des Lebens in einen Rucksack. Des Lebens der Mutter, wie damals vor 56 Jahren. Edith Gärtners Mutter war verstorben, und die 53-jährige Tochter traf die Entscheidung, dass nun ein letzter Umzug anstand, dass die Mutter nicht »in der dunklen Ecke« des Landsberger Friedhofes, den sie zu Lebzeiten nicht gemocht hatte, begraben werden sollte. Edith Gärtner veranlasste die Überführung ins Württembergische. Sie wollte die Mutter in ihrer Nähe, sie brauchte ein Grab als Fluchtpunkt ihrer Trauer.

Die Entscheidung hatte sie schnell getroffen, es habe nicht länger als eine halbe Stunde gedauert, erinnert sie sich. Dann hatte sie mit dem Bestatter die letzte Reise ihrer Mutter durchgesprochen. Welches Kleid sie tragen und wie der Sarg beschaffen sein sollte. Ihr Ehemann, der sie begleitet hatte, war auf ihre Bitte hin schon zurück zu ihren beiden Kindern gefahren. Sie selbst blieb noch ein wenig in dem Haus, in dem sie als Kind gelebt hatte und in dem sie später als Erwachsene ein und aus gegangen war. Sie wollte in den Räumen, in denen ihre Mutter mehr als vierzig Jahre zu Hause gewesen war, noch ein Weilchen deren Gegenwart spüren. Denn dort war die Nachricht von ihrem Ableben noch nicht richtig angekommen. Hartnäckig hielten die Möbel und der übrige Besitz der Mutter die Illusion aufrecht, sie lebe noch und würde jeden Augenblick zurückkommen. Inmitten der Dinge, mit denen sich die alte Dame umgeben hatte, wollte sie sich ganz bewusst für eine Weile von dieser Illusion umfangen lassen.

Dem Tod der Mutter war kein friedlicher Abschied vorausgegangen. Keine tröstliche Familienszene hatte dieses Leben abgeschlossen. Edith Gärtners Mutter war an den Folgen eines Sturzes gestorben. Niemand weiß genau, wie lange sie – unfähig, sich aufzurichten – am Fuß der Treppe gelegen hatte. Denn ihre Mutter lebte schon lange allein in ihrem großen Haus. Nicht etwa, weil man sie vergessen und sich unmerklich aus ihrem Leben geschlichen hatte. Sie selbst hatte es so gewollt. Die alte Dame hatte darauf bestanden, in diesem alten, aber kein bisschen altengerechten Haus wohnen zu bleiben. Auch als ihr Leben sich dem Ende zuneigte, wollte sie ihren Aufenthaltsort selbst bestimmen. Weit in ihren Siebzigern war sie da und gehbehindert, aber fest entschlossen, nicht noch einmal ein Zuhause zu verlassen. So beschwerlich das Leben für sie dort auch werden mochte. Schon als Edith Gärtner einige Jahre vorher ihren Vater, der schwer von Demenz gezeichnet war, vom bayerischen Landsberg zu sich ins Württembergische holte, war die Mutter zurückgeblieben. Der Wunsch nach Autonomie und Heimat war größer als der Schmerz, den die Trennung nach über fünfzig Jahren Ehe verursachte. Der einsame Unfalltod der Mutter spiegelt für Edith Gärtner auch die Zerrissenheit eines Lebens, das 1917 in Südmähren begonnen hatte und 2001 in Landsberg endete.

Edith Gärtner lief durchs Haus und überlegte, was sie einpacken sollte, um die Erinnerung an ihre Mutter in ein paar wenigen Gegenständen mit nach Hause zu nehmen. Sie teilte diesen Augenblick nicht mit ihrem 14 Monate jüngeren Bruder Anton. Der Tod der Mutter fiel in die Zeit, in der er der Familie den Rücken gekehrt hatte und der Kontakt eher sporadisch war. Anders als seine Schwester suchte er die Distanz zu seiner Herkunft, Sinnsuche und Ruhelosigkeit trieben ihn bis nach Südamerika. »Es war die innere Heimatlosigkeit, die mich in die Ferne schweifen ließ«, sagt Anton heute. Gelindert hat es das Leiden daran nicht. Zudem hat ihm seine Ruhelosigkeit die

Altersversorgung so verkorkst, dass an keinem Ort ein richtiges Auskommen für ihn ist. In Deutschlands reicht's nicht zum Leben. In Südamerika auch nicht. Dort, in Paraguay, nennen sie ihn »el Alemán«, den Deutschen. Für sie ist er einer, dessen Wurzeln an einem anderen Ort geblieben sind. »Jeden Tag«, gestand er seiner Schwester einmal in einem Brief, »werde ich älter, und ich weiß immer noch nicht, wo meine Heimat ist. Wo der Ort ist, mit dem ich mich identifizieren kann, aber nicht nur oberflächlich oder opportunistisch, sondern auch historisch fundiert.« Er hat begonnen, seine Familiengeschichte aufzuschreiben. Zu weit hat er sich schon forttragen lassen, nun braucht er diese Form der Selbstvergewisserung. Ab und zu entgleitet ihm im Gespräch die deutsche Sprache. Dann fällt dem »Alemán«, dem Deutschen, der passende Begriff nicht ein.

Erst heute sieht er die Wurzel seiner zeitweiligen Distanz zu seiner Familie in seinen Lebenskoordinaten, die maßgeblich davon bestimmt wurden, das Kind von Heimatvertriebenen zu sein. Dabei lebten die Eltern im Westen keineswegs abgekapselt und brachten es auch zu bescheidenem Wohlstand. Die Mutter war in Gesellschaft offen, wirkte fröhlich und interessiert an ihrem neuen Umfeld. Aber manchmal, wenn keiner hinschaute, muss ihr die Kraft dafür abhandengekommen sein. Als Edith Gärtner bei der Auswahl der Erinnerungsstücke ein Fotoalbum aus einer Kommodenschublade nahm, fiel eine alte, abgegriffene Fotografie heraus. Offenbar hatte die Mutter sie immer wieder hervorgeholt und betrachtet. Edith Gärtner kannte die Fotografie nur zu gut. Das Bild zeigt einen Säugling, ihre Schwester Annemarie – ihre große Schwester, wie man sagen würde, blickte man nur auf die Geburtsdaten. Annemarie war fünf Jahre vor Edith zur Welt gekommen. Aber die beiden Schwestern haben einander nie kennengelernt. Annemarie wurde nur fünf Monate alt. Im Juni 1944, als sie erkrankte, soll sie zwei Tage lang, so die Familienüberlieferung, nur geschrien haben und von Krämpfen geschüttelt worden sein. Die Mutter konnte die Qual des Mädchens kaum lindern, und im Frühsommer des späten Krieges war kein Arzt auffindbar, der ihr hätte helfen können. Ärzte wurden an der Front gebraucht, um den Nazis die Zerschundenen, Halbzerfetzten oder auch nur wüst Zerschrammten wieder so weit zusammenzuflicken, dass man sie in einem neuen humpelnden Sturmlauf dem »Feind« entgegenwerfen oder sie an der Heimatfront verheizen konnte. Sterben war deutsche Pflicht in diesen Jahren. Und so starb auch Annemarie.

Über Edith und Anton, die äußerlich im Frieden aufwuchsen, lastete der Schatten des Krieges, der sich nicht nur in jenem Foto von Annemarie manifestierte. Vieles, was um sie herum geschah, so lernten beide früh, war nicht aus dem Hier und Jetzt erklärbar. »Du bist eine für die Gastwirtschaft«, sagte etwa die Oma immer, wenn die kleine Edith am Abend nicht zu Bett gehen wollte. Der Satz bezog sich auf eine gänzlich andere Welt und maß Ediths Verhalten mit dem, was für eine gute Bäuerin Pflicht war: früh ins Bett zu gehen, um am nächsten Tag in aller Herrgottsfrühe das Vieh zu versorgen. Wenn eine nicht früh in den Stall wolle, spottete die Oma, dann wolle sie wohl spät noch Bierkrüge schleppen. Als kleines Mädchen hatte sich Edith keinen Reim auf diese Äußerung machen können. Später erfuhr sie, dass sie auf eine lange Familientradition anspielte, auf zwei Zweige der Sippe mit Landwirten und Gastwirten. Damals in Südmähren und im Egerland. Vor dem Weggang. Bevor die vielen Toten um einen Platz im Erinnern der Überlebenden kämpften. Bevor ihr eigenes Leben begonnen hatte.

Drei Jahre vor Ediths Geburt und ein knappes Jahr nach dem Verlust ihres damals einzigen Kindes hatte ihre Mutter wie jetzt Edith Gärtner vor ihren Besitztümern gestanden und überlegt, was sie in einem Leben fern von hier brauchen würde.

Sie hatte damals allerdings nicht so viel Zeit zu entscheiden. Am 29. Mai 1945 wurde den Deutschen in Gottschallings von den tschechischen Machthabern verkündet, sie müssten umgehend das Land verlassen. Mitnehmen dürften sie das, was sie in einer Tasche oder in einem Rucksack tragen konnten. Bei 30 Kilogramm lag die Obergrenze. Im »Heimatboten für die Gegend Südmähren« ist im Jahr 1958, 13 Jahre später, nachzulesen, die Bewohner seien um acht Uhr morgens »unter dem Trommelschlag der Tschechen« aufgefordert worden, den Ort binnen zweier Stunden zu verlassen. Ein Abschied war das nicht, eher eine Flucht vor den angedrohten Furchtbarkeiten – »eine Austreibung«, so schreibt der Chronist des »Heimatboten«. Um sicherzugehen, dass auch wirklich alle Deutschen das Dorf verließen, hätten Partisanen mehrere Männer als Geiseln genommen und mit deren Erschießung gedroht, sollten sich die Anwohner der Vertreibung widersetzen.

Maria Flur ließ nicht nur das Grab ihres Kindes zurück. Auch ihren Bruder Karl hatte sie dort, wo ihre Familie seit Generationen lebte, 1932 zu Grabe getragen. Er war 26 Jahre alt, als er innerhalb kurzer Zeit der Tuberkulose erlag. Ein Wegkreuz erinnerte an ihn. An dieses Zeichen, das sie nie wiedersehen würde, hat Maria Flur damals wohl noch nicht gedacht. Das kam später. Vorerst war sie ganz mit den Zwängen des Augenblicks beschäftigt und mit Trennungen, gegen die der Tod des Bruders wie eine gemessene Form des Abschieds wirkte. Im Mai 1945 wusste sie nicht einmal, ob ihr Mann noch am Leben war. Sie wusste nur, dass das Dasein im Städtchen Gottschallings nahe der österreichischen Grenze seinem Ende zuging. Und dass Hoffnung auf Aufschub keinen Sinn hatte, weil das alte Leben de facto schon zu Ende und von etwas sehr Gefährlichem abgelöst geworden war. Neun Tage zuvor hatte sie die Nachricht erhalten, dass Partisanen ihren zweiten Bruder Anton langsam zu Tode gequält hatten.

Anton hatte seinen Heimatort in den ersten Maitagen eigentlich schon hinter sich gelassen. Aber dann war er noch einmal umgekehrt, um Schwester und Mutter vor den Übergriffen der Sieger zu beschützen. Viele der von Hitler-Deutschland unterdrückten Tschechen zogen in jenen Tagen umher, um sich für diese Gewaltherrschaft zu rächen. Es war die Zeit der sogenannten Benešdekrete, die alle Deutschen kollektiv zu Tätern und Vergeltungsaktionen an ihnen pauschal für rechtens erklärten. Anton, der zwar der drohenden Gewalt wegen heimkehrte, hatte sich das Ausmaß der Gewaltexzesse, die der Kapitulation des Dritten Reiches nun folgten, dennoch nicht vorstellen können. »Was soll mir denn schon geschehen«, soll er der Familienüberlieferung zufolge gesagt habe, als er den Rückweg antrat. »Mehr als die Hucke vollhauen können sie mir ja auch nicht.« Gerade einmal sieben Kilometer lagen zwischen Leben und Tod, zwischen Bleiben-Können und Weggehen-Müssen, zwischen Österreich und der zukünftigen Tschechoslowakei. Im rechtsfreien Raum nach Kriegsende entlud sich die mörderische Aggression der selbst jahrelang Bedrängten und Gequälten an ihm. Anton wurde gefangen genommen und überlebte die Schläge nicht, die man ihm in der Haft beibrachte. Als er zu schwach war, um weiterzuleben, töteten ihn seine Folterer. So beschreibt es jedenfalls ein Text im »Heimatboten«: »Nach fürchterlichem Martyrium wurde der Bauer bei dem Kreuz an der Straße gegen Landstein erschossen. Zwei von den Gefangenen mussten ihn dort begraben«, hielt der Chronist Beobachtungen und Überlieferungen der Überlebenden fest. Maria Flurs letzte Monate in der Grenzregion zu Österreich waren von Tod und vorzeitigem Abschiednehmen gezeichnet.

Eine Woche nachdem sie die Nachricht vom Tod ihres Bruders erhalten hatte, packte Maria also selbst ihren Rucksack. Zu den Dingen des täglichen Lebens, wie etwas Nahrung und Kleidung, steckte sie die Fotografie ihres einzigen Kindes. Für das Schuldgefühl, der Bruder habe sich für sie geopfert, musste sie keinen Platz in ihrem braungrünen Rucksack finden. Dieses Gefühl saß von nun an in ihr, wie die Erinnerung an den erzwungenen Abschied, den gewaltsamen Zerfall der Heimat und den Verlust der Menschen dort. Jeder Versuch, sich nicht mehr mit dem Leben vor dem 29. Mai 1945 zu beschäftigen, ging einher mit dem schlechten Gewissen, jene zu verraten, die den Krieg und die Vertreibung nicht überlebt hatten. Jahre später, beim Umzug ins eigene Haus, kündigte sie das Abonnement für den »Heimatboten«. Vordergründig, um Geld zu sparen. Sie las die Zeitung, die die Vergangenheit regelmäßig auf ein paar Dutzend Seiten wieder auferstehen ließ, jetzt bei einer Nachbarin – auch wenn sie einmal äußerte, das Lesen sei sinnlos, diese Welt gebe es nicht mehr.

Die Lektüre hielt nicht nur Wunden offen, Ängste wach und Zorn präsent. Sie half auf herbe Weise auch beim Finden von Frieden. Anfangs hatte Maria Flur noch mit dem Tod der kleinen Annemarie gehadert. Wäre nur ein Arzt erreichbar gewesen, wäre das Kind noch am Leben, hätte es die Flucht in den Westen mitmachen können. Doch mit der Zeit änderten sich diese Gedanken dahin, dass Annemarie ein verschontes Kind geblieben war, eines, dem ein im Vergleich milder und würdiger Tod beschieden war. Maria Flur hatte von den Fluchten und Märschen gehört, auf denen Kinderleichen wie Müll weggeworfen werden mussten oder Mütter die kleinen Leichen tagelang mit sich schleppten. Besonders vom Iglauer Todesmarsch erzählte man sich in Kreisen der Vertriebenen die schrecklichsten Dinge: Im Juni 1945, in sengender Hitze, waren die zuvor schon misshandelten und ausgehungerten deutschen Bewohner Iglaus unter anderem mit Peitschen zu ihrem Exodus angetrieben worden. Unterwegs kam es zu willkürlichen Exekutionen. »Mutter war froh, dass Annemarie in ihrem Kinderbettchen gestorben war und nicht unterwegs«, erinnert sich Edith Gärtner. Annemarie wurde von einer Wunde zu einem Schatz, zum Bindeglied zu einer fast heilen Welt, zum Synonym für die untergegangene Heimat. Für die Mutter, so sagt Edith Gärtner heute, »war das der Ort, an dem sie zufrieden war mit ihrem Leben, wo sie ihr Umfeld hatte, wo ihre Freunde und Verwandten lebten, wo sie etwas war und etwas dargestellt hat«.

Für die Geschwister Anton und Edith war die tote Schwester Sinnbild dafür, dass es ein Leben der Eltern gab, das sie nicht kannten. Und so fragten die beiden ihre Mutter immer wieder, wie sie gewesen sei, diese Annemarie. Wie sie ausgesehen habe. Salomonisch antwortete die Mutter dann: »Ein bisschen hat sie von dir gehabt und ein bisschen von deinem Bruder.« Mehr als einmal, erinnert sich Edith, habe sie sich gewünscht, die große Schwester könnte leibhaftig mit am Mittagstisch sitzen. Vor allem, als Anton den zermürbenden Pubertätskampf mit dem Vater begann und sie von dieser Trotz- und Rebellionsphase an das Kind war, auf das sich die elterlichen Erwartungen konzentrierten. »Von diesem Zeitpunkt an war ich der Dreh- und Angelpunkt für meine Eltern. Zu sagen hatte ich aber nichts. Es ist eigenartig, wenn man so wichtig ist und dennoch keinen Einfluss hat auf das, was geschieht.«

Wie ihre Eltern arrangierte sie sich äußerlich bestens mit dem Leben in dem kleinen Dorf bei Ulm, wo die Familie in den frühen 1950er Jahren in einer Siedlung für Flüchtlinge ein kleines Häuschen gebaut hatte. Im Land der Häuslebauer und Bausparer galt das eigene Dach über dem Kopf als Nachweis für Fleiß und Redlichkeit, als wichtiges Element des Dazugehörens. Dass es trotzdem hauptsächlich Heimatvertriebene waren, die bei den Flurs ein und aus gingen, ließ sich jedoch nicht leugnen. Aber als Kind zerbrach sich Edith darüber nicht den Kopf. Die Welt, die sie umgab, schien ihr die einzig mögliche. Dass für die

Eltern immer ein kleiner Spalt blieb, ein trennendes Dazwischen zur Gegenwart, erkannte sie erst später. Und auch, dass Geschichte in ihrer Familie nicht nur etwas war, von dem man sich in die Zukunft abstieß wie von einem festen Grund, sondern etwas, das einen zurückhielt wie morastiger Boden.

Ihr Bruder Anton wehrte sich dagegen, von der Vergangenheit in seinem Fortkommen behindert zu werden. Ihm klang ein anderes Wunschleben in den Ohren als das eines Bauernsohnes, das immer wieder beschworen wurde. Denn von der Landwirtschaft redeten die Heimatvertriebenen immerzu. Das Bestellen der Äcker, die Pflege des Viehs war ihre Welt gewesen, ihre Daseinsberechtigung, ihre Lebensaufgabe und ihr Auskommen. Auf den Höfen waren sie noch Herrin und Herr gewesen. Diesseits der Zeitenwende im Mai 1945 waren sie Knecht, Magd oder Hilfsarbeiter. Und Anton war hier kein Bauernsohn mehr, sondern Kind eines Lohnabhängigen.

Der Vater, der so oft vom alten Landleben der Familie erzählte, half zwar nebenbei noch auf einem Hof aus, dessen Bauer bettlägerig war. Aber dort war er ein Knecht, der nichts zu sagen hatte. So wenig wie in seinem Haupterwerb als Fabrikarbeiter. Und vom Großvater, der sein Leben lang Landwirt war, ist ein Satz überliefert, den sein Enkel sich gemerkt hat: »Ich hätte nie gedacht, dass ich einmal um ein Stück Brot anstehen muss.« Daheim war er Großbauer und Bürgermeister gewesen. Ein Macher eben, der entschied, was auf seinem Hof und im Städtchen zu tun war. 1947 starb er an Lebensüberdruss. An dieser Diagnose zweifelt keiner in der Familie.

Die Verlustgefühle der Eltern und Großeltern ergriffen auch von dem kleinen Anton Besitz. »Es ging von klein auf bei uns nur um ein Thema«, sagt er. »Die verlorene Heimat.« Er hat in den USA und in Uruguay gelebt, war in Melbourne Straßenbahnschaffner, zwischendurch lange Jahre deutscher Postler und arbeitet nun in Paraguay an sozialen Projekten mit. Er hat dort auch eine Fußballmannschaft zur Kreismeisterschaft geführt. Aber zu Hause, sagt er, sei er in einer Gegend an der österreichisch-tschechischen Grenze. »Ich bin deutschstämmig, aber tief im Inneren bin ich der k. u. k.-Mentalität zugetan« – wie schon seine Eltern und Großeltern. Im Alter ist ihm dieses früher vage Gefühl zur Gewissheit geworden.

Auch Edith bemerkte Brüche, Widersprüche und Diskrepanzen. Sie wunderte sich zum Beispiel, dass der Katholizismus, wie sie ihn in Bayern erlebte, so viel fröhlicher und lebensbejahender war als der, der in ihrer Familie gelebt wurde. Aber das offene Rebellieren und wortreiche Problematisieren überließ sie ihrem Bruder. Anton war schon immer der Frager im Geschwisterduo gewesen und der Grübler, der den Dingen auf den Grund zu gehen versuchte. Der Spalt zwischen Anspruch und Wirklichkeit im Leben seiner Eltern war ihm sehr viel früher aufgefallen als der Schwester. »Seit ich denken konnte, wusste ich, dass wir andere Leute waren.« Warum sonst hätten die hiesigen Buben bei der Ostereiersuche zu ihm gesagt: »Du darfst nicht mitsuchen. Du bist ein Flüchtling!« Warum sonst hätte sich ein anderer Flüchtlingsjunge von Gleichaltrigen als »Du mit deiner Mehlsackhose« beschimpfen lassen müssen? Nur weil seine Mutter ihm mangels anderen Materials aus einem Mehlsack eine Hose genäht hatte? Oder weil da neben dem Beinkleid noch etwas viel Trennenderes zwischen den Kindern stand – ihre Herkunft nämlich?

Der Junge sog solche und andere Details wissbegierig auf, alles, was ihm half, die Welt zu erklären, auch wenn diese Erklärung oft nicht so ausfiel, wie er sie sich gewünscht hätte. Er war sieben Jahre alt, als er mit einem älteren Jungen das Briefmarkensammeln entdeckte. Mit einem buntgemischten Päckchen, bestehend aus mehreren hundert Briefmarken aus aller Welt, fing alles an. Aber es war nicht so sehr die Philatelie, die den kleinen Anton packte. Was ihn mehr interessierte, waren die Länder, aus denen die Briefmarken kamen, diese kleinen Bilder der Fremde, die selbst die Kraft zum Reisen in sich trugen. Als ihm sein Vater einen Weltatlas schenkte, studierte er nicht nur die fernen Kontinente genau, deren Briefmarken Vögel mit Schnäbeln wie Kisten und stolze Flugzeuge der ersten Postlinien zeigten. »Natürlich habe ich auch geschaut, wo die Orte liegen, aus denen meine Eltern kamen.« Er lernte: Es gab große und kleine Länder. Und solche, die man eventuell einmal besuchen, und solche, die man keinesfalls betreten konnte. An deren Grenzen alle Straßen zu enden schienen.

1959, als die Familie von einem Vertriebenentreffen weiter an die österreichisch-tschechische Grenze fuhr, erlebte er, wie die Erwachsenen von einem Hügel aus nach etwas Ausschau hielten, das nur ein paar Kilometer entfernt lag. Das aber doch so unerreichbar schien wie der Mond, als beginne hinter der Grenze eine andere Sphäre, die zu durchqueren einfachen Menschen unmöglich war.

Anton speicherte dies alles in seinem Gedächtnis, grub es dort ein, vergaß nichts. Die Welt, die ihn umgab, war kompliziert. Man konnte nicht früh genug damit anfangen, sie zu begreifen. Als seine Schwester ein Jahr vor ihm eingeschult wurde, lernte er heimlich den Stoff der Erstklässler mit. Als er dann selbst zur Schule ging, las er die Tageszeitung der Eltern und packte weitere kindliche Erkenntnisse über die Welt zu dem, was er sich bereits zusammengereimt hatte. Aber je mehr er wusste, desto schwieriger wurden das Leben und die eigene Selbstvergewisserung. Denn an den Fragen, die sich einem stellten, konnte man zerbrechen, zumindest aber aus der Bahn geworfen werden.

Antons Reaktionen auf seine Selbstzweifel waren Protest und der Wunsch, in einer Gruppe aufzugehen. Er wurde Rock 'n' Roller, komplett mit Elvistolle. Aber auch dafür kam er zu spät. Die Welt war längst bei den Beatles angekommen, und man kämmte die Haare bereits wieder in die Stirn. Einmal mehr fiel er aus den Zusammenhängen, landete in einer Zwischenzone. So, wie er kein Vertriebener war und doch auch keiner von hier.

Edith verschob ihr Querdenken und ihre Nachfragen auf später. Sie war eine Stille, die die Dinge mit sich selbst abmachte, nicht aufbegehrte. Sie war das gute Kind, das sich einen Panzer zulegte, der nicht das Drinnen vorm Draußen abschirmte, sondern das Äußere vorm Inneren. Ihre Beobachtungen aus der Welt der Erwachsenen hielt sie tief in ihrem Inneren unter Verschluss. Die Folgen waren fürchterliche Magenschmerzen, an denen sie schon als junges Mädchen litt – und eine panische Verlustangst. Sie erinnert sich noch gut daran, wie sie jedes Mal Todesängste ausstand, wenn die Mutter kränkelte. »Jedes Mal dachte ich, die Mutti stirbt«, beschreibt Edith Gärtner ihre kindliche Wahrnehmung. »Ich glaube, das Gefühl, es könnte jemand sterben oder weggehen, macht mir noch immer zu schaffen.«

Auch wenn sie es nicht zeigen wollte, tief in ihrem Inneren wusste Edith Gärtner, dass sie nicht im Lot war, dass ein Teil von ihr keine Wurzeln in der Gegenwart schlagen konnte. Eine Erfahrung, die sie mit ihrem späteren Ehemann teilt. Auch er war, als sie sich kennenlernten, ein Entwurzelter, wie er selbst sagt. Seine Mutter war gestorben, als er noch zur Schule ging. Mit dem Stiefvater zog er mehrmals in Deutschland von Stadt zu Stadt. Als er das Abitur machte, war der junge Mann bereits völlig auf sich alleine gestellt und empfand so gut wie keine Geborgenheit. Er meldete sich freiwillig für zwei Jahre zur Bundeswehr, um sein Studium finanzieren zu können. Für die 22-Jährige war die Begegnung mit ihm wegweisend. »Ich habe gesehen, man kann den Tod der Mutter überleben.« Die Botschaft, die der junge Mann vermittelte, hieß: Es gibt ein Leben nach der Katastrophe.

Für Ediths Mutter Maria gestaltete sich das Leben nach der Katastrophe schwierig. Beruflich hatte sie in der neuen Bundesrepublik nie Fuß fassen können. Mit ihrer Ausbildung als landwirtschaftliche Berufsschullehrerin war sie im aufstrebenden Wirtschaftswunderland nicht mehr zeitgemäß. Als sich schließlich ihr Ehemann 1956 weg zur Bundeswehr meldete, geriet auch noch in Gefahr, was sie in der Zwischenzeit an äußerer Stabilität zu schätzen gelernt hatte. Die Karriere eines Berufssoldaten sah regelmäßige Ortswechsel vor. Maria Flur aber wollte keine Aufbrüche mehr, schon gar nicht einen Aufbruch alle zwei Jahre. Der Vater begann seine neue Karriere ohne seine Familie. Alleine ließ er sich nach Norddeutschland versetzen, seine Ehefrau und die beiden Kinder blieben im vertrauten Heim. Erst 1958, als der Vater wenigstens in den Süden, nach Landsberg, versetzt wurde, zog die Familie in die Stadt am Lech.

Aus den Flüchtlingen wurden hier Bundeswehrler. In Landsberg war das damals eine Gruppe, die wie die Vertriebenen nicht ganz dazugehörte. Die Familien der Soldaten und Offiziere kamen aus allen Teilen der Bundesrepublik, viele davon aus dem Norden. Mit ihnen hätte Maria Flur vielleicht schnell das Band der gemeinsam Abseitsstehenden knüpfen können. Aber sie hatte längst das Vertriebensein als prägendes Merkmal, als Auswahlkriterium für Kontakte verinnerlicht. Vertrauen brachte sie denen entgegen, die ebenso empfanden. In der Kirche erkannten diese Frauen einander sofort, weil sie am Tag des Herrn noch immer das Kopftuch ihrer Heimat trugen. Aber auch diese Bande scheinen kein Ersatz gewesen zu sein für das, was als Parallelwelt im Inneren existierte, im Was-wäre-wenn-Kosmos vieler Heimatvertriebener. Als Marias Mutter 1958, im Jahr des Umzugs nach Landsberg, starb, stellte Maria fest: »Jetzt bin ich ganz alleine.« Allein im Aufgehobensein in der verklärten Erstarrung der einstigen Verhältnisse.

Edith Gärtner war am Todestag ihrer Mutter von einer anderen Gewissheit erfüllt. »Jetzt ist sie wieder bei ihrer kleinen Tochter«, war der erste Gedanke, der ihr beim Anblick des abgegriffenen Bildes ihrer Schwester Annemarie durch den Kopf ging. Diese Fotografie und die Briefe, die der Vater an die Mutter geschrieben hatte, gehören zu den Erinnerungsstücken, die sie an sich nahm. Sie packte sie nicht in irgendein Behältnis, sondern in den braungrünen Rucksack mit den schmalen Lederriemen, den Maria Flur auf der Flucht getragen hatte.

Zwei Monate nach dem Tod ihrer Mutter fuhr Edith Gärtner zum ersten Mal in die Heimat ihrer Eltern. »Meine Mutter hatte das nie gewollt«, sagt sie. »Sie wollte alles so in Erinnerung behalten, wie sie es zurückgelassen hat.« Zu Lebzeiten ihrer Mutter wäre Edith Gärtner zu seiner solchen Reise nicht aufgebrochen. Aber nun suchte sie dort in Südmähren in Begleitung ihrer eigenen Familie die Gegenwart der Mutter – so, wie im Haus in den Tagen nach deren Tod.

Edith Gärtner hatte nicht erwartet, das Grab der Schwester, des Onkels oder anderer Verwandter vorzufinden. Aber sie stieß auf den Steinsockel eines Wegkreuzes, das ihr Ururgroßvater einst hatte setzen lassen. Die Schrift war kaum noch lesbar: »Dieses Kreuz setzten Anton Langsteiner und seine beiden Söhne zu Ehren der Mutter Gottes 1854«. Edith Gärtner ließ die Inschrift erneuern, ein neues Kreuz anfertigen und dort wieder aufstellen. »Ich hatte das Gefühl, endlich unter dem Himmel zu stehen, unter dem schon meine Vorfahren gestanden sind«, sagt sie voller Rührung. Es gab die Ursprünge wirklich, sie waren nicht bloß verglimmende Irrlichter, die durch die Familiengeschichte spukten, um die Empfänglichen ins Niemandsland zu locken. Hier manifestierten sie sich in steinernen Zeugnissen und fügten sich zu neuen Bildern.

Ihre eigenen sinnlichen Eindrücke und ihre eigenen Fantasien will sich Edith Gärtner heute nicht mehr verwässern lassen.

Filme, die von Flucht und Vertreibung erzählen, sieht sie sich nicht an. Aber sie setzt sich dann in einen Sessel im Wohnzimmer, von dem aus sie den Bildschirm des Fernsehapparats nicht sehen kann, und hört sich die fremden Geschichten an. »Ich habe meine eigenen Bilder im Kopf«, sagt sie. Zu den Dingen, die sie hütet, gehört der Rucksack ihrer Mutter. Der ist nicht nur ein Zeugnis des Damals, er ist ein Sinnbild für das Leben der Nachgeborenen. Edith Gärtner ist in jeder Minute ihres Lebens mit einem gefüllten Rucksack unterwegs. Wie sich das für sie anfühlt, hat sie in dem Gedicht »Nachlass« festgehalten:

Auf dem Dachboden
finde ich
meine verpackte Kindheit
und viele Erinnerungen
an das zweite Leben meiner Mutter
mit uns.
Was nehme ich mit,
was überlasse ich dem Vergessen?

Der alte Rucksack
fällt mir in die Hände.
Welche Habseligkeiten
mag er hinübergerettet haben
aus dem abgeschnittenen ersten Leben?
Ich packe ihn
mir auf den Rücken
– er ist leicht –
nur noch gefüllt
mit Erzählungen.

Trotzdem gehe ich
nicht aufrecht.

In diesen Rucksack packte Edith Gärtners Mutter im
Mai 1945 die Dinge, die ihr wichtig waren.

Dank

Viele haben dieses Projekt wohlwollend begleitet. Aber ohne die vielen Zeitzeugen, die mir aus ihren Leben erzählt haben, wäre dieses Buch nicht möglich gewesen. Ich danke ihnen von Herzen für ihr Vertrauen, ihre Offenheit und ihre Geduld. Dass ich ihre Namen verändert habe, macht ihre Lebensgeschichten nicht weniger wahrhaft.

Dank auch an Sigrid Krause und Annemarie von Osten, die mir Türen öffneten.

Barbara Wenner dafür, dass sie sich geduldigst alle meine Ideen anhört.

Bettina Eltner und Heike Gronemeier feilten mit mir an Text und Thema. Dank für diese höchst angenehme Zusammenarbeit.

Und der beste aller Lebensgefährten hat das alles ertragen. Tiefen Dank auch dafür.

Peter Glotz

Die Vertreibung

Böhmen als Lehrstück

ISBN 978-3-548-36720-0
www.ullstein-buchverlage.de

Peter Glotz, der als Kind selbst aus dem Sudetenland vertrieben wurde, erzählt am Beispiel Böhmens von der Vertreibung der Deutschen am Ende des Zweiten Weltkriegs. Sein Buch ist eine ebenso genaue wie erschütternde Darstellung des Unrechts und Leids, die ein seit 1848 entfesselter Nationalismus verursacht hat.
Der Fall Böhmen zeigt: Jede Vertreibung ist ein Verbrechen gegen die Menschenrechte.

»Sehr lesenswert«
Frankfurter Allgemeine Sonntagszeitung

»Ein großer historischer Rückblick – und ein politisches Buch von hoher Aktualität«
NDR

US142